Mala · **Block- und Bleistiftspiele**

Matthias Mala

Block- und Bleistiftspiele

140 Ideen
für Stift und Papier

Hugendubel

homo ludens

Eine Buchreihe herausgegeben von Stefan Wilfert

Die Deutsche Bibliothek – CIP-Einheitsaufnahme
Mala, Matthias:
Block- und Bleistiftspiele: 140 Ideen für Stift und Papier /
Matthias Mala. – München: Hugendubel, 1995
(Homo ludens)
ISBN 3-88034-780-8

Umschlaggestaltung: Parzhuber & Partner, München
Produktion: Tillmann Roeder, München
Satz: Typodata, München
Druck und Bindung: Ebner Ulm
Printed in Germany

ISBN 3-88034-780-8

Inhalt

Die mit * gekennzeichneten Spiele sind Allgemeingut. Alle anderen Spiele sind vom Autor, mit Ausnahme von Alphabet'ln , Schnellschreiber, Über Stock und Stein und Herzerl-Stechen; für das Spiel Alphabet'ln bedanke ich mich bei Monika, für die anderen drei Spiele bei Andi.
Bei jedem Spiel ist in der Spielbeschreibung unter dem Titel angegeben, mit welchen Mitteln und mit wie vielen Personen das Spiel möglich ist.

Taktische Spiele

Spiele zum Zeichnen

Knobelspiele

Vorwort

Es gibt Werke, die niemals ein Ende finden. So gehört es beispielsweise zum Handwerk orientalischer Kaffeehauserzähler, daß sie ihre Geschichten niemals beenden, sondern mit der Pointe zugleich einen neuen Anfang setzen und sich so die Aufmerksamkeit ihres Publikums für den folgenden Abend sichern. Mir ergeht es, nachdem ich dieses Buch abgeschlossen habe, beinahe ebenso. Denn meine Leidenschaft, Block- und Bleistiftspiele zu entwickeln und zu sammeln, ist auch mit diesem Band ganz sicher nicht gestillt. Vielmehr habe ich durch die Beschäftigung mit dieser Sammlung eine Fülle neuer Ideen und Spielansätze in meiner Kladde festgehalten, aus denen ich, wann immer ich Zeit habe, ein ums andere Mal ein weiteres Spiel für Papier und Bleistift entwickeln werde.

Frage ich mich dabei, was meinen Eifer für die Spiele mit Block- und Bleistift stets aufs neue nährt, so denke ich, daß es wohl an den kargen Kringeln und Kreuzen auf dem Papier liegen muß, mit denen das Spielgeschehen festgehalten wird. Reizen sie doch die Phantasie aller Beteiligten und belassen ihr zugleich so viel Raum, daß sie aus dem wenigen spannende Geschichten und Wettkämpfe spinnen kann, denen wir selbst dann noch nachsinnen können, wenn das Spiel längst sein Ende gefunden hat.

So wie für mich dieses Buch Anstoß zu einer weiteren Episode des Spielens und Spieleschaffens wurde, mag es vielleicht auch für Sie kein Ende haben. Nicht nur, daß Sie es für das eine oder andere Spiel immer wieder mal zur Hand nehmen mögen, sondern darin auch einen Quell entdecken, aus dem Sie selbst eigene vergnügliche und spannende Spielideen schöpfen können. – Wäre es so, wäre mir dieses Werk wirklich gelungen.

Matthias Mala

Wörter kaufen

Spieler: 2 oder mehr
Spielmittel: Papier und ein Stift für jeden Spieler
Spielziel: möglichst ohne Hilfe das gesuchte Wort erraten

Zunächst zeichnet sich jeder Spieler folgenden Buchstabenschlüssel auf:

1	2	3	4	5	6	7	8	9
A	B	C	D	E	F	G	H	I
J	K	L	M	N	O	P	Q	R
S	T	U	V	W	Ä	Ö	Ü	ß
X	Y	Z						

Die Spielerin mit dem längsten Namen beginnt dieses Mal. Sie überlegt sich ein Wort zwischen 4 und 6 Buchstaben und errechnet mittels des Buchstabenschlüssels den Wortwert. Dazu addiert sie die jedem Buchstaben des gewählten Wortes zugeordneten Ziffern. Beispielsweise beläuft sich der Wortwert für »Grips« auf 33 Punkte. Danach stellt sie die Aufgabe, indem sie etwa sagt: »Mein Wort hat 5 Buchstaben und ist 33 Punkte wert.« Dazu gibt sie noch eine kurze Erklärung für den gesuchten Begriff, vielleicht so: »Wenn Ihr genug davon habt, habt Ihr keine Schwierigkeiten beim Raten!«

Die anderen Spieler bemühen sich nun, das Wort zu erraten. Treten sie dabei auf der Stelle, können sie die Fragestellerin um Hilfe bitten. Sie verrät ihnen dann einen Buchstaben und sagt, an welchem Platz er im Wort steht. Die Punkte dieses Buchstabens darf sie sich gutschreiben. Kommen die Spieler damit immer noch nicht zu Rande, dürfen sie sich weitere Buchstaben erbitten. Doch im Gegensatz zum ersten wird ihnen die Position im Wort nun verschwiegen. Den Wert jedes ausgeplauderten Zeichens darf sich die Fragestellerin gutschreiben.

Erraten die Spieler schließlich das Wort, erhält jeder die restlichen Punkte jeweils seinem Konto gutgeschrieben.

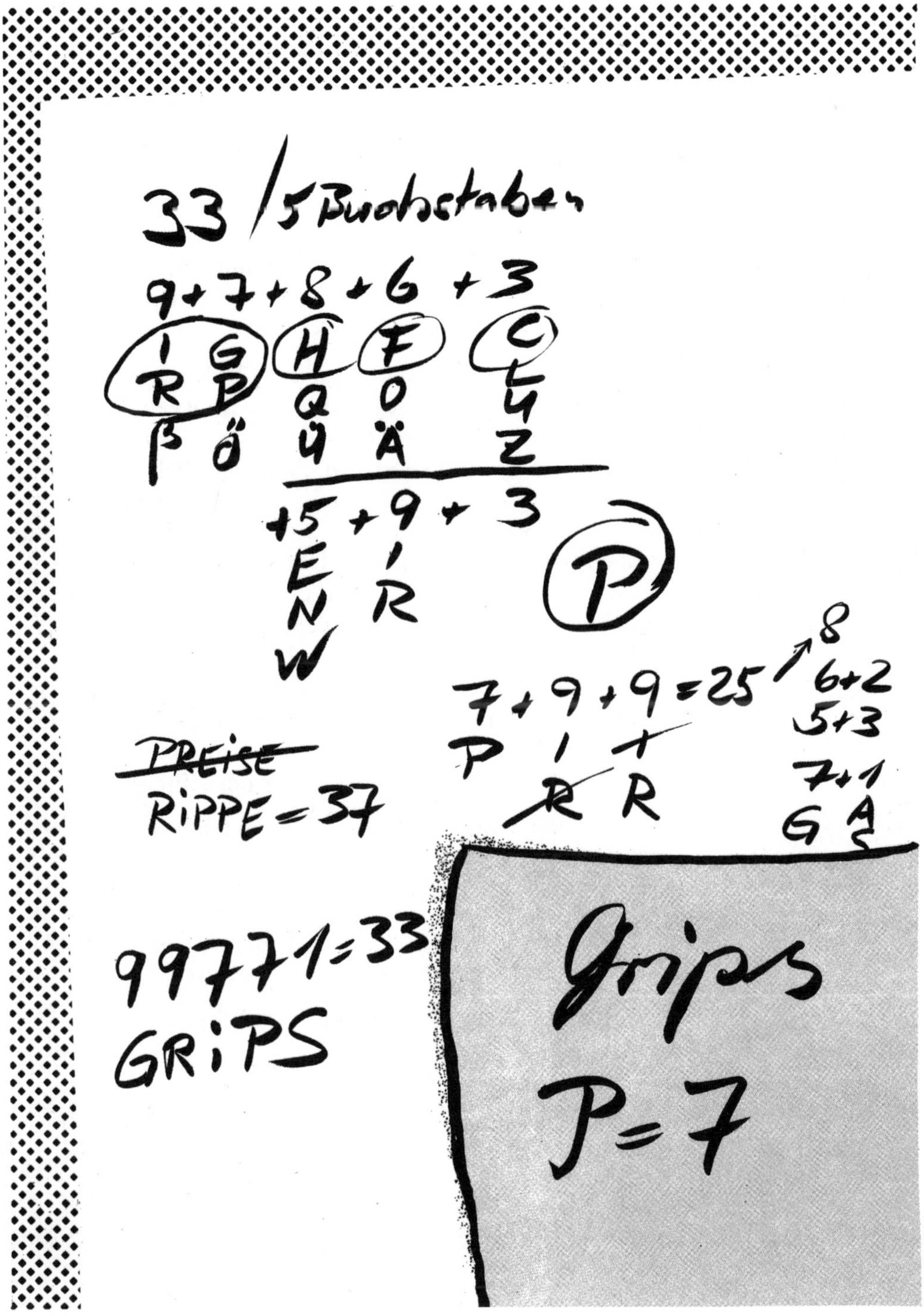
33 / 5 Buchstaben
9+7+8+6+3
I G H F C
R P Q O L
ß Ö Ü Ä U
Z
+5+9+3
E I
N R
W
P
7+9+9=25
8
6+2
5+3
7+1
PREISE
RiPPE=37
P I I
R R
G A
99771=33
GRiPS
Grips
P=7

Seenot

Spieler: 2
Spielmittel: kariertes Papier und zwei Stifte
Spielziel: seinen Mitspieler aus Seenot retten

Das Schiff eines Spielers ist untergegangen, und er schwimmt mit seinem Rettungsboot bei starkem Nebel im Meer. Er konnte jedoch noch einen Notruf senden, so daß ein Frachter die Suche aufnimmt.

Jeder Spieler zeichnet sich ein Feld auf sein Blatt, das 20×20 Kästchen groß ist. Eine Seite wird mit den Buchstaben A bis T beschriftet, die andere von 1 bis 20 numeriert. An einem beliebigen Punkt, den er jedoch verschweigt, kommt der eine Spieler in Seenot und zeichnet sein Rettungsboot ein. An einem beliebigen anderen Punkt empfängt der andere Spieler den Notruf und zeichnet die Position seines Frachters ein. Der Schiffbrüchige überträgt diese auf sein Blatt. Der Frachter kann zwei oder drei Kästchen weit pro Zug fahren. Der in Seenot geratene Spieler kann ein oder zwei Kästchen weit rudern. Sobald er aber in einem Zug zwei Kästchen weit ruderte, muß er sich anschließend erholen. Im nächsten Zug darf er daher dann nur ein Kästchen weit rudern. Da starker Nebel herrscht, kann der Frachter nichts sehen und betätigt deshalb sein Nebelhorn, das heißt, er gibt seine Position stets an, dagegen muß während des gesamten Spiels der Schiffbrüchige seine Position verschweigen. Nur dann, wenn der Frachter nicht mehr als drei Kästchen weit vom anderen Spieler entfernt ist, darf dieser um Hilfe rufen.

Das Spiel ist aus, wenn der Frachter seinen Mitspieler gefunden hat oder dieser an Bord des Frachters gelangen konnte.

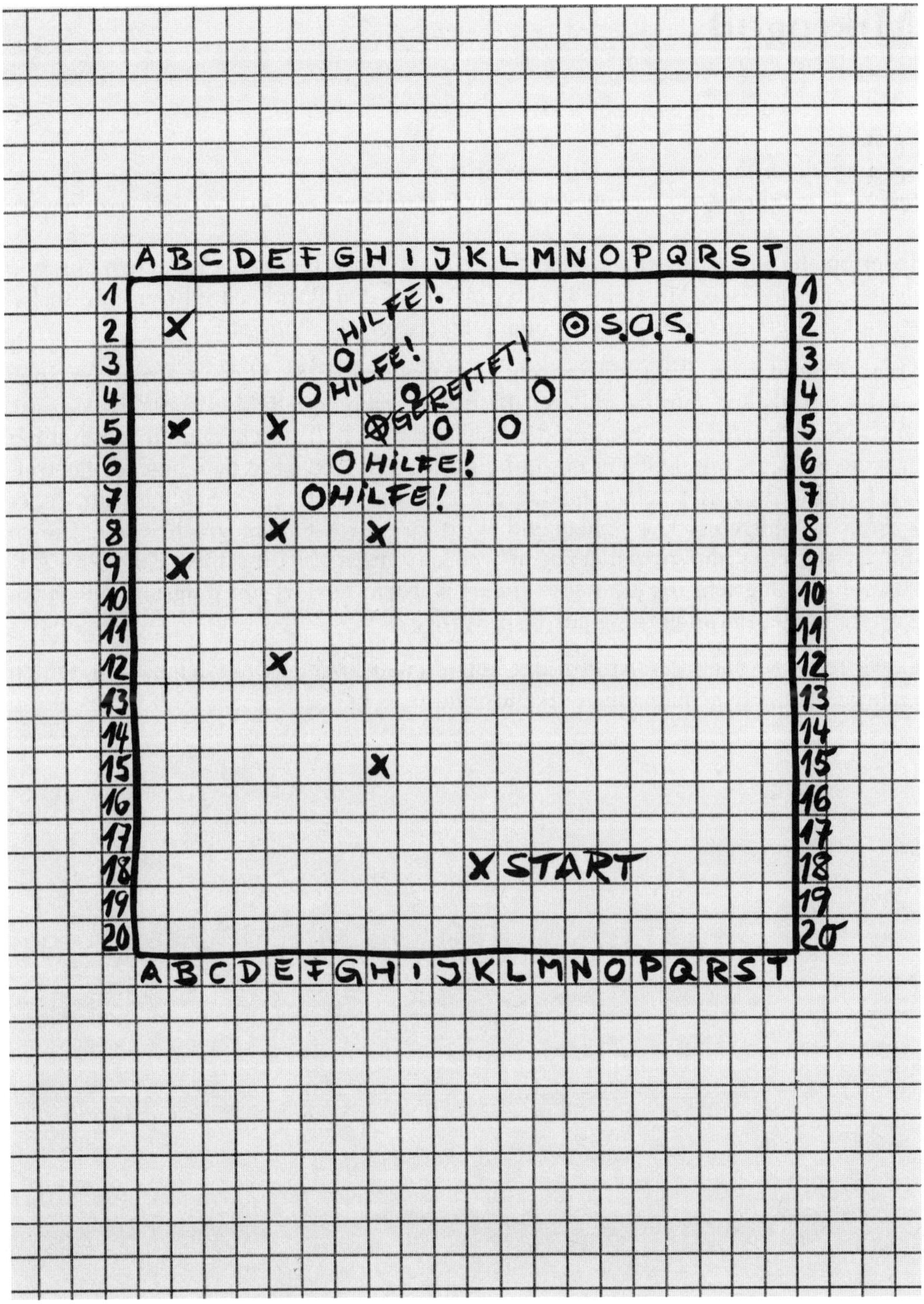
A B C D E F G H I J K L M N O P Q R S T
1
2
3
4
5
6
7
8
9
10
11
12
13
14
15
16
17
18
19
20
HILFE!
HILFE!
GERETTET!
S.O.S.
HILFE!
HILFE!
START

Mikrogolf

Spieler: 2
Spielmittel: kariertes Papier und zwei Stifte
Spielziel: möglichst viele Löcher treffen

Jeder Spieler kreist auf einem Feld von 20 × 20 Kästchen sechs Kästchen ein, von denen er eines (sein Startfeld) dunkel malt. An den Rand schreibt er eine sechsstellige Zahl (Schlagzahl), wobei eine Null später als Zehn zählt.

Danach werden die Blätter getauscht. Auf das neue Blatt überträgt nun der Spieler das jeweils von ihm im anderen Blatt vermerkte Spielfeld und die Schlagzahl. Von diesem Startfeld aus beginnt der Spieler seinen Ball zu schlagen. Insgesamt hat er sechs Schläge, mit denen er bestenfalls alle sechs Löcher in beliebiger Folge treffen kann. Jede Ziffer seiner Schlagzahl gibt die Weite eines Schlages an. Jedes Kästchen zählt eins. Die Schlagzahl wird zu jedem Schlag geschrieben. Linien dürfen gekreuzt und zurückgezogen werden, nur nicht im selben Zug. Pro Zug kann die Schlagrichtung einmal geändert werden. Es darf nur diagonal durch ein Kästchen oder daran entlang gezogen werden.

Gewertet wird nach der Anzahl der getroffenen Löcher. Bei Gleichstand zählen nicht verwendete Schlagzahlen als Pluspunkte.

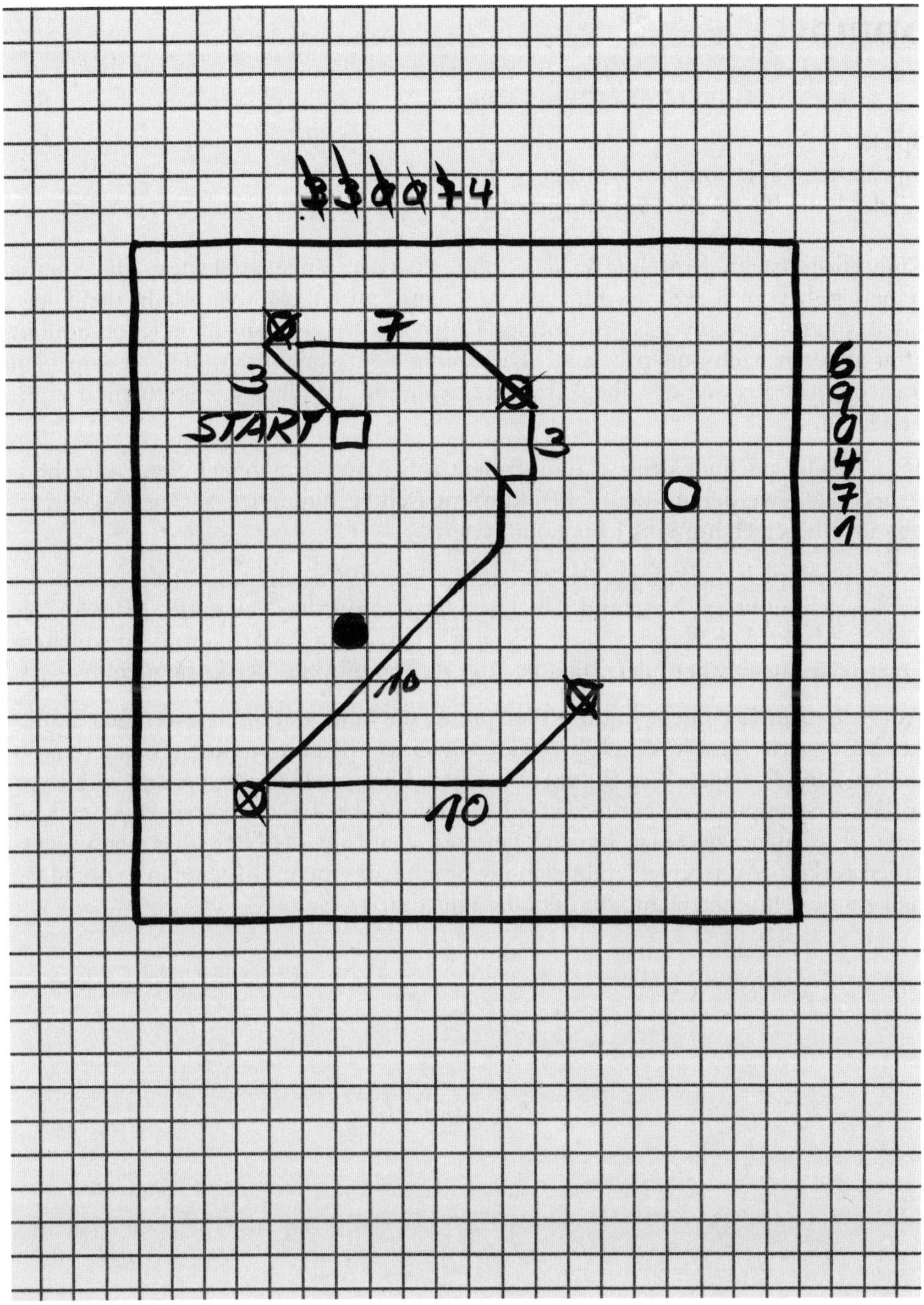
330074
7
3
START
3
6
9
0
4
7
1
10
10

Spinne

Spieler: 2
Spielmittel: Papier und zwei Stifte
Spielziel: die Fliege versucht zu entkommen, was die Spinne vereiteln möchte

Eine Fliege ist im Mittelpunkt des Spinnennetzes hängengeblieben. Die Spinne nähert sich vom Rand her. Eine kleine Chance zu entkommen bleibt der Fliege noch, sofern sie sich vorsichtig auf den Fäden des Netzes von einem Knotenpunkt zum anderen nach außen bewegt. Die Spinne spürt mit ihrem äußerst sensiblen Tastsinn jede Regung der Fliege im Netz, während die Fliege die Spinne nur erahnen kann.

Jeder Spieler zeichnet sich ein Spinnennetz aufs Blatt. Drei ineinandergeschachtelte Sechsecke werden an den Ecken konzentrisch verbunden. Die Querfäden werden im Uhrzeigersinn von 1 bis 6 numeriert.

Ein Spieler spielt die Spinne, der andere die Fliege. Ausgangspunkt der Spinne ist ein Knotenpunkt am Netzrand. Die Fliege startet aus der Netzmitte. Jeder Spieler zieht verdeckt. Die Fliege beginnt. Sie gibt nach jedem Zug bekannt, an welchem Querfaden sie sich befindet. Die Lage des Knotenpunktes verrät sie nicht.

Auf jeden Zug der Fliege kontert die Spinne, die hingegen ihren jeweiligen Standpunkt verschweigt. Ein Zug führt beide von einem Knotenpunkt zum anderen. Jeder Spieler hält seinen Weg (Linie) auf seinem Blatt fest. Diese Linie darf sich zwar in den Knotenpunkten berühren, jedoch darf keine Teilstrecke ein zweites Mal benützt werden. Die Fliege hat sich gerettet, wenn sie das Netz über einen Querfaden verläßt. Andererseits labt sich die Spinne an einem Fliegenmahl, sobald sie den Knotenpunkt erreicht, auf dem die Fliege sitzt.

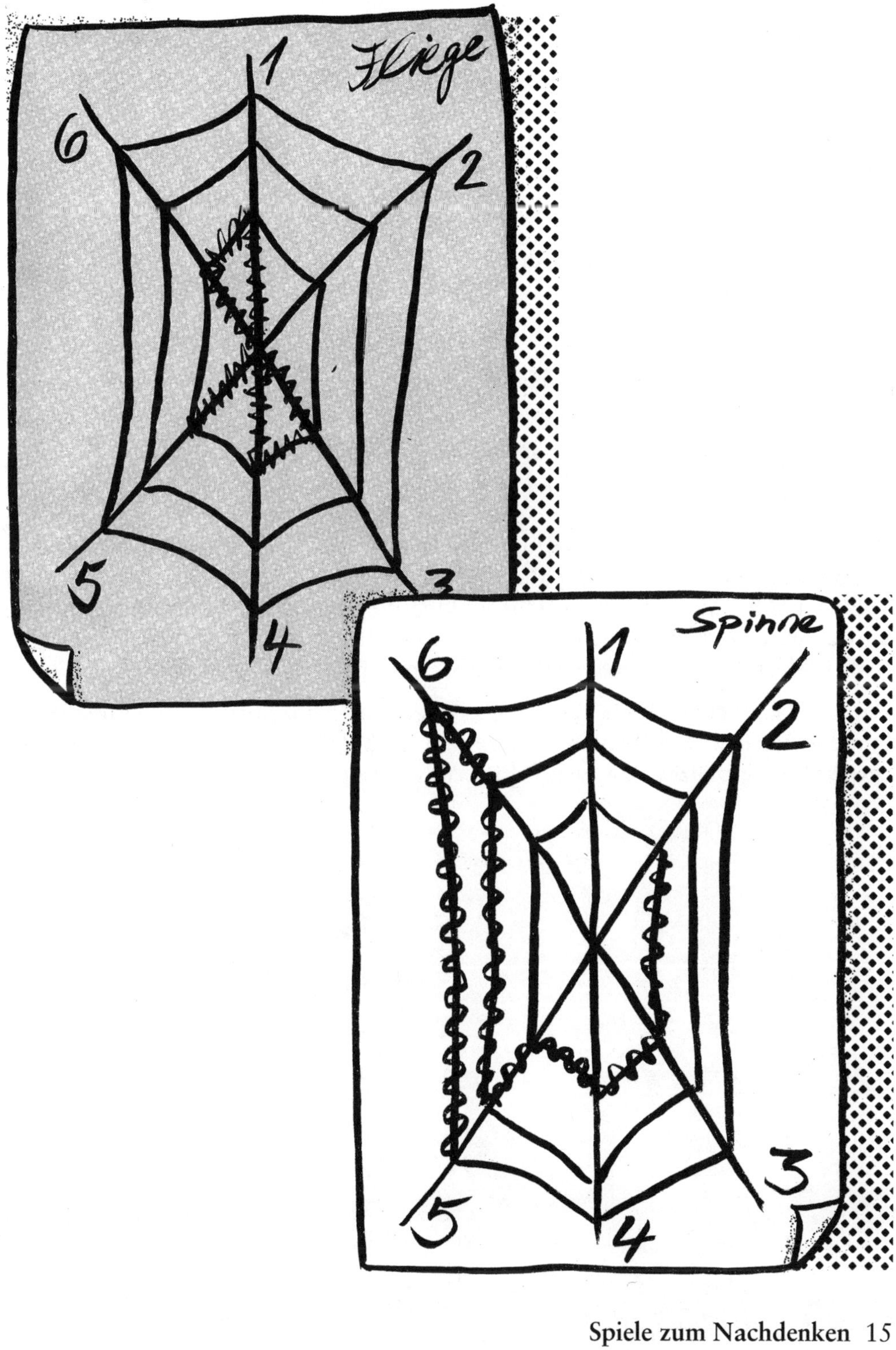
Fliege
1
2
3
4
5
6
Spinne
1
2
3
4
5
6

Ins Schwarze treffen

Spieler: 2
Spielmittel: kariertes Papier und zwei Stifte
Spielziel: ein verborgenes Ziel finden

Jeder Spieler bereitet zuerst verdeckt sein Blatt vor. Dazu werden zwei 12×12 Kästchen große Felder eingerahmt. Je eine Seite wird von A bis L und je eine Seite von 1 bis 12 beschriftet. In eines der 12×12 Felder wird ein 8×8 Kästchen großes Feld gezeichnet, da hinein ein 4×4 Kästchen großes Feld, in dem noch ein Kästchen eingeschwärzt wird. Die Anordnung der Felder liegt im Belieben der Spieler, jedoch müssen sie ineinandergeschachtelt sein.

Spielziel ist es, vor seinem Mitspieler die Lage des gegnerischen schwarzen Feldes zu erraten und dabei mehr Punkte zu erzielen. Dies geschieht nach folgenden Regeln: Wechselweise geben die Spieler einen Tip ab, unter welchen Koordinaten sie das schwarze Feld vermuten. Ein Tip besteht aus vier Vermutungen. Für jede Vermutung gibt es nach der Tipabgabe Punkte; für je eine Plazierung im 12er-Feld 2 Pluspunkte, im 8er-Feld 4 Pluspunkte, im 4er-Feld 6 Pluspunkte und im schwarzen Kästchen 8 Pluspunkte. Jede zusätzliche Vermutung pro Tip im gleichen Feld zählt die entsprechenden Punkte minus.

Der Übersichtlichkeit halber empfiehlt es sich, daß beide Spieler einen Tip erst mit Punkten auf den Koordinaten fixieren, um nach der Wertung die gesetzten Kästchen zu durchkreuzen bzw. den Feldwert einzutragen.

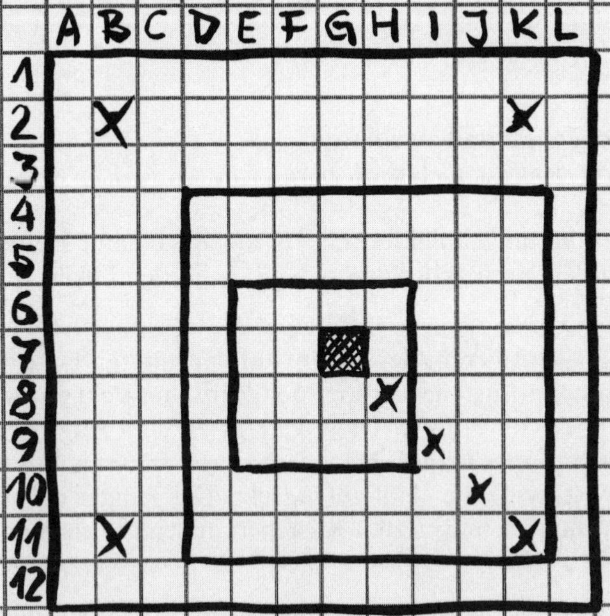
A B C D E F G H I J K L
1
2
3
4
5
6
7
8
9
10
11
12

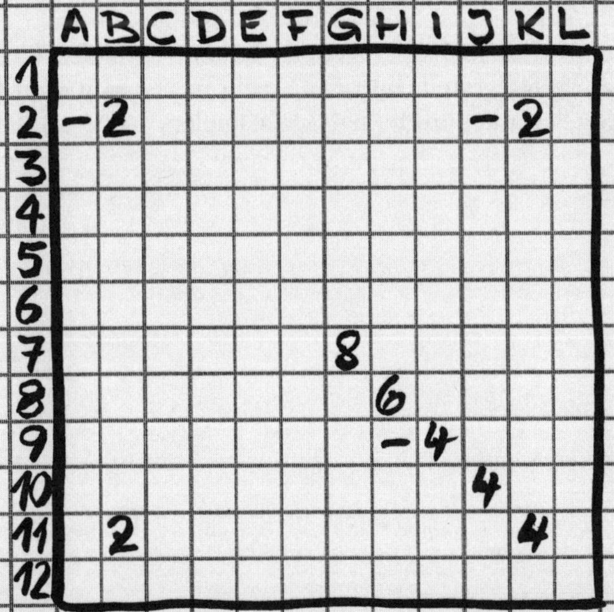
A B C D E F G H I J K L
1
2
3
4
5
6
7
8
9
10
11
12
-2
-2
8
6
-4
4
2
4

Eselsohren

Spieler: 2
Spielmittel: ein Rechenheft und zwei Stifte
Spielziel: alle Punkte des Mitspielers erobern

Eselsohren werden die umgeknickten Ecken von Buch- und Heftseiten genannt. Dieses Spiel erhielt den Namen deswegen, weil es auf den Ecken eines Rechenheftes ausgetragen wird.

Ein Spieler spielt auf der oberen, der andere auf der unteren Ecke einer jeden Seite. Jeder rahmt ein neun Kästchen großes quadratisches Feld ein. Zu Beginn verfügt jeder Spieler über vier Punkte. Diese verteilt er, dem Auge des Gegners verborgen, auf die Karos seines Feldes. Nachdem zuvor darum gelost wurde, wer im ersten Zug Fänger ist, wird die Seite aufgedeckt. Der Fänger erobert alle Punkte seines Mitspielers, die den markierten Kästchen in seinem eigenen Feld entsprechen.

Im nächsten Zug wechselt die Rolle des Fängers auf den Mitspieler. Jetzt versucht dieser seine übriggebliebenen Punkte so zu setzen, daß er damit besetzte Felder seines Mitspielers trifft; während jener seine eigenen und die eroberten Punkte auf seinem Feld verteilt. All dies geschieht selbstverständlich verdeckt, auf den Ecken der nächsten Seite. Nachdem beide gezogen haben, wird das Heft wieder aufgeklappt, das Ergebnis festgestellt und das Spiel mit neuen Rollen fortgesetzt. Es endet, sobald ein Spieler alle Punkte des Gegenspielers erobern konnte.

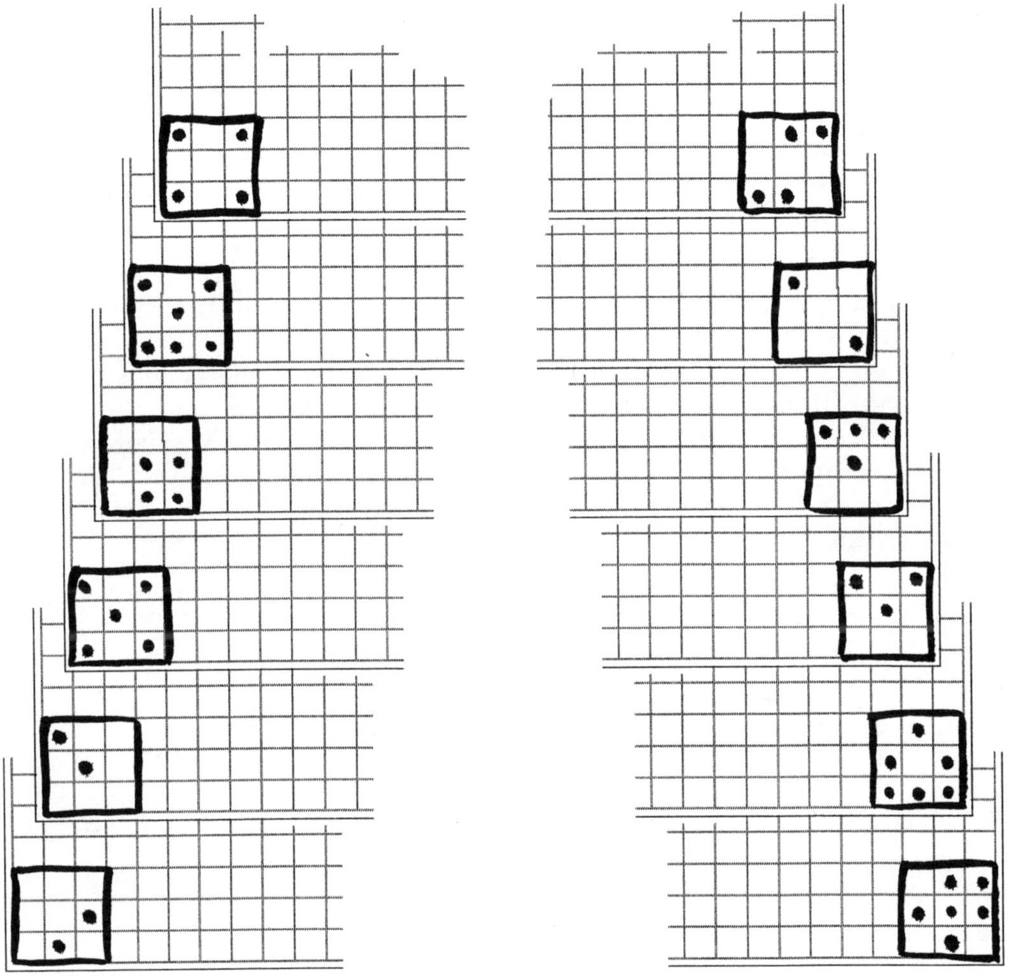

Papiermaschine

Spieler: 2
Spielmittel: Papier und zwei verschiedenfarbige Stifte
Spielziel: die Linie möglichst nur an eigenen Kreisen vorbeiziehen

Zehn große und zwanzig kleine Kreise werden auf das Blatt gezeichnet. Sie sind die Walzen, über die später das Papier laufen soll. Abwechselnd färben die Spieler immer eine Walze mit ihrer Farbe ein. Es beginnt damit der Spieler, der in dieser Runde kein Papier einspannt.

Sind alle Walzen eingefärbt, so muß der Spieler, der nun sein Papier einspannen soll, festlegen, wo er das Papier in die Maschine einfädelt und wo er es wieder austreten läßt. Ein- und Austritt müssen parallelgerichtet rechts und links derselben Walze sein. Mit einer Linie seiner Farbe, die das eingespannte Papier darstellt, versucht der Spieler nun, alle Walzen seiner Farbe zu tangieren. Dabei gilt folgende Regel: Das Papier muß stets straff gespannt sein. Es muß an der Walze einen deutlich sichtbaren Knick machen. Es darf sich nicht kreuzen noch berühren oder eine Walze zweimal tangieren. Korrekturen sind nicht erlaubt.

Das Spiel hat gewonnen, wessen Papier weniger fremdgefärbte Walzen berührte.

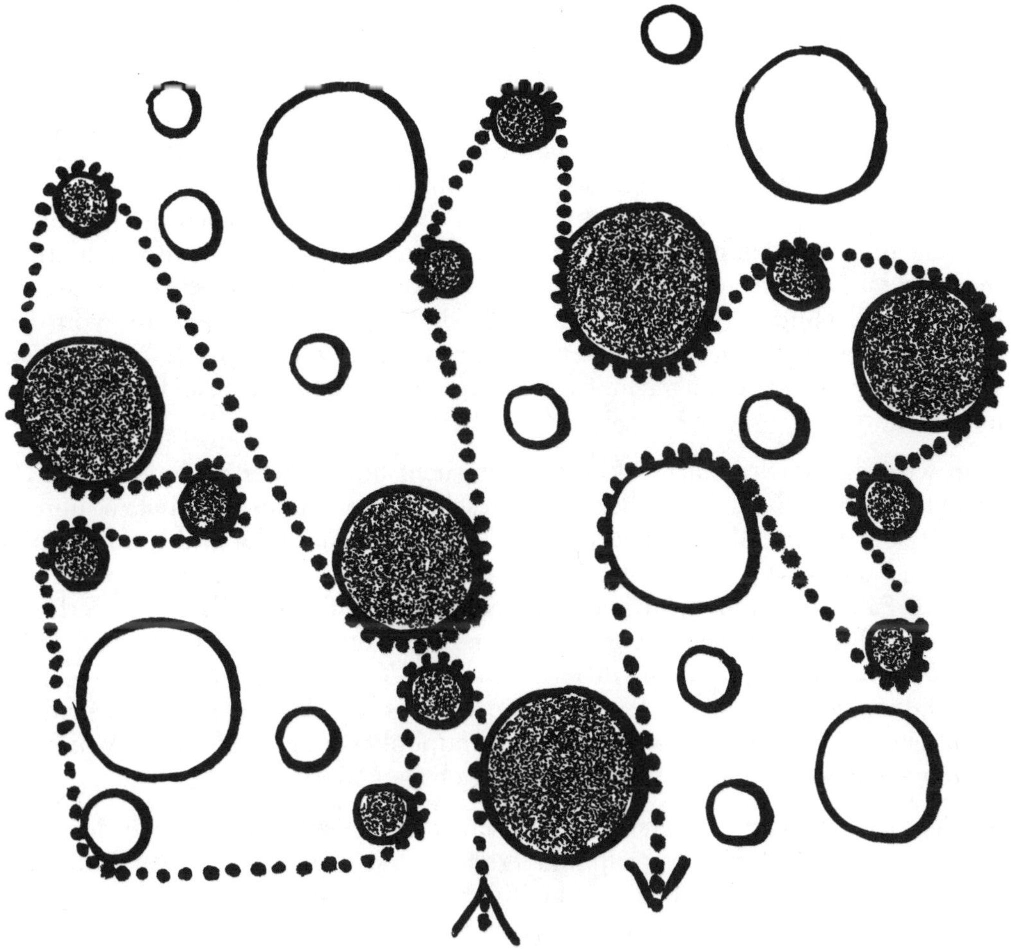

Eisenbahn

Spieler: 1 oder mehr
Spielmittel: Papier und ein Stift für jeden Spieler
Spielziel: vor seinen Mitspielern den Zielbahnhof erreichen

Zur Vorbereitung des Spiels zeichnet ein Spieler eine kleine Landkarte. Dazu markiert er auf der Blattvorderseite den Startpunkt und auf der Rückseite den Zielpunkt. Darüber hinaus zeichnet er zwei, drei Städte ein, an denen die Bahnlinie vorbeigeführt werden muß. Sofern er will, kann er auch die Reihenfolge bestimmen. Zudem darf er auch Brücken festlegen, über die ein Schienenstrang zu ziehen ist, und Hindernisse wie Seen, Flüsse und Berge einzeichnen, die von der Bahnlinie keinesfalls durchschnitten werden dürfen. Doch sollte er mit solchen Hindernissen sparsam umgehen. Ist die Karte fertig, übertragen sie die Mitspieler auf ihr Blatt.

Nun wird das Spiel gestartet. Ein jeder versucht nun, seine Bahnlinie möglichst schnell vom Startpunkt weg über die vorgeschriebenen Punkte ins Ziel zu führen. Dazu falten Sie Ihr Blatt zunächst so, daß eine Blattkante durch den Startpunkt führt und gleichzeitig die ihr zugehörige Seitenecke noch auf dem Papier zu liegen kommt. Fahren Sie nun am Rand des umgeknickten Teils mit dem Stift entlang, führen Sie Ihren Schienenstrang in gerader Linie vom Startpunkt weg und nach einem rechtwinkeligen Knick wieder schnurgerade auf eine Blattkante zu. – Danach falten Sie das Blatt wieder auf und drehen es um. Auf der nun aufliegenden Rückseite markieren Sie den vorläufigen Endpunkt an der Blattkante. Von dort führen Sie die Bahnstrecke in der vorgeschriebenen Weise weiter.

So zieht jeder Spieler im steten Wechsel seinen Schienenstrang über Vorder- und Rückseite. Wer zuerst den Zielpunkt erreicht, hat gewonnen. – Wer hingegen mehr an einer professionellen Streckenführung interessiert ist, mag als Prüfstein für den Sieg auch auf der kürzesten Verbindung bestehen.

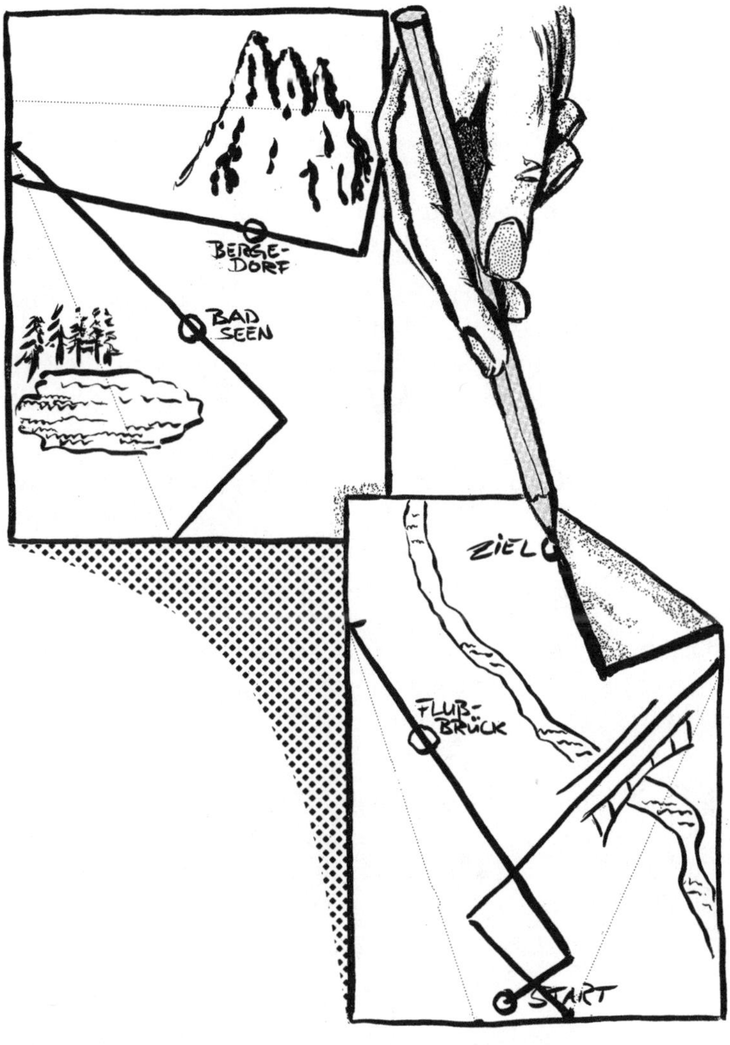
BERGE-
DORF
BAD
SEEN
ZIEL
FLUß-
BRÜCK
START

Das Tuch von König Urs

Spieler: 2
Spielmittel: Transparentpapier und zwei Stifte
Spielziel: möglichst nahe an die Ursprungsform herankommen

König Urs ist im Besitz eines Tuches, das alles, was es verhüllt, unsichtbar macht. Er läßt dieses Tuch von zehn Wächtern bewachen. Sie wollen dieses Tuch finden. Eine Fee gab Ihnen das einzige Mittel, mit dem Sie das Tuch und seine Wächter erkennen können. Es ist das Gespinst der Wahrheit.

Ein Spieler – er ist König Urs – setzt auf ein Blatt dreißig Punkte. Über dieses Blatt legt er ein Transparentpapier und verbindet mit einer umlaufenden Linie 10 Punkte. Dies sind die zehn Wächter, die das Tuch halten. Innerhalb dieser Umgrenzung dürfen höchstens zwei freie Punkte liegen. Das Transparentpapier bleibt bei König Urs.

Sie sollen nun aus den 30 Punkten des anderen Blattes die zehn Wächter und die Lage des Tuches herausfinden. Dazu nehmen Sie ebenfalls ein Transparentpapier und verbinden gleichfalls 10 Punkte mit einer umlaufenden Linie. Reichen Sie das Blatt an König Urs. Der prüft, welche Punkte Ihrer Linie Wächter des Tuches sind. Diese kreist er auf dem Blatt der 30 Punkte ein und gibt es Ihnen zurück. Jetzt haben Sie einen letzten Versuch, die restlichen Wächter zu finden, indem Sie auf dem Transparentpapier nochmals eine geschlossene Linie über 10 Punkte ziehen. Wieder prüft König Urs, wie viele Wächter sich im Gespinst der Wahrheit gefangen haben.

Versuchen Sie nun – mit dem Wissen um die Wächter – die Lage des Tuches zu bestimmen. Sie erhalten einen Pluspunkt für jeden Wächter, den Sie fanden. Für jedes Teilglied der Umgrenzung aber, das nicht mit der des Tuches übereinstimmt, wird Ihnen ein Punkt abgezogen.

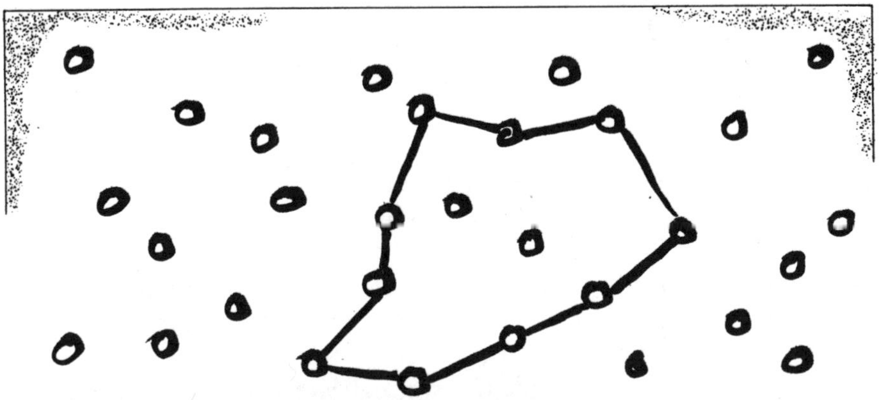

Das Tuch von König Urs

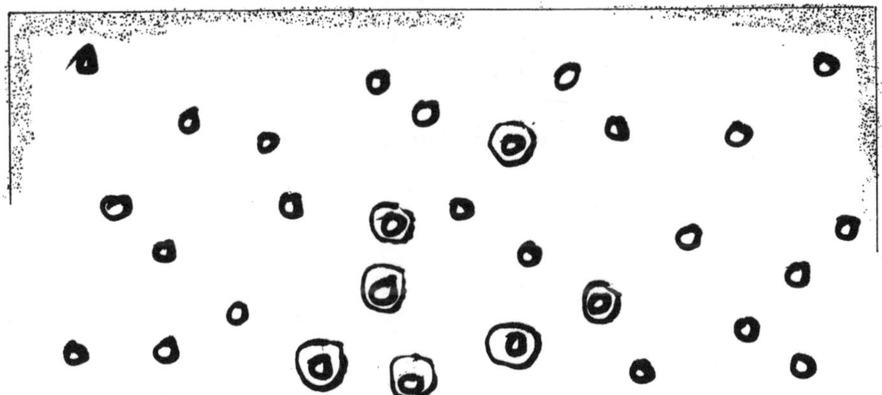

Die Wächter

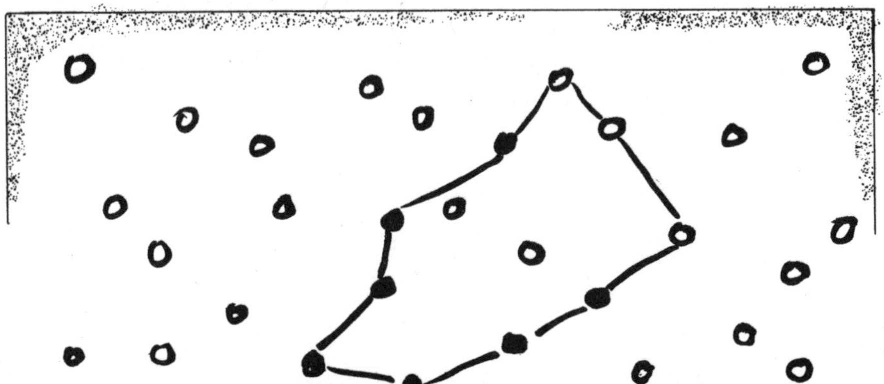

Die vermutete Lösung 4 Punkte

Kurz oder lang

Spieler: 1, 2 oder mehr
Spielmittel: kariertes Papier und ein Stift für jeden Spieler
Spielziel: mal den kürzesten, mal den längsten Weg finden

Ein Spieler rahmt ein Feld von 10 × 10 Kästchen ein, in das er zwölf Punkte verteilt. Seine Mitspieler übernehmen das gleiche Feld auf ihre Blätter. Die Aufgabe ist, die kürzeste Linie zwischen den Punkten zu finden, wobei Anfang und Ende (A und E) nach eigenem Gutdünken festgelegt werden. Die Linien dürfen sich kreuzen. Der Spieler, dessen Linie weniger Karos berührt, hat gewonnen. Linien zwischen zwei Karos zählen also doppelt.

Da es nicht minder schwierig ist, die längste Linie zu finden, kann dies im zweiten Durchgang auf einem gleichen Feld gemacht werden.

Dieses Spiel kann auch als Solitärspiel gespielt werden.

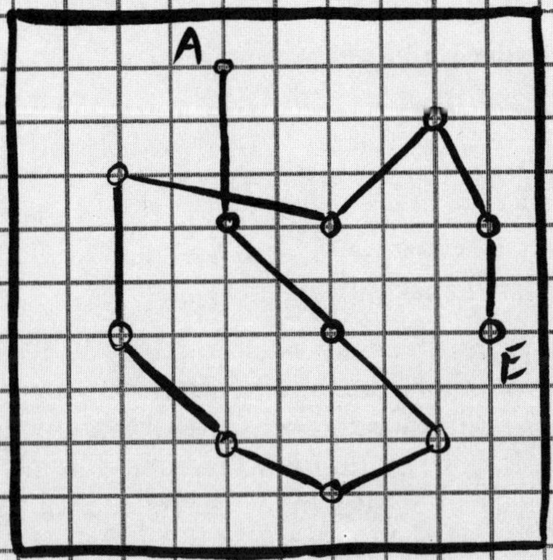
A
E

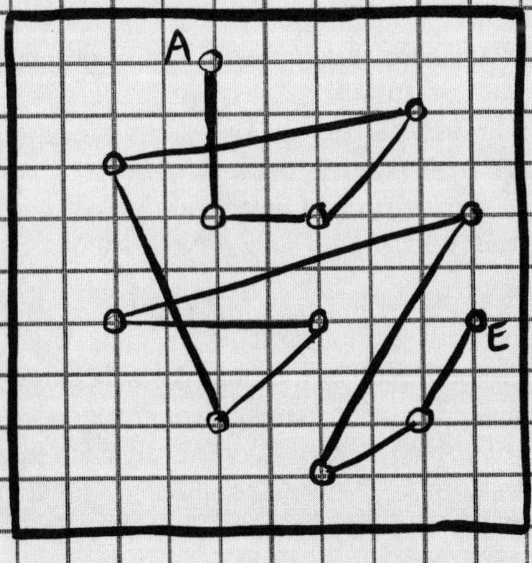
A
E

Agent

Spieler: 2
Spielmittel: kariertes Papier und zwei Stifte
Spielziel: den Bestimmungsort erreichen

Ein Agent stiehlt im Hauptquartier des anderen die Lohngelder und versucht, sie in seine Zentrale zu bringen. Damit der eigene Nachrichtendienst nicht zusammenbricht, bemüht sich die Gegenseite, dem Agenten die Gelder wieder abzujagen und in ihr Hauptquartier zurückzubringen.

Beide Spieler rahmen ein rechteckiges Feld von 10×20 Kästchen Größe ein. Sie teilen das Rechteck in zwei Quadrate und beziffern sie seitengleich von 0 bis 9 und in Dekaden von 0 bis 90. Ein Quadrat erhält den Kennbuchstaben A, das andere den Buchstaben B. Die Karos A 0 und B 99 werden durchkreuzt. In das Spielfeld zeichnen beide einen gleichen Stadtplan. Verschiedene Karos werden als Häuserzeilen umrahmt und schraffiert. In jedem Fall müssen ein oder mehrere Wege von A 0 nach B 99 führen.

Der flüchtende Agent *B* darf zwischen ein bis fünf Kästchen weit ziehen. Der Gegenspieler *A* versucht, den flüchtenden Agent zu fassen. Dazu sagt er nach jedem Zug von *B* an, auf welchen Koordinaten er ihn vermutet. *B* gibt an, ob er gefaßt wurde oder nicht. Gelingt es der Gegenpartei, ihn zu fangen, wechseln die Rollen. Vom Punkt weg, an dem der andere gefaßt wurde, versucht nun die Partei *A*, die Lohngelder wieder ins Hauptquartier zu bringen, während sie sich Agent *B* wieder aneignen möchte. *A* zieht jetzt verdeckt wie zuvor *B*, und *B* nennt die Koordinaten, auf denen er *A* mit dem Geld vermutet. So können im Verlauf des Spiels mehrmals die Rollen wechseln.

Für den jeweils verdeckt spielenden Agenten gilt folgende Regel: Es ist nicht erlaubt, schräg von einem Karo zum anderen zu ziehen. Über die Züge muß Protokoll geführt werden, indem Zugweite und Koordinaten festgehalten werden. Während einer Spielphase darf nicht rückwärts gezogen oder ein Teil des Weges zweimal begangen werden. Dem Gegenspieler wird nach jedem Zug die Zugweite angesagt. Wechselt man vom Feld A nach B oder umgekehrt, muß dies im selben Zug kundgetan werden.

Das Spiel gewinnt Agent *B*, wenn er seine Beute nach B 99 bringt. Agent *A* hat gewonnen, wenn er mit den zurückeroberten Geldern A 0 erreicht. Kommt es zu einer unentschiedenen Situation, in der kein Agent dem anderen entkommen kann, hat die Partei *A* gewonnen.

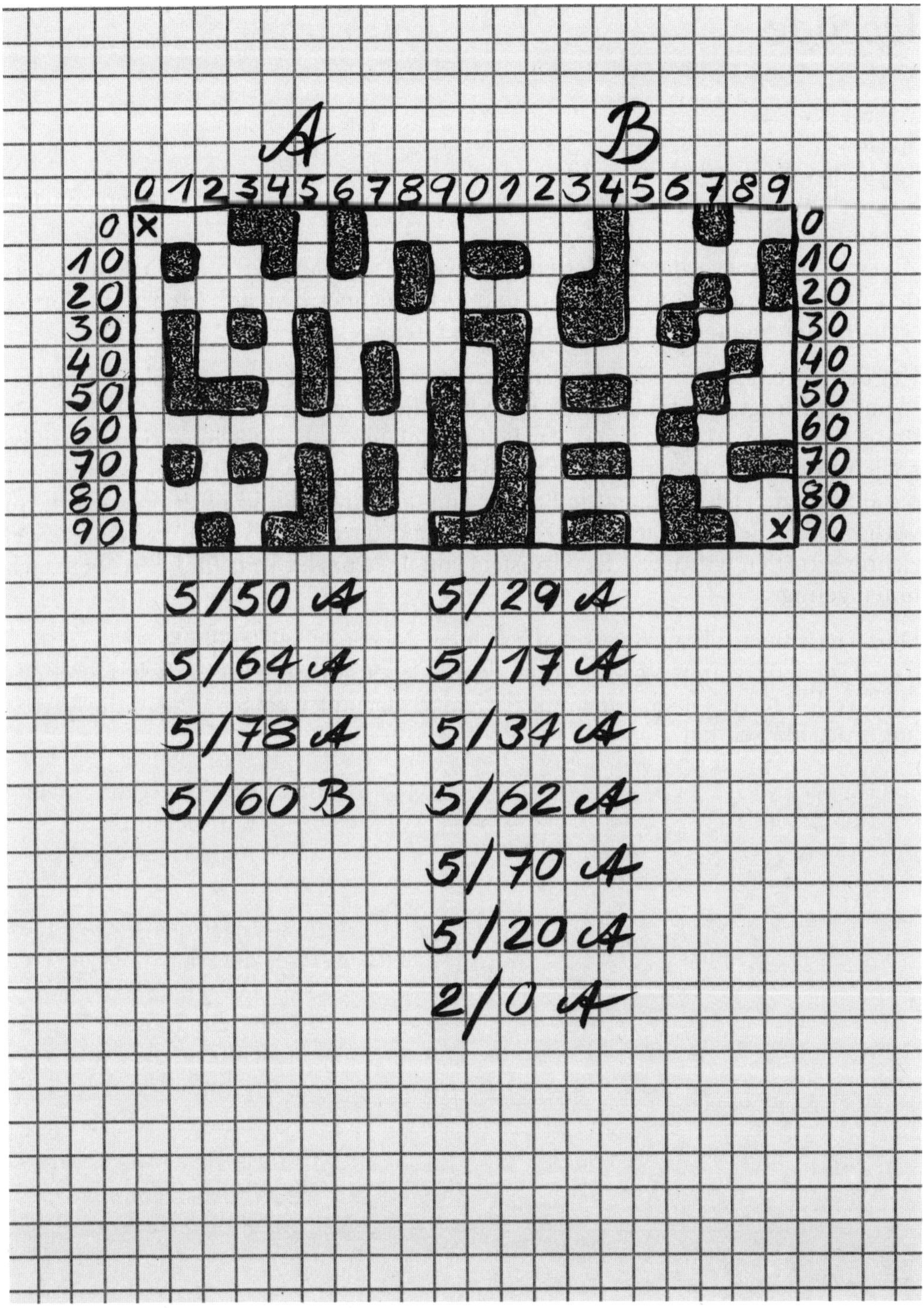
A
B
0 1 2 3 4 5 6 7 8 9 0 1 2 3 4 5 6 7 8 9
0 10 20 30 40 50 60 70 80 90
5/50 A
5/64 A
5/78 A
5/60 B
5/29 A
5/17 A
5/34 A
5/62 A
5/70 A
5/20 A
2/0 A

Decode

Spieler: 2
Spielmittel: Papier und zwei Stifte
Spielziel: ohne viele Fragen den Code knacken

Zunächst zeichnet jeder Spieler ein Feld von 4×4 Kästchen ein. Die Seiten werden im Uhrzeigersinn mit A, B, C und D bezeichnet. Danach kreuzt ein Spieler sechs Kästchen an, die der andere erraten muß.

Um die Verteilung der Kästchen zu erraten, wählt sich der zweite Spieler eine Seite aus und fragt, wie viele weiße Kästchen direkt an diese Seite anschließen. Als Beispiel: Er sagt »A 2, 1, 0, 2«, das heißt, er glaubt, mit der Seite A sind von links nach rechts 2, 1, 0 und 2 weiße Kästchen verbunden. Der Partner antwortet darauf, in wie vielen Fällen die Behauptung auf Anzahl und Position zutrifft. Im vorliegenden Beispiel sagt er: »Zwei richtig«, da die Null und die letzte Zwei richtig getroffen wurden. – Es wird stets von links nach rechts und von oben nach unten gefragt.

Durch geschicktes Fragen verschafft sich der suchende Spieler ein Verteilungsbild, das er, wenn er glaubt, es sei richtig, dem Partner vorlegt. Ist es falsch, hat er das Spiel verloren. Ansonsten gewinnt derjenige, der mit weniger Fragen die Verteilung entschlüsselt hat.

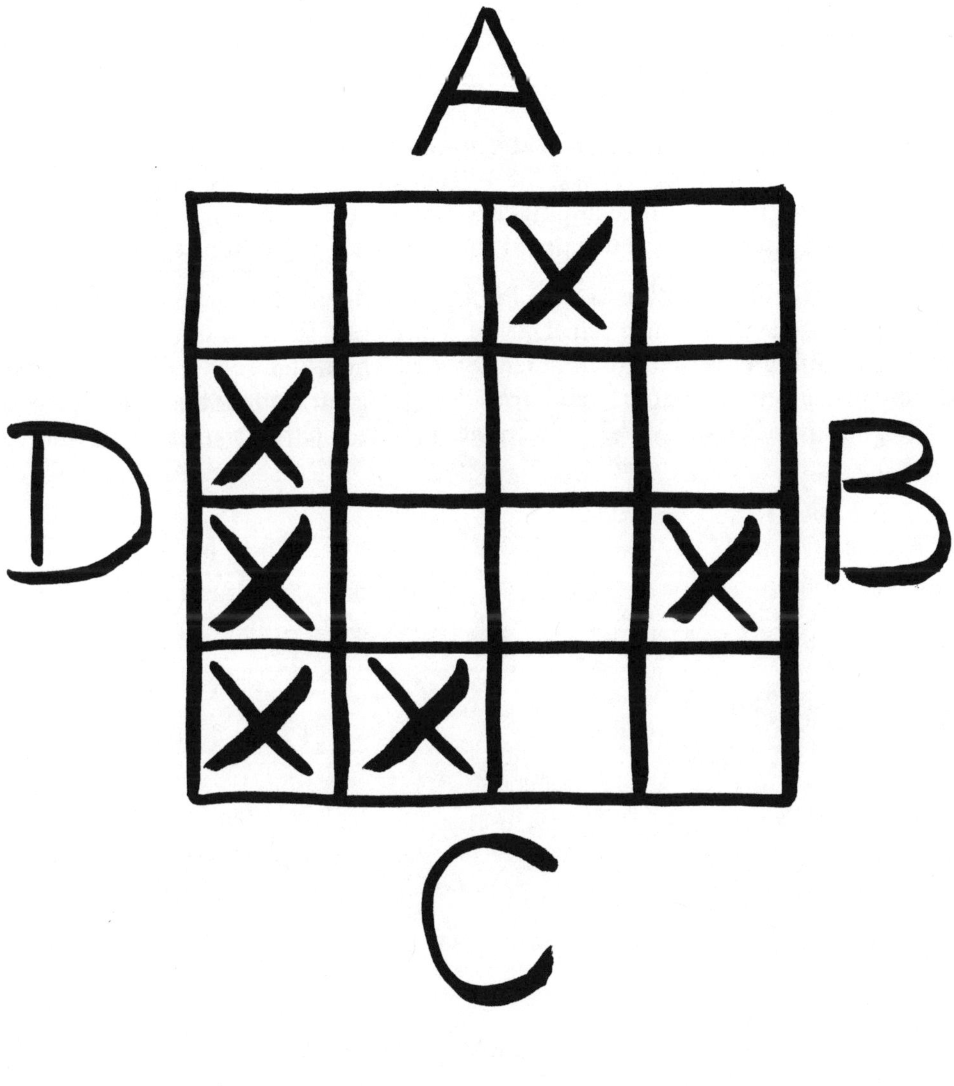
A
D
B
C

Sternzeichen

Spieler: 2 und mehr
Spielmittel: Transparentpapier und drei verschiedenfarbige Stifte
Spielziel: die Sterne eines Sternzeichens finden

Vergangene Kulturen deuteten die Sterne des Nachthimmels anders, als wir es heutzutage tun. Stellen Sie sich vor, Sie würden einen Tempel der Inkas erforschen und in verschiedenen Wandzeichnungen Sternzeichen vermuten. Um Ihre These zu überprüfen, müssen Sie am Firmament die entsprechenden Sterne finden.

Ein Spieler setzt auf ein Blatt 3×10 Punkte verschiedener Farbe. Sie stellen eine südamerikanische Sternkarte dar. Darauf legt er ein Transparentpapier und verbindet 10 Punkte einer Farbe zu einem Sternzeichen, dem er einen Namen gibt. Die Mitspieler versuchen nun, die Farbe der Sterne zu finden, aus denen sich das Zeichen zusammensetzt. Dabei dürfen sie das Transparentpapier nicht über die Sternkarte legen.

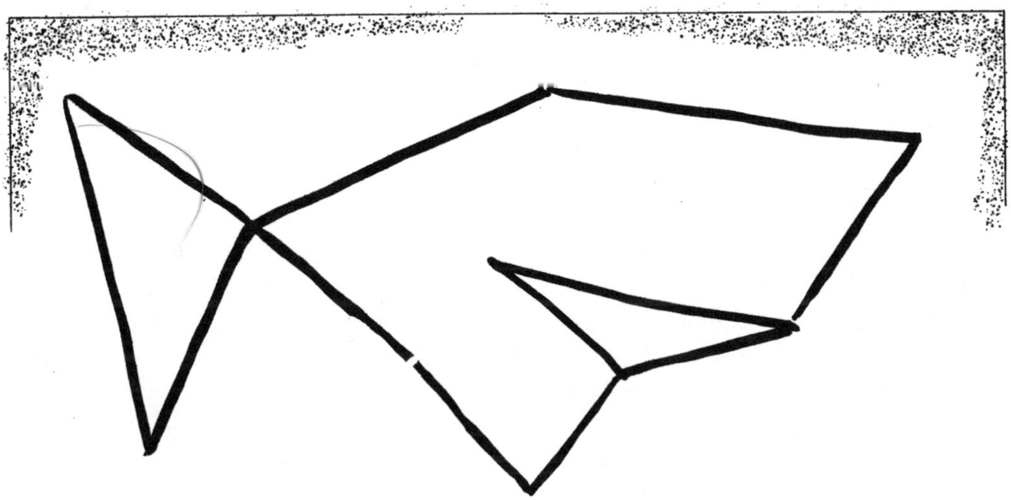

Der Fisch Tititaca

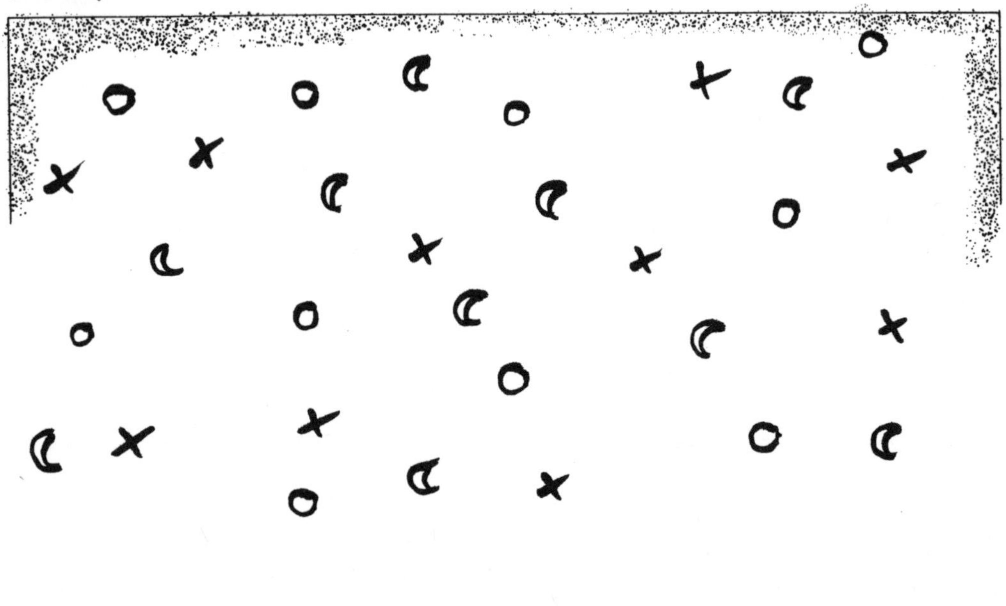

Irgendwas ist im Topf

Spieler: 2 oder mehr
Spielmittel: kariertes Papier und ein Stift für jeden Spieler
Spielziel: den Topf dicht vollpacken

Es müssen Formen unterschiedlicher Größe in einem Topf untergebracht werden. Der Topf ist ein Feld von 9×10 Kästchen. In den Topf müssen zehn Stücke von »Irgendwas« getan werden, wobei ein Irgendwas ein Kästchen groß ist, das nächste zwei, dann drei, dann vier usw. Das größte Irgendwas ist zehn Kästchen groß. Bevor der Topf gefüllt wird, einigen sich die Spieler auf die Formen von drei Irgendwas, die in jedem Fall in den Topf hineinmüssen. Diese Formen bleiben starr, im Gegensatz zu den anderen Irgendwas, die beliebige Formen haben können. Im Topf darf kein Irgendwas ein anderes berühren. Da auf den Topf ein Deckel muß, darf kein Irgendwas über den Topfrand lugen. Gewonnen hat, wer die meisten Irgendwas-Kästchen im Topf hat.

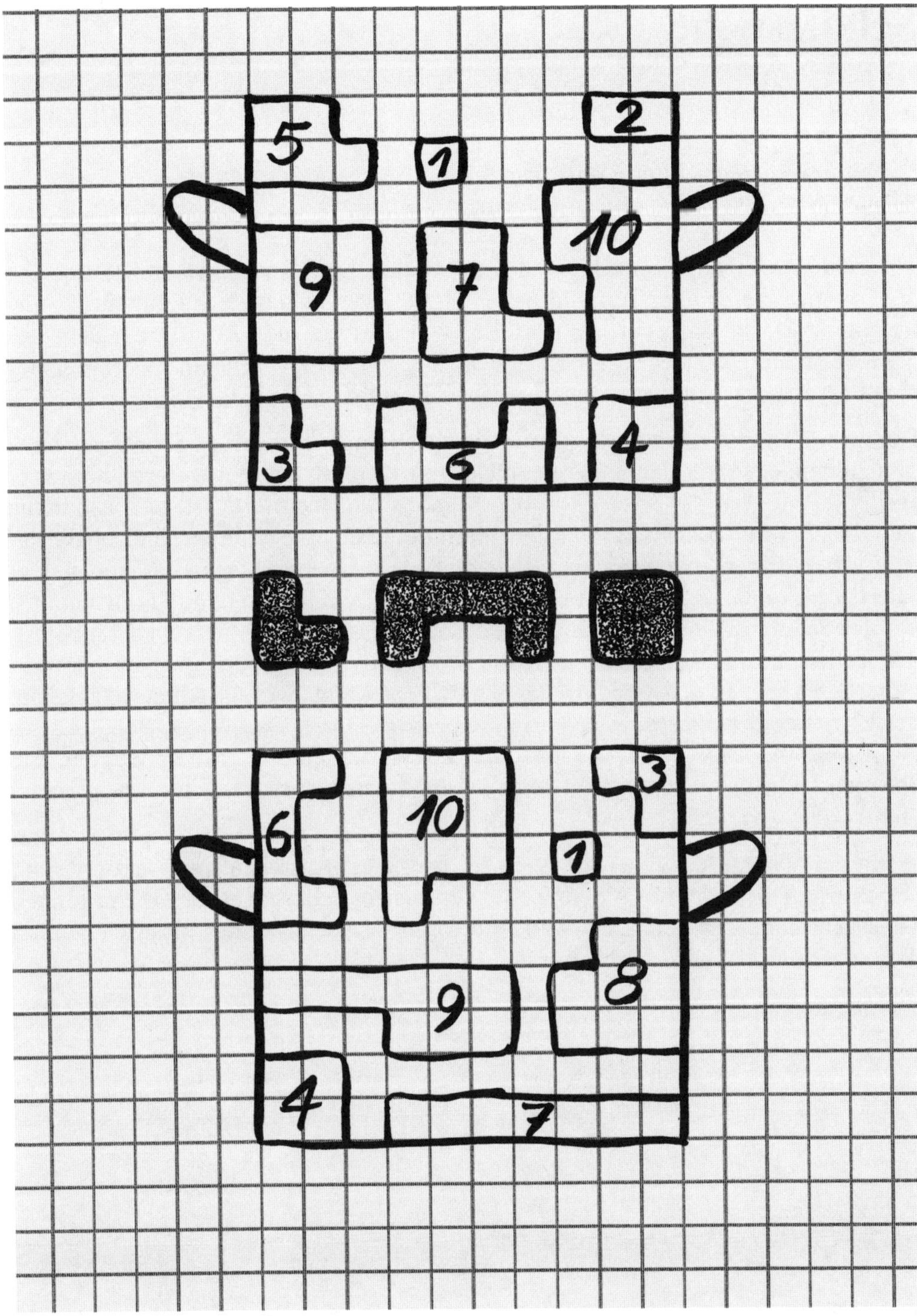
5
1
2
10
9
7
3
6
4
6
10
3
1
8
9
4
7

Schatzsuche

Spieler: 2
Spielmittel: kariertes Papier und zwei Stifte
Spielziel: sich zum Schatz führen lassen

Ein Feld von 20×20 Kästchen wird umrandet. Eine Seite wird mit A und die andere mit B bezeichnet. Innerhalb des abgesteckten Feldes zeichnet nun ein Spieler eine Insel, die das Feld fast ausfüllen soll. Auf die Insel kommt ein Berg (ca. 3×6 Kästchen), ein See (ca. 5 Kästchen), ein Fluß vom Berg zum Meer, der nur eine Furt hat, und ein Dschungel (ca. 5×7 Kästchen).

Der zweite Spieler merkt sich nun ein Kästchen, in dem er seinen Schatz versteckt und zu dem er später den anderen Spieler führen muß. Auf einen Zettel notiert er verdeckt, wie weit der Schatz von den Seiten A und B entfernt ist. Den gefalteten Zettel legt er auf den Tisch. Jetzt bestimmt der erste Spieler, in welcher Bucht das Schiff vor Anker geht und an welchem Punkt das Landungsboot landet. Der Schatzleger muß nun den anderen zum Schatz führen. Klar, daß er das Geheimnis, wo der Schatz ist, bis zuletzt hüten muß. Die Spieler haben genau 10 Tage Zeit, den Schatz zu finden. Ein Tag ist vorbei, wenn beide einen Spielzug gemacht haben. Der Spieler, der weiß, wo der Schatz liegt, kann zwei Kästchen weit ziehen, der Unwissende darf drei Kästchen durchziehen. Durch Dschungel, Berg und See kann man nicht ziehen. Der Fluß darf nur an der Furt überquert werden. Ein Spielzug kann beliebig geknickt sein. Linien dürfen gekreuzt, jedoch nicht zweifach gezogen werden.

Wenn der Schatzleger glaubt, daß sie an dem Schatzkästchen sind, sagt er es an. Die Position wird dann mit dem Zettel verglichen. Schaffen es die Spieler binnen 10 Tagen nicht, den Schatz zu finden, müssen sie allein auf der Insel bleiben, da dann das Schiff ohne sie fortfährt.

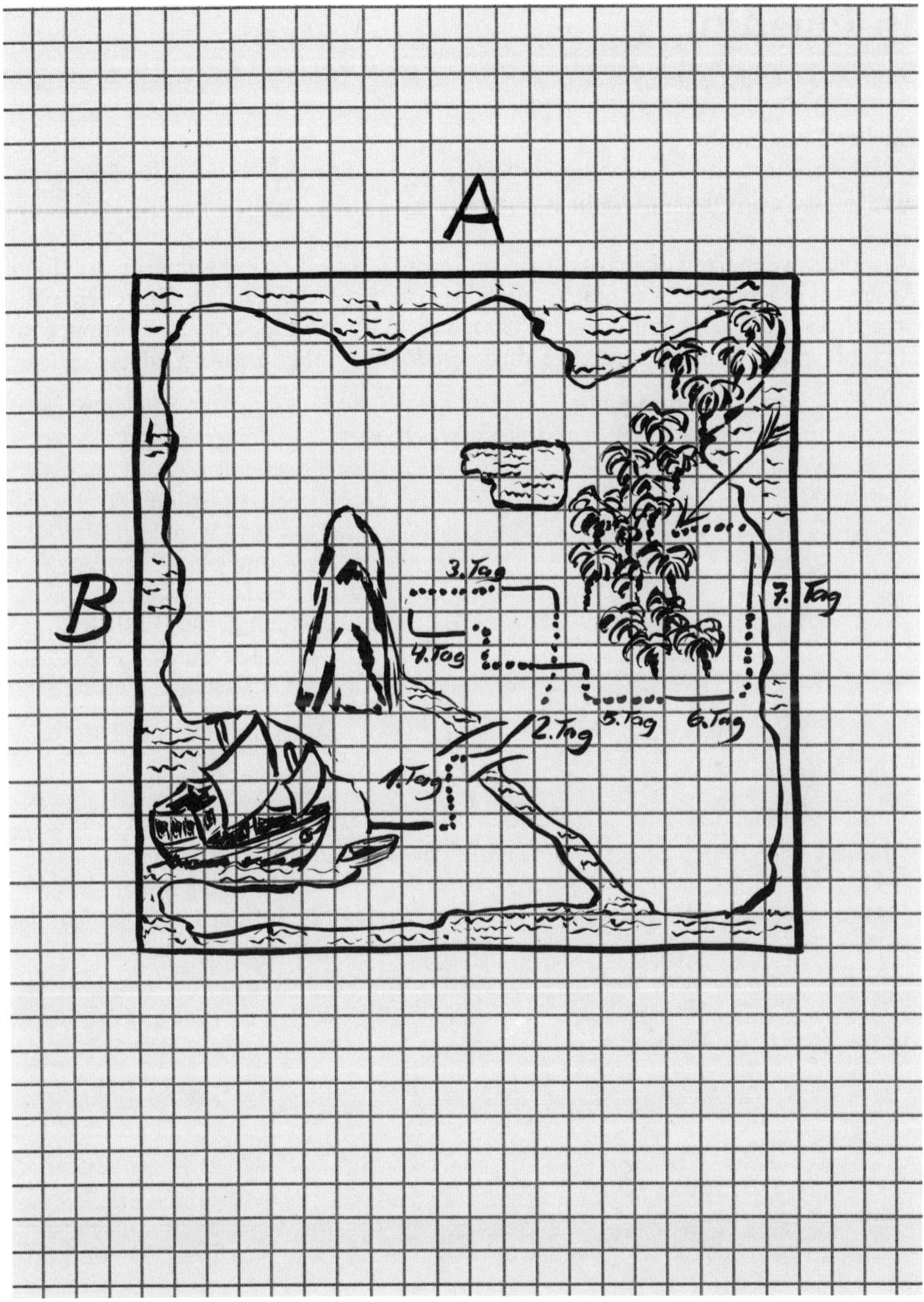
A
B
1. Tag
2. Tag
3. Tag
4. Tag
5. Tag
6. Tag
7. Tag

Bi-Quadrat

Spieler: 2 oder mehr
Spielmittel: kariertes Papier und ein Stift verschiedener Farbe für jeden Spieler
Spielziel: gemeinsam ein Quadrat zeichnen

Die Spieler versuchen gemeinsam aus markierten Kästchen ein Quadrat zu bilden. Abwechselnd müssen die Spieler drei Kästchen markieren. Die Kästchen eines Spielzuges müssen sich mindestens einmal direkt berühren, ansonsten können sie auch über Eck verbunden sein. Es dürfen jedoch nie alle in einer Reihe liegen.

Je kleiner das gebildete Quadrat, um so besser die Leistung der Spieler. Könner setzen zu Beginn eine Reihe von drei Kästchen quer.

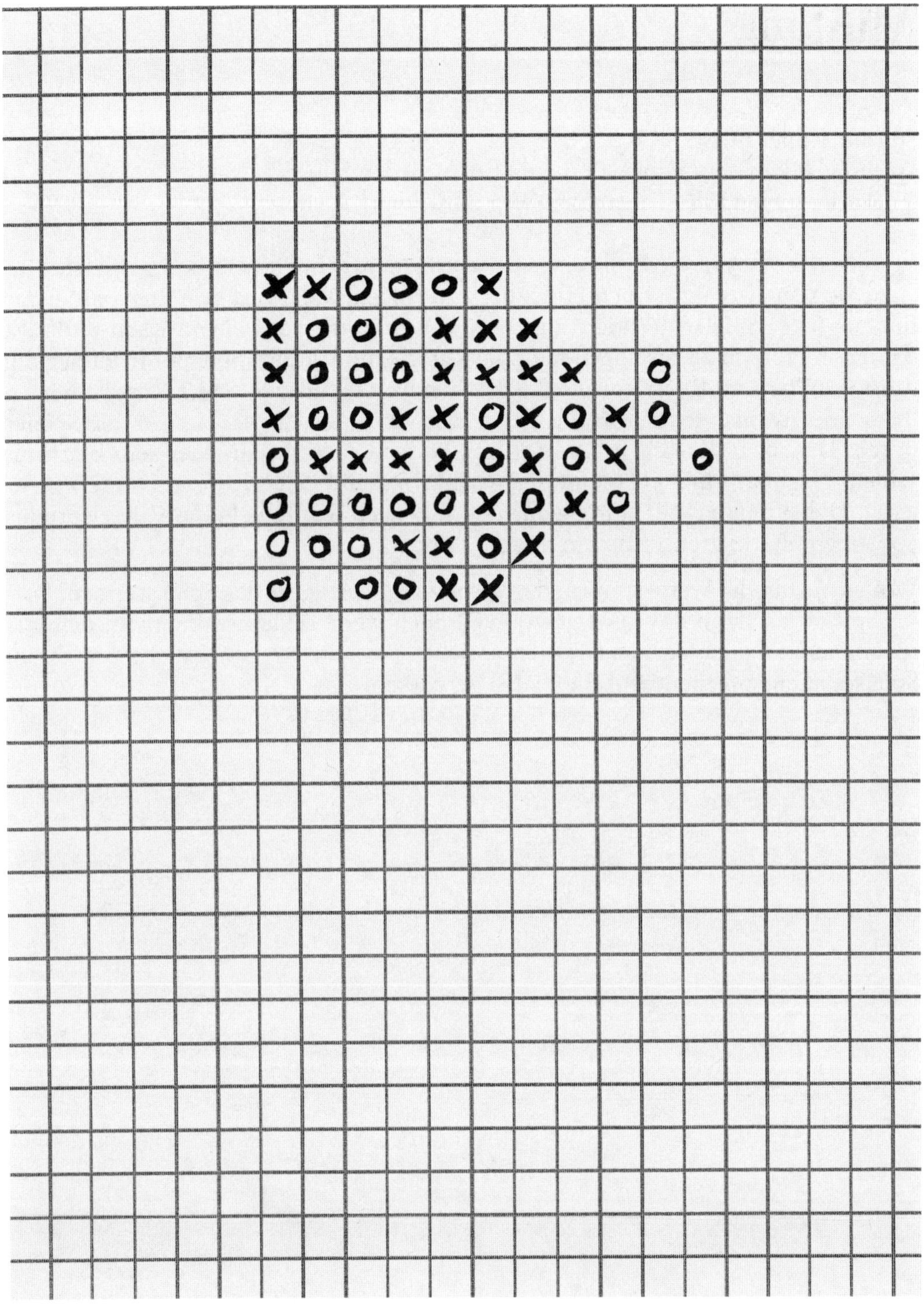

Mustang

Spieler: 1 oder mehr
Spielmittel: kariertes Papier und ein Stift für jeden Spieler
Spielziel: an Hand der Fährte den Weg zurückverfolgen

Versetzen Sie sich in die Rolle eines Cowboys, dem sein Pferd entkommen ist. Machen Sie sich also auf, seinen Hufspuren zu folgen. Wer wird sein Pferd als erster finden? Jeder Spieler markiert zunächst den Startkreis auf einem Karo und läßt dann sein Pferd in 24 Sprüngen über die Kästchenprärie galoppieren. Jeder Sprung führt das Pferd im Rösselsprung 2 Kästchen weit geradeaus und 1 Kästchen nach links oder rechts. Jedes Kästchen, auf das sein Pferd trifft, kreuzt der Spieler durch. Das letzte Kästchen kreist er ein. Sodann tauscht ein jeder sein Blatt mit seinem Nachbarn und versucht, den Weg zwischen beiden Kreisen zu rekonstruieren. Dabei muß er eine durchgehende Linie nach den Regeln des Rösselsprungs von einem markierten Feld zum anderen finden.

Wollen Sie um die Wette spielen, darf, wer zuerst fertig ist, das Spiel stoppen. Dieser Spieler hat dann das Spiel gewonnen, auch wenn seine Lösung nicht dem ursprünglich eingeschlagenen Weg entspricht. Die anderen Spieler werden ihrem Spielstand entsprechend auf die Plätze verwiesen.

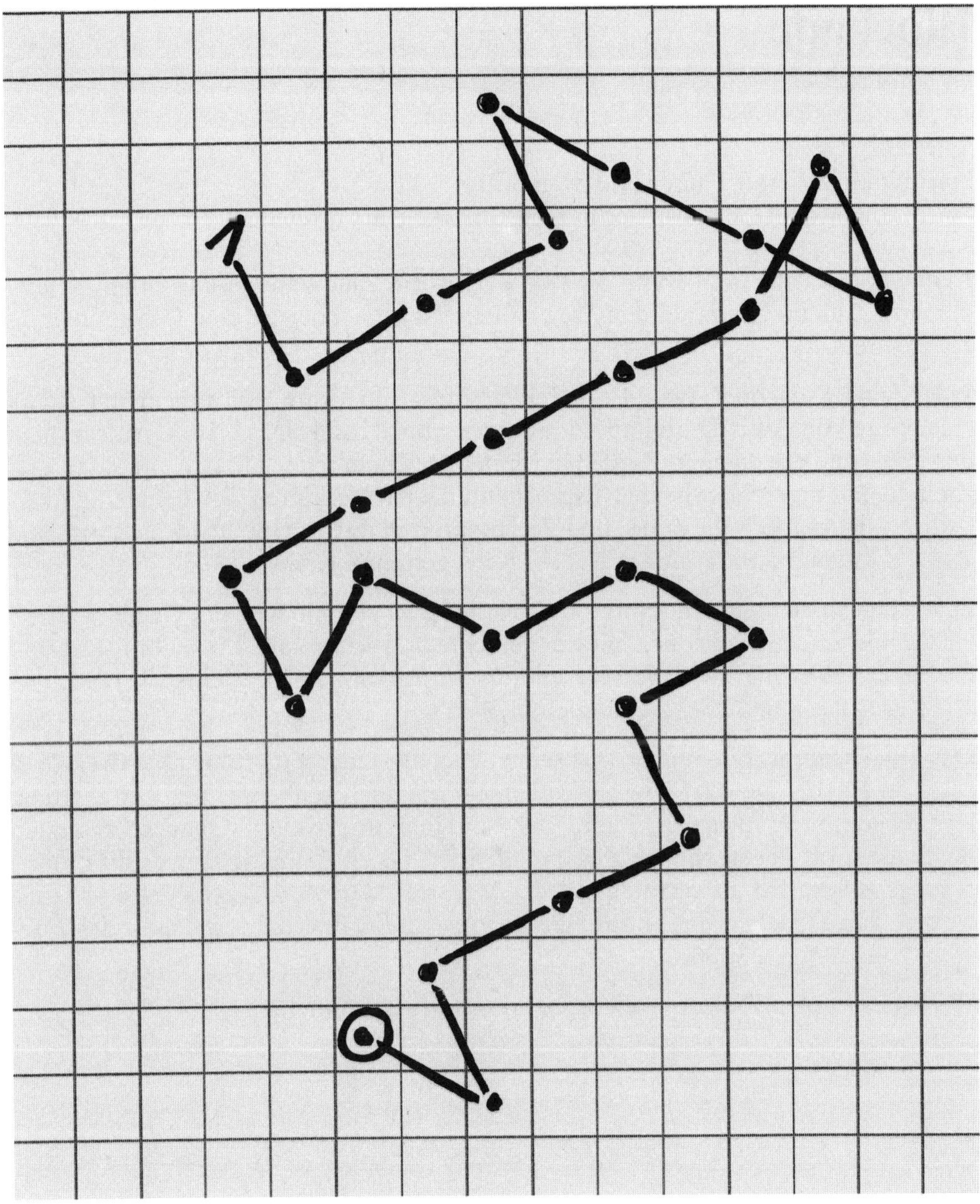
1

Blockade

Spieler: 2
Spielmittel: kariertes Papier und zwei Stifte
Spielziel: vor dem Gegenspieler den Bestimmungsort erreichen

Kennen Sie das Gefühl, wenn Sie sich kurz vorm Ziel wähnen und Ihnen scheinbar böse Mächte Steine in den Weg rollen? Nein? – Hier ist eine Gelegenheit, es zu erfahren!

Jeder Spieler zeichnet zwei 4×4 Felder große Quadrate und beschriftet sie an einer Seite von A bis D und an der anderen von 1 bis 4. Das erste Quadrat dient der Fixierung der eigenen Züge. Hier hinein zeichnet jeder für sich ein Start- und Zielfeld und bezeichnet beide entsprechend. Danach erklären sich beide und übernehmen die gegnerische Start- und Zielposition in das zweite Quadrat. Start- und Zielfeld müssen durch mindestens ein Karo getrennt sein.

Bevor das Spiel beginnen kann, blockiert jeder noch den Weg des Gegners. Hierzu zeichnet er den Karos folgend waagerechte und senkrechte Linien um Start und Ziel ins zweite Quadrat. Die Sperren müssen jedoch so ausgerichtet werden, daß alle Karos des Spielfeldes zugänglich bleiben.

Das Spiel beginnt. Ein Spieler sagt seinen Zug an. Jeder Zug führt über drei Kästchen. In einem Zug darf sowohl waagrecht als auch senkrecht gezogen werden. Der Gegenspieler prüft an Hand der von ihm im zweiten Quadrat gesetzten Blockaden, ob der genannte Zug möglich ist. Ist er es nicht, sagt er dies, ohne etwaige Blockaden zu verraten. Ist der Weg frei, darf der Gegenspieler so lange weitere Züge machen, bis er auf eine Barriere stößt. Erst dann wechselt das Zugrecht zum anderen Spieler.

Wer zuerst seinen Zielort erreicht, hat das Spiel gewonnen.

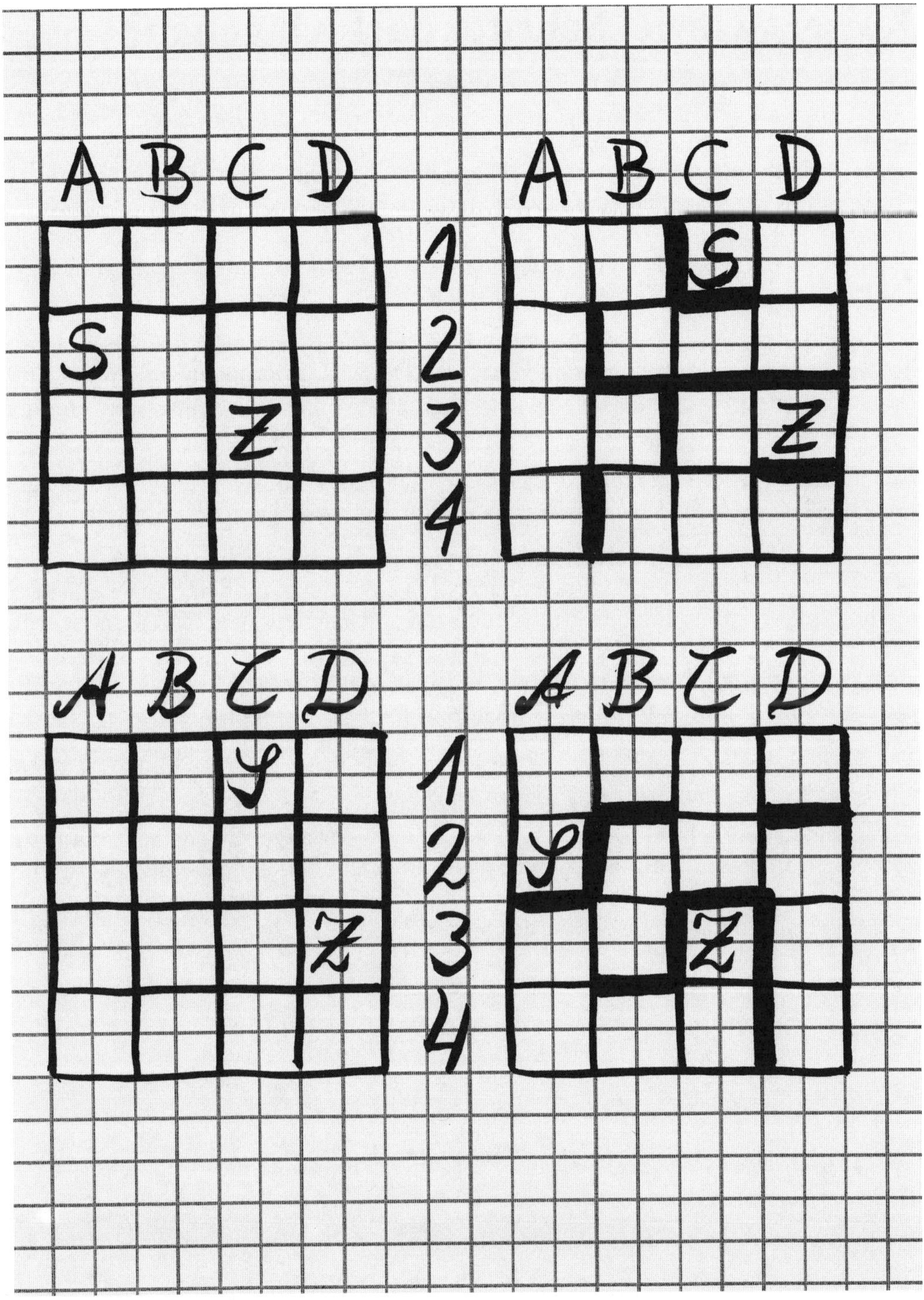
A B C D
A B C D
1
2
3
4
S
Z
S
Z
A B C D
A B C D
1
2
3
4
S
Z
S
Z

Kaiser, wieviel Schritte darf ich gehen?

Spieler: 2 oder mehr
Spielmittel: kariertes Papier und zwei verschiedenfarbige Stifte für jeden Spieler
Spielziel: mit der festgelegten Zugzahl erster werden

Das Spiel *Kaiser, wieviel Schritte darf ich gehen?* haben wir als Kinder im Hof gespielt. Dieses Spiel auf Papier erinnert mich ein wenig daran.

Rahmen Sie ein 7×7 Kästchen großes Feld ein. Ein Spieler legt für alle verbindlich am äußeren Feldrand Start und Ziel fest. Diese Markierungen weisen stets auf einen Knotenpunkt und liegen eine gerade Anzahl von Kästchen am Rand entlang auseinander.

Der nächste Spieler sagt eine Zahl zwischen 20 und 49 an. Durch sie wird die genaue Schrittzahl festgelegt, mit der das Ziel erreicht werden muß.

Das Spiel beginnt. Jeder Schritt führt schräg durch ein Kästchen hindurch. – Um gegebenenfalls später die Zugfolge überprüfen zu können, muß nach jedem Schritt die Farbe gewechselt werden. Am schnellsten spielen Sie daher mit einem Stift in der rechten und einem in der linken Hand. Nur in den Knotenpunkten der Kästchen darf sich die Linie kreuzen. Kein Teilstrich darf zweimal benutzt werden. Es wird nur innerhalb des umrahmten Feldes gespielt.

Wer als erster das Ziel mit exakt der angesagten Schrittzahl erreicht, gewinnt das Spiel.

Manchmal ist es nicht möglich, Start und Ziel mit der angegebenen Schrittzahl zu verbinden. In diesem Fall muß jeder Spieler in einem neuen Feld eine Lösung finden, die der geforderten Schrittzahl am nächsten kommt. Wer zuerst die optimale Lösung vorlegen konnte, ist dann der Sieger.

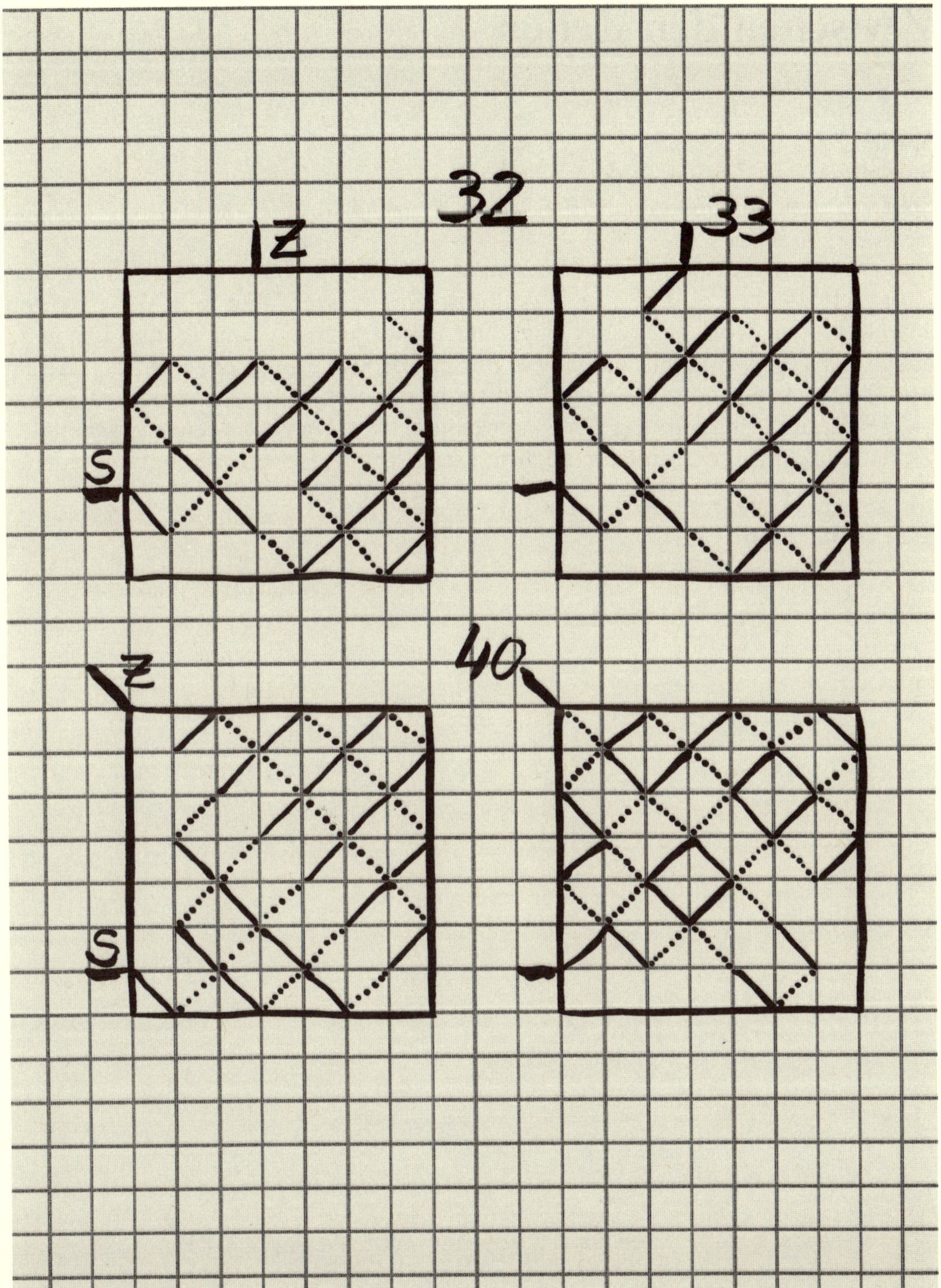
32
Z
33
S
Z
40
S

Zwischen den Zeilen

Spieler: 2
Spielmittel: eine Zeitung und zwei Stifte
Spielziel: einen möglichst kreuzungsfreien Weg suchen

Ein Zeitungsartikel mittlerer Länge wird ausgewählt. Der Spieler, der beginnt, malt sechs Wörter zu. Der zweite umkreist fünf Wörter. Nun zieht der erste von einem dunklen Wort zu einem hellen. Der zweite setzt die Linie fort, indem er zu einem dunklen Wort zieht usf. Dabei dürfen die Spieler nur zwischen den Zeilen und Wortlücken hindurchziehen. Es gilt folgende Regel: Am Rand oder zwischen zwei Spalten dürfen nur drei Zeilen auf einmal überbrückt werden. Zwischen den Zeilen muß in Zugrichtung die nächste Lücke links oder rechts benutzt werden.

Minuspunkte gibt es für jede Lücke oder waagrechte Linie, die doppelt oder mehrfach benutzt wird.

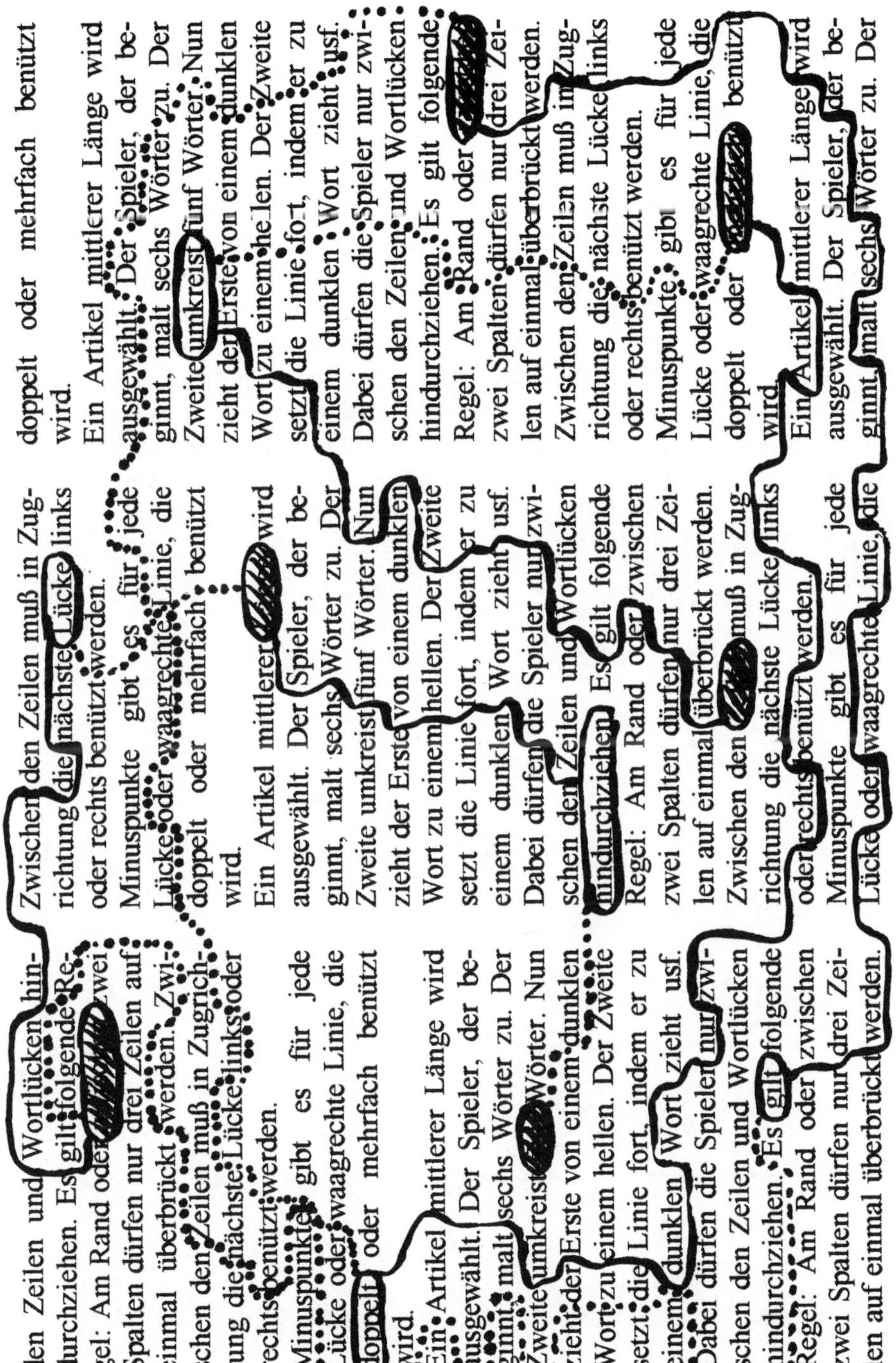

Froschhüpfen

Spieler: 2
Spielmittel: Papier und zwei Stifte
Spielziel: viele Fliegen fangen

Jeder Spieler verbindet auf seinem Blatt 20 Zeilen mit einer Linie. Auf der Linie zwischen den Zeilen verteilt er sechs Fliegen. Dann notiert er darüber eine fünfstellige Zahl, die Froschzahl. Die Blätter werden vertauscht, und jeder Spieler versucht nun, mit den einzelnen Ziffern der Froschzahl in beliebiger Reihenfolge durch Hin- und Herspringen möglichst viele Fliegen zu fressen. Begonnen wird am linken Rand der Linie. Jede Zeile zählt eins. Null gilt beim Springen als zehn. Die zuletzt verbliebene Ziffer darf nicht mehr gesprungen werden, wenn damit keine Fliege mehr gefressen wird, da bei Punktegleichstand diese Zahl minus zählt und somit über den Sieg entscheidet.

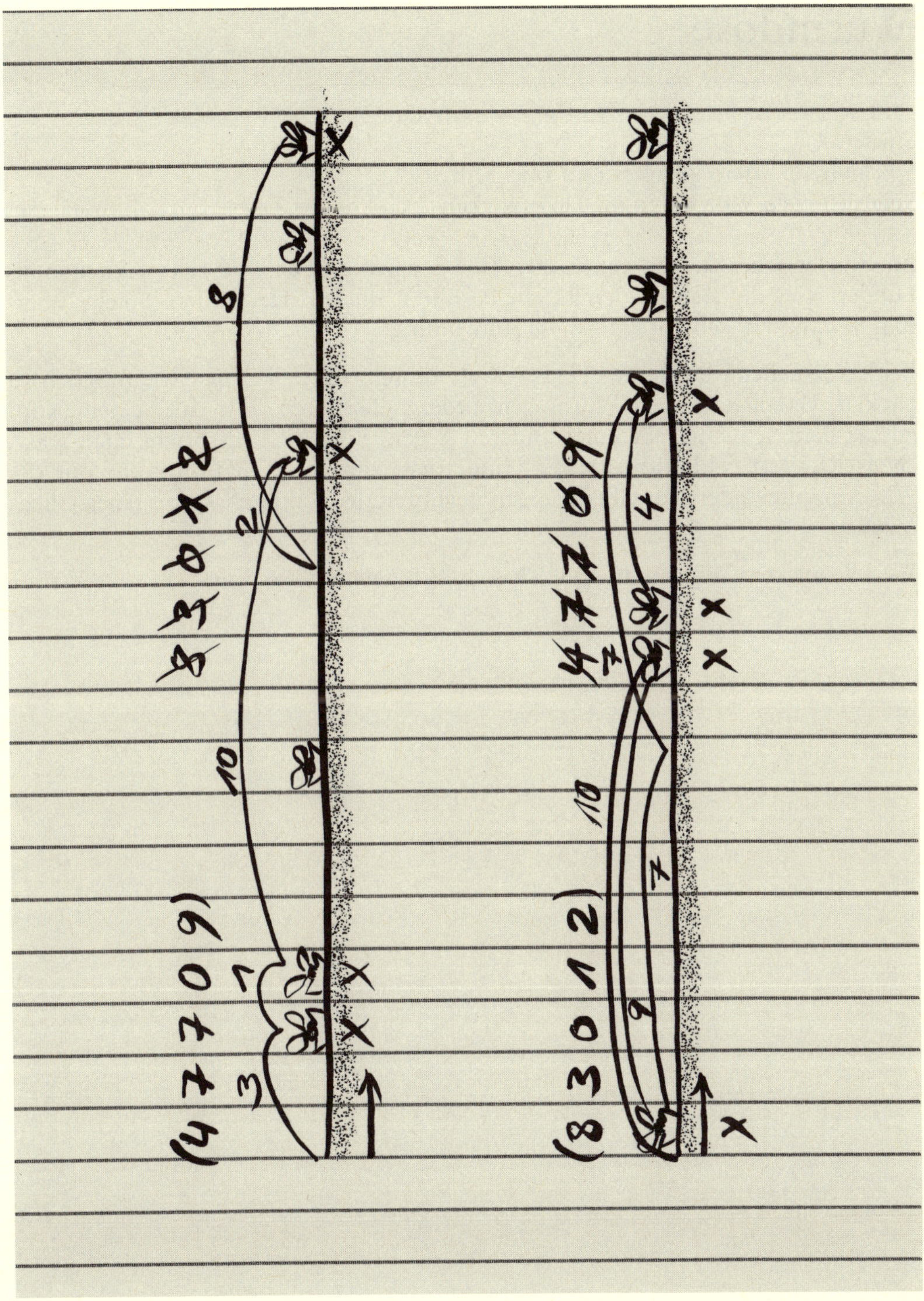

Wurmdose

Spieler: 2
Spielmittel: kariertes Papier und zwei Stifte
Spielziel: viele Würmer in die Dose packen

Ein Spieler schraffiert in einem 10×10 Kästchen großen Feld zehn Kästchen als Hindernisse, die sich an den Ecken berühren dürfen. Der andere Spieler übernimmt dann auf seinem Blatt diese Anordnung.

Beide versuchen nun, in das Feld so viele zehngliedrige Würmer wie möglich zu packen. Dabei darf kein Wurm den anderen berühren oder mit seinem Kopf nächst dem Schwanzende eines anderen liegen. Ein Glied entspricht einer Kästchenseite. Den Feldrand oder die Hindernisse dürfen die Würmer nur mit der Schwanzspitze oder den Gliederenden berühren, jedoch niemals mit einer Gliedseite.

Wer die meisten Würmer in seine Dose packt, gewinnt das Spiel.

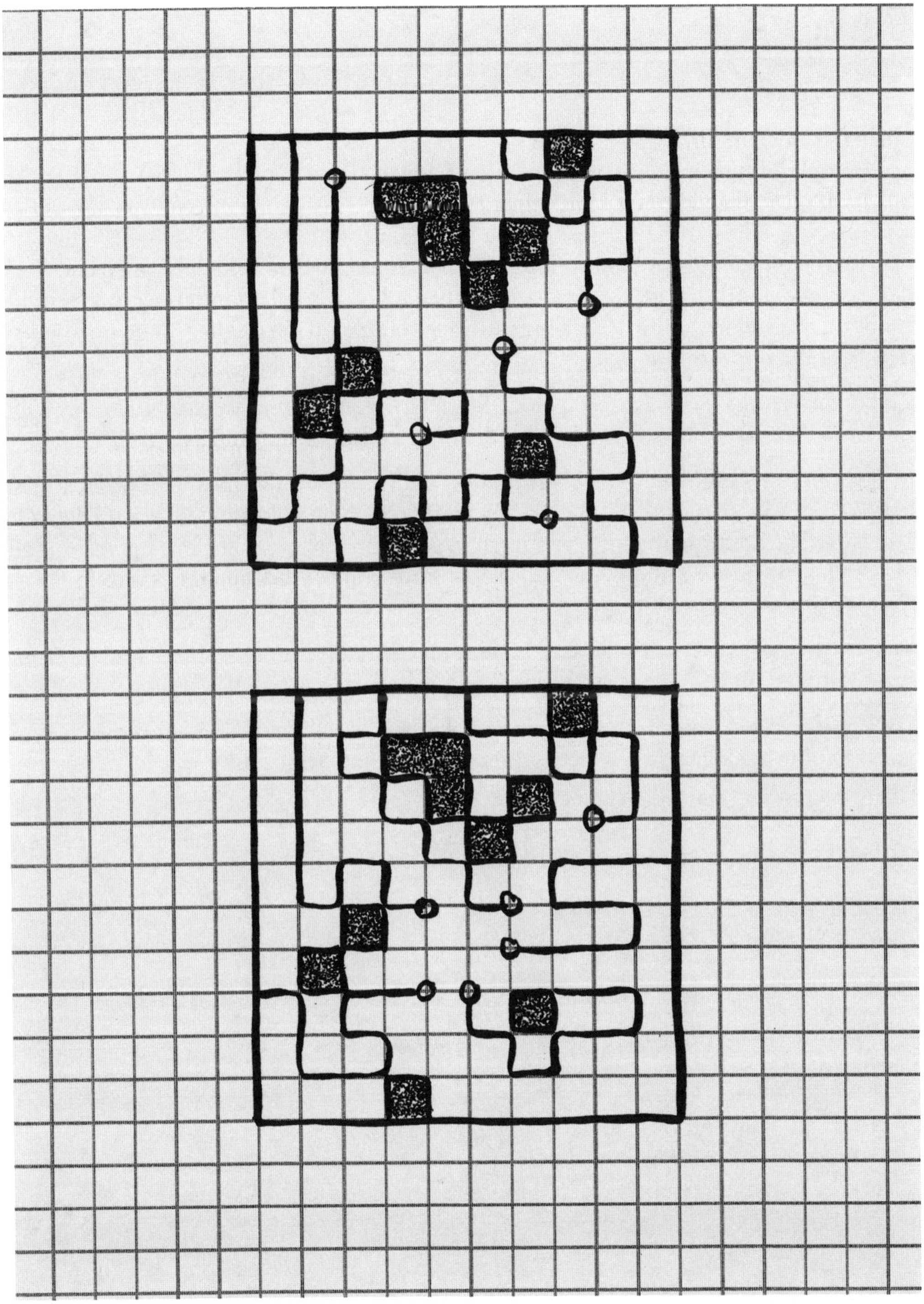

Fiaker

Spieler: 1 oder mehr
Spielmittel: Papier und ein Stift für jeden Spieler
Spielziel: seine Pferde nach Hause bringen.

Die Pferdedroschken in Österreich heißen Fiaker. Auch die Kutschenlenker werden so gerufen. Ihnen sagt so manche unbedachte Zunge einen Hang zur Trunksucht nach, und es sei nur der Klugheit ihrer Gäule zu verdanken, daß sie abends den Weg nach Hause fänden.

Zeichnen Sie ein 7×7 Karos großes Spielfeld. Schwärzen Sie sechs Karos nach Ihrem Belieben ein; lassen Sie jedoch die oberste und unterste Zeile frei.

In der oberen Reihe stehen sieben Fiaker, die in ihre Ställe in der unteren Reihe heimgeführt werden sollen. Sie ziehen dabei im Rösselsprung, das sind jeweils zwei Kästchen geradeaus und eins nach links oder rechts. Zug für Zug verbinden Sie die Karos miteinander. Auf eingeschwärzte Karos und bereits benutzte Kästchen dürfen Sie nicht ziehen.

Wem es gelingt, als erster alle seine sieben Pferde nach unten in einen Stall zu bringen, der gewinnt.

Das Spiel kann dadurch noch erschwert werden, daß vor Spielbeginn durch Numerierung festgelegt wird, welches Pferd in welchen Stall muß.

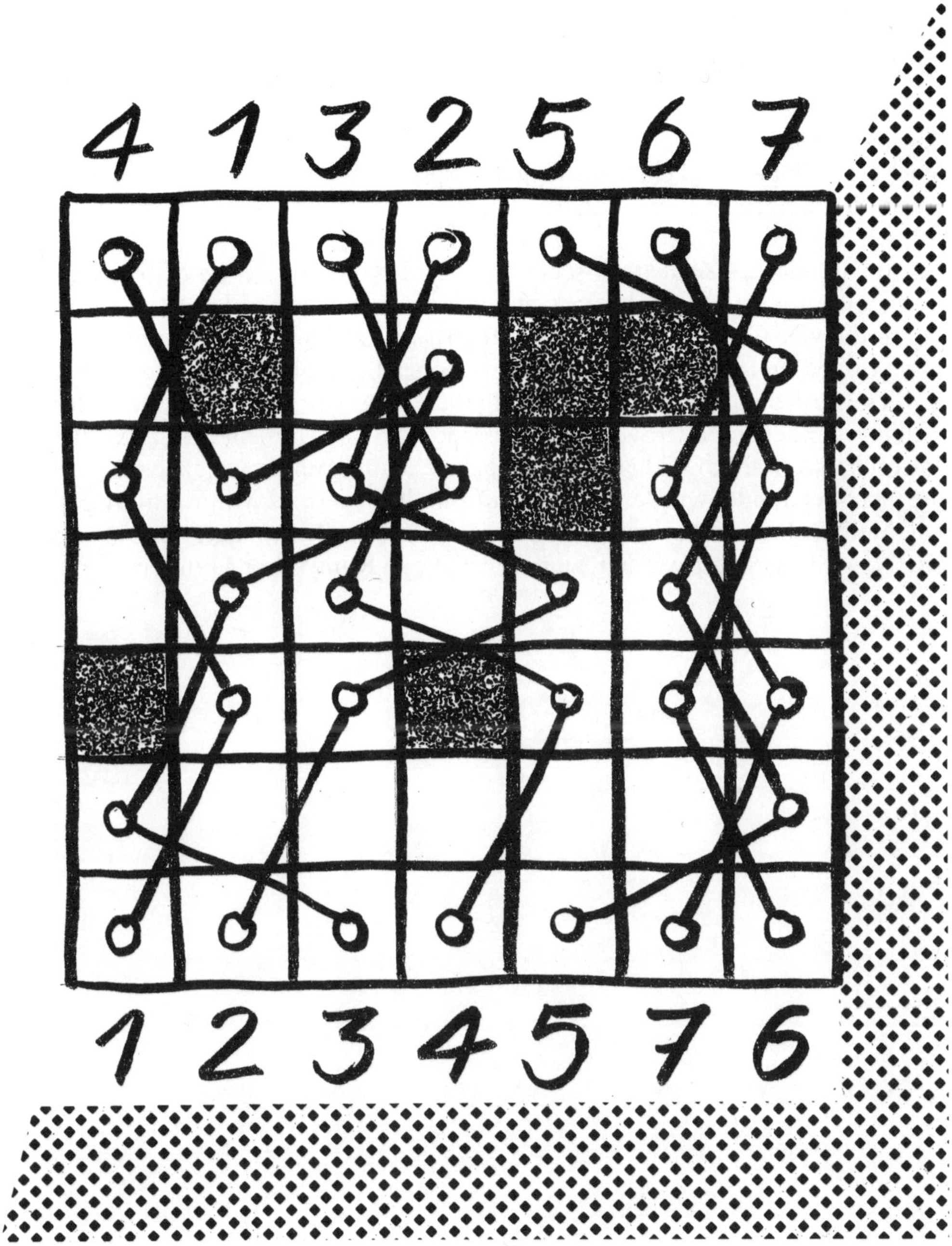
4 1 3 2 5 6 7
1 2 3 4 5 7 6

Zahlenhaufen

Spieler: 2 oder mehr
Spielmittel: Papier und ein Stift für jeden Spieler
Spielziel: die höchste Rechnung ausstellen

Ein Spieler gibt 24 Zahlen zwischen Null und Neun an, die die Mitspieler gleichzeitig mitschreiben. Danach versucht jeder, die einzelnen Zahlen so zu ordnen, daß durch die vier Grundrechenarten möglichst alle Zahlen in Gleichungen Verwendung finden und am Ende ein möglichst hohes Ergebnis erzielt wird. Verwendete Zahlen werden ausgestrichen. Die Aufgaben selbst dürfen nur aus ein- oder zweistelligen Zahlen gebildet werden; die Ergebnisse dürfen mehrstellig sein. Die Einzelergebnisse werden addiert und davon die Minuspunkte abgezogen. Jede Zahl, die nicht verwendet wurde, wird mit fünf multipliziert als Minuspunkte gewertet. Die Null zählt zehn Punkte minus. Wer die meisten Punkte hat, gewinnt. Es kann nach der Uhr gespielt werden, zum Beispiel pro Runde drei Minuten.

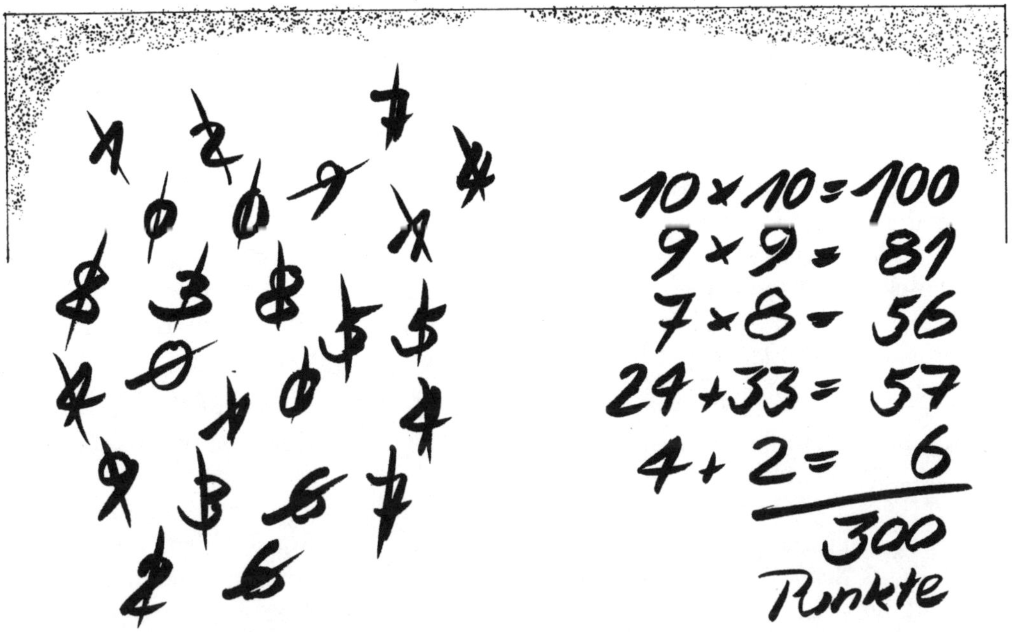
10 × 10 = 100
9 × 9 = 81
7 × 8 = 56
24 + 33 = 57
4 + 2 = 6
300
Punkte

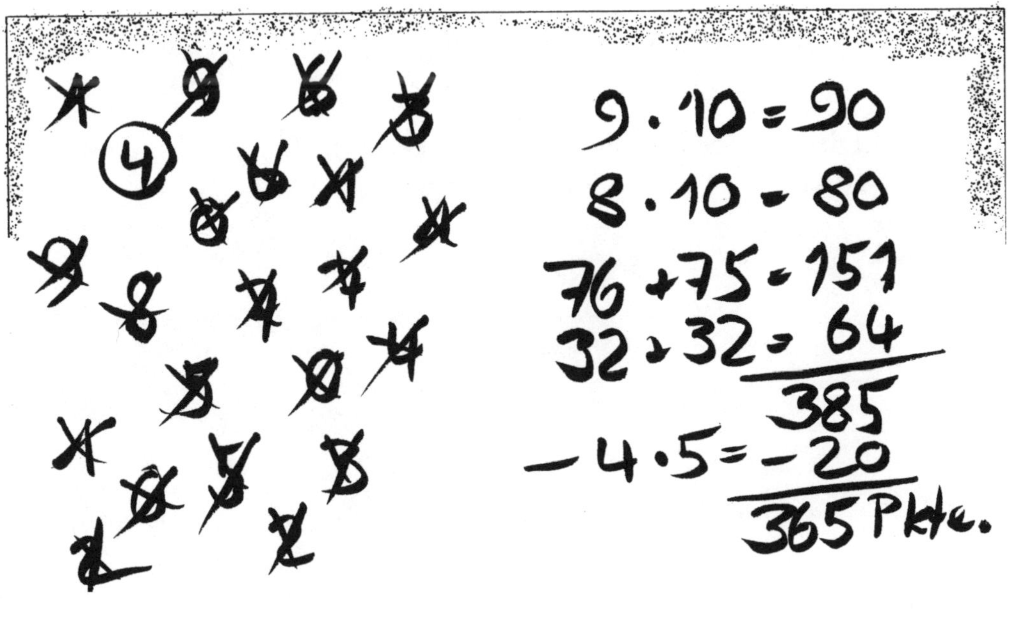
9 · 10 = 90
8 · 10 = 80
76 + 75 = 151
32 + 32 = 64
385
− 4 · 5 = − 20
365 Pkte.

Safe

Spieler: 2
Spielmittel: Papier und zwei Stifte
Spielziel: den Safe knacken

Ein Spieler ist Safebesitzer, der andere Geldschrankknacker. Der Safebesitzer zeichnet auf seinen Zettel einen Kreis, den er sechsmal teilt. Jedem Teilstrich ordnet er eine der Zahlen von 1 bis 6 zu.

Der Geldschrankknacker versucht nun, die Kombination durch Drehen am Schloß herauszufinden. Dazu zeichnet er den gleichen Kreis wie der Safebesitzer und verteilt ebenfalls die Zahlen von 1 bis 6. Diesen Zettel gibt er seinem Mitspieler. Dieser überprüft die Zahlen mit der von ihm festgelegten Kombination, wobei die Lage der Zahlen im Kreis ohne Bedeutung ist. Entscheidend ist lediglich die Reihung der Zahlen. Bei jeder richtigen Zahl, die zu einer anderen in richtiger Verbindung steht, klickt das Schloß. Zum Beispiel bei der geringsten Teillösung – das sind zwei zueinander passende Zahlen – macht es zweimal klick.

Der Safebesitzer sagt dem Geldschrankknacker, wie oft es klickte, also wie viele Zahlen mit der Kombination übereinstimmen. Er sagt aber nicht, um welche Zahlen es sich handelt. Ist schließlich der Safe geöffnet, wechseln die Rollen.

Am Ende ist derjenige der bessere Geldschrankknacker, der den Tresor in weniger Versuchen als der andere öffnen konnte.

2 richtig
nix
2 richtig
5 richtig
4 richtig
4 richtig
4 richtig
Alle

Odins Stäbe

Spieler: 2
Spielmittel: Transparentpapier und drei Stifte verschiedener Farbe
Spielziel: die richtige Farbe der Stäbe finden

Odin, der auch Gott der Dichtkunst war, pflegte seine Kandidaten zu prüfen, indem er sie das Runenholz suchen ließ. Er ließ durch die Druiden Hölzer werfen, aus denen der angehende Dichter die für Runen geeigneten Hölzer herausklauben mußte.

Ein Spieler spielt den Druiden, der andere den Dichter. Der Druide setzt auf ein Blatt 28 Punkte. Darüber legt er ein Transparentpapier und verbindet mit sieben Strichen einer Farbe jeweils zwei Punkte. Dies sind Odins Stäbe. Mit den anderen Farben zeichnet er wahllos je sieben Striche auf die gleiche Fläche.

Der Dichter legt nun das Transparentpapier über das Blatt mit den Punkten und versucht – durch Drehen und Verschieben –, die Farbe von Odins Stäben zu bestimmen. Worauf er wahrhaft göttlich dichten kann.

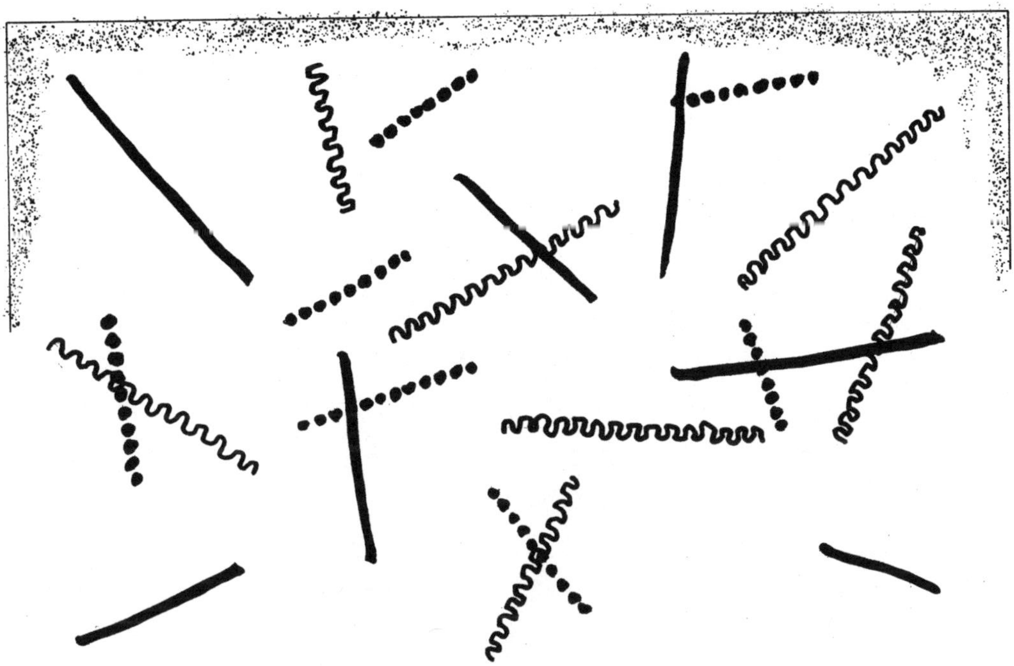

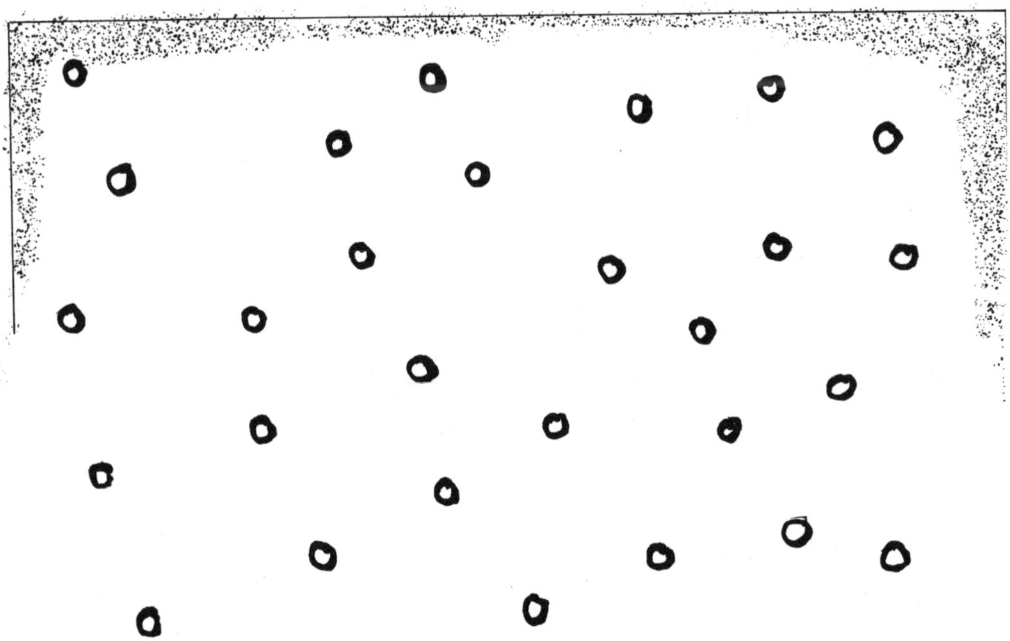

Simular

Spieler: 2 oder mehr
Spielmittel: kariertes Papier und ein Stift für jeden Spieler
Spielziel: Gleiches suchen

Die Spieler malen sich gegenseitig auf ein 10×10 oder 15×15 Kästchen großes Feld verschiedene Linienfiguren, die entlang der Kästchenseiten verlaufen. Ist das Feld voll, werden die Blätter getauscht und alle Figuren, die sich gleichen, gesucht.

Kurze Wege

Spieler: 3 und mehr
Spielmittel: Papier, ein Bleistift und ein Lineal für jeden Spieler
Spielziel: möglichst viele Kreise mit einer schnurgeraden Linie verbinden

Jeder Spieler bedeckt sein Blatt mit einer Unzahl kleiner Kreise und tauscht es dann mit seinem Nachbarn aus. Die Aufgabe eines jeden besteht nun darin, jene Gerade zu finden, die durch die meisten Kreise verläuft.

Wollen Sie das Spiel zu gleichen Bedingungen durchführen, sollten Sie ein Blatt voller Kringel entsprechend der Teilnehmerzahl kopieren und an die Spieler verteilen. Auf diese Weise können Sie auch mehrere Spielaufgaben vorbereiten. – Vielleicht mischen Sie dann auch einige Varianten unter, etwa eine Mischung aus Kreisen und Karos, wobei bei der Wertung dann alle Karos in der gezogenen Linie minus zählen. Oder Sie verteilen drei Symbole – Kreise, Karos und Halbmonde – übers Blatt und stellen dann zur Aufgabe, daß diese Symbole wiederholt in dieser Reihenfolge von der Linie durchstrichen werden müssen.

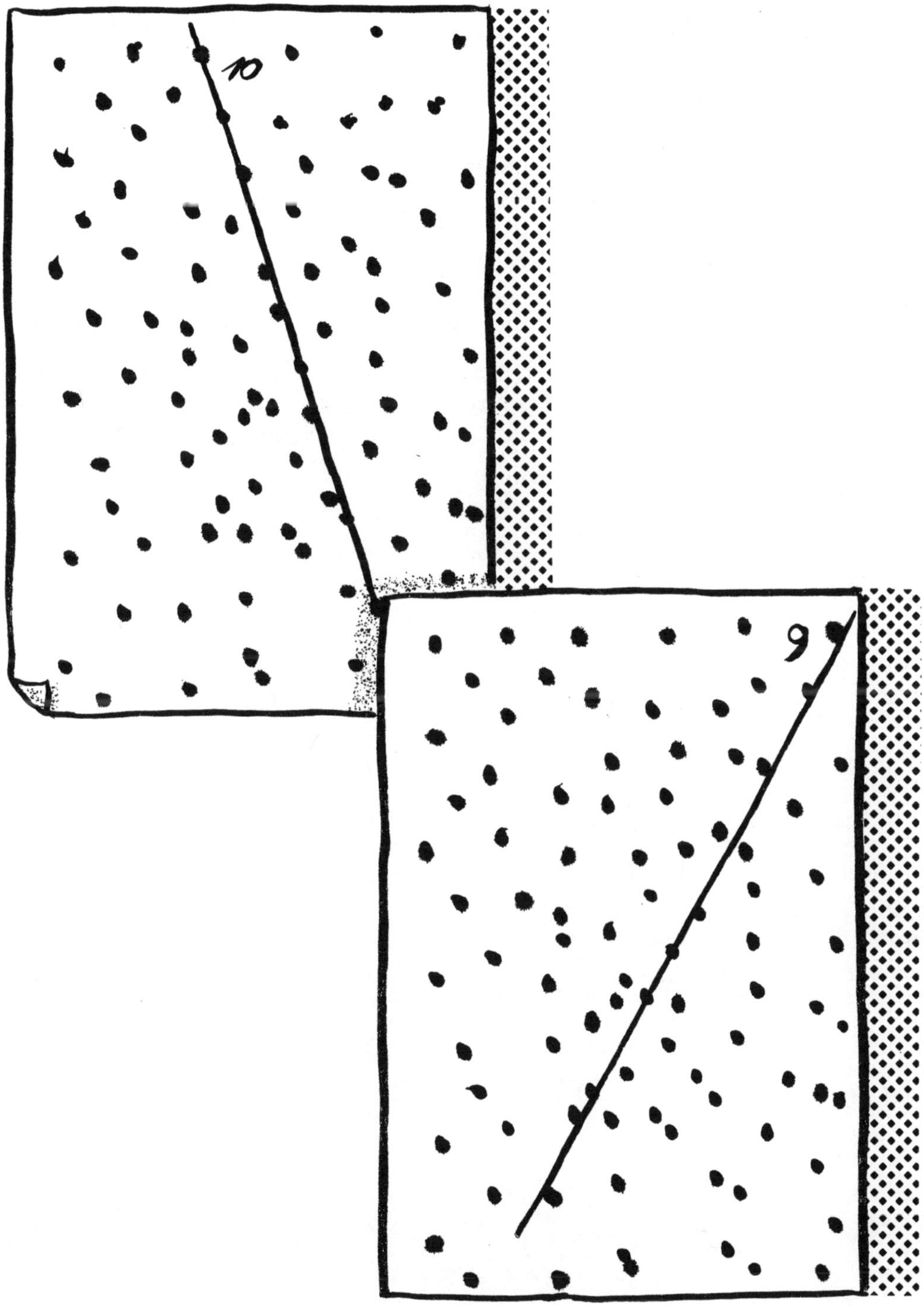
10
9

Von A bis Z

Spieler: 2 oder mehr
Spielmittel: kariertes Papier und ein Stift für jeden Spieler
Spielziel: den kürzesten Weg finden

Ein Spieler rahmt ein Feld von 10×10 Kästchen ein und zeichnet die Start- und Zielpunkte (A und Z) ein. Danach verteilt er zwölf Markierungen auf den Kreuzungspunkten. Die Mitspieler zeichnen auf ihren Blättern diesen Spielplan nach.

Es gilt nun die kürzeste Linie zwischen A und Z zu finden, wobei alle Punkte berührt werden müssen, ohne daß sich die Linie kreuzt. Die Länge der Linie wird kästchenweise gemessen; verläuft sie zwischen zwei Kästchen entlang, wird nur eines gewertet.

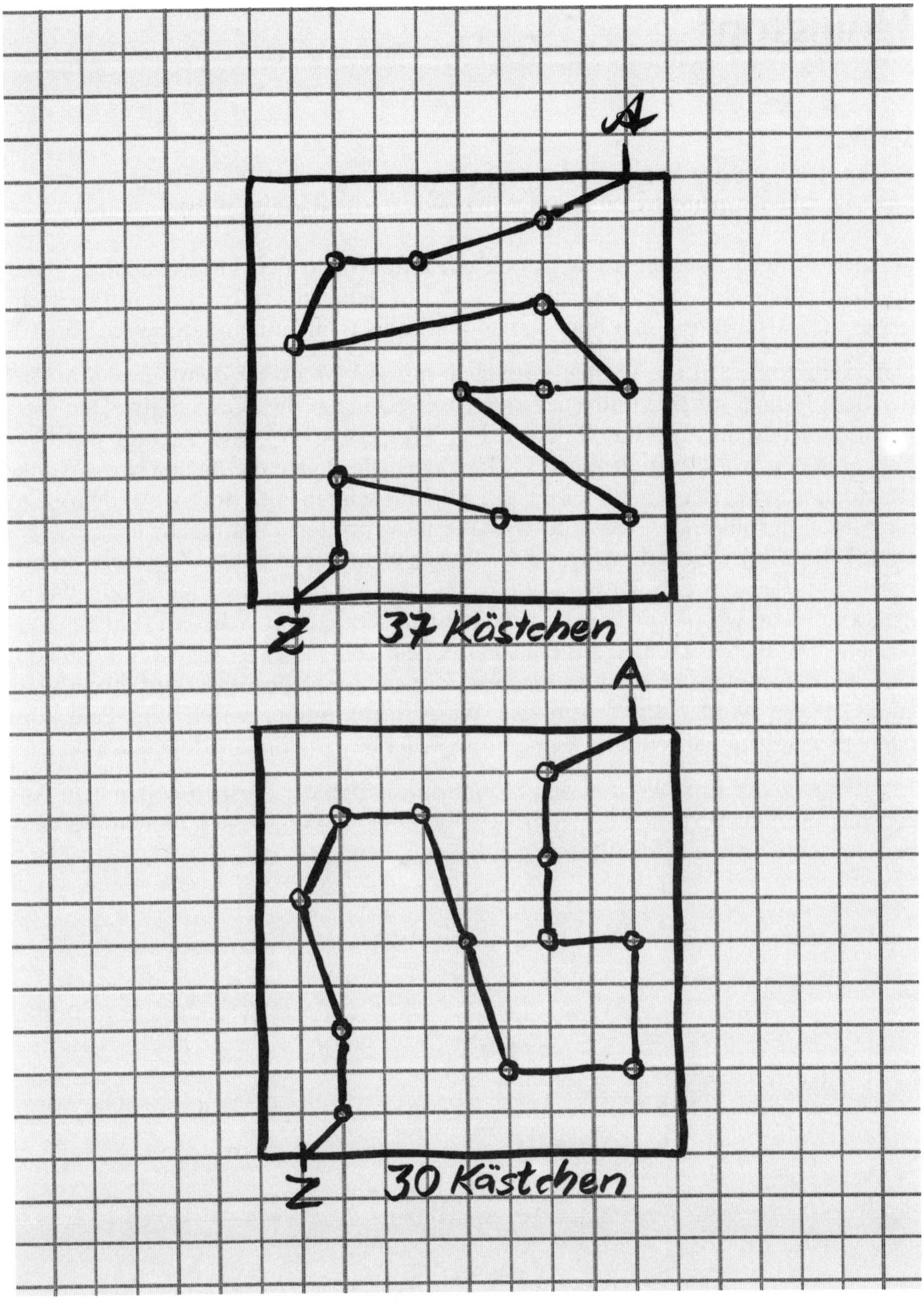
A
Z
37 Kästchen
A
Z
30 Kästchen

Honigtopf

Spieler: 2
Spielmittel: kariertes Papier und zwei Stifte
Spielziel: die Wespen vertreiben oder den Bienen den Honig rauben

Wespen dringen in einen Bienenstock ein und wollen den Honig stehlen. Jeder Spieler zeichnet sich ein Quadrat von 12×12 Kästchen. An einem Rand bezeichnet er die Kästchen mit den Buchstaben von A bis L und am anderen von 1 bis 12.

Der Honigtopf, den die Wespen erreichen müssen, steht auf dem Karo A 6. Auf der dem Honigtopf gegenüberliegenden Seite dringen die Wespen ein. Der Wespenstamm besteht aus fünf Wespen. Der Wespen-Spieler sagt an, auf welchem Feld er in den Stock eingedrungen ist. Im Gegenzug stellen die Bienen einen Wächter auf, das heißt, der Spieler kreuzt ein Feld auf seinem Plan durch, auf dem er im nächsten oder übernächsten Zug eine Wespe vermutet. Dies macht er selbstverständlich stillschweigend, während die Wespe weiter nach jedem Zug ihren Standort angibt. Gelangt eine Wespe auf ein Wächterfeld, so sterben Biene und Wespe im Kampf. Die Wespe wird durch die nächste ersetzt, die von diesem Feld aus weiterzieht. Die Bienen können auf ein solches Feld keinen neuen Wächter aufstellen. Um den Kampfplatz sichtbar zu machen, kreisen ihn beide Spieler auf ihrem Blatt ein. Gezogen werden kann von den Wespen aus immer von einem Feld zum nächstliegenden, während die Bienen ihre Wächter beliebig aufstellen können.

Erreicht eine der fünf Wespen den Honigtopf, haben die Wespen gewonnen. Ansonsten kann im Vergleich der zum Sieger gekürt werden, dessen Bienen die Wespen am schnellsten aus dem Stock getrieben haben.

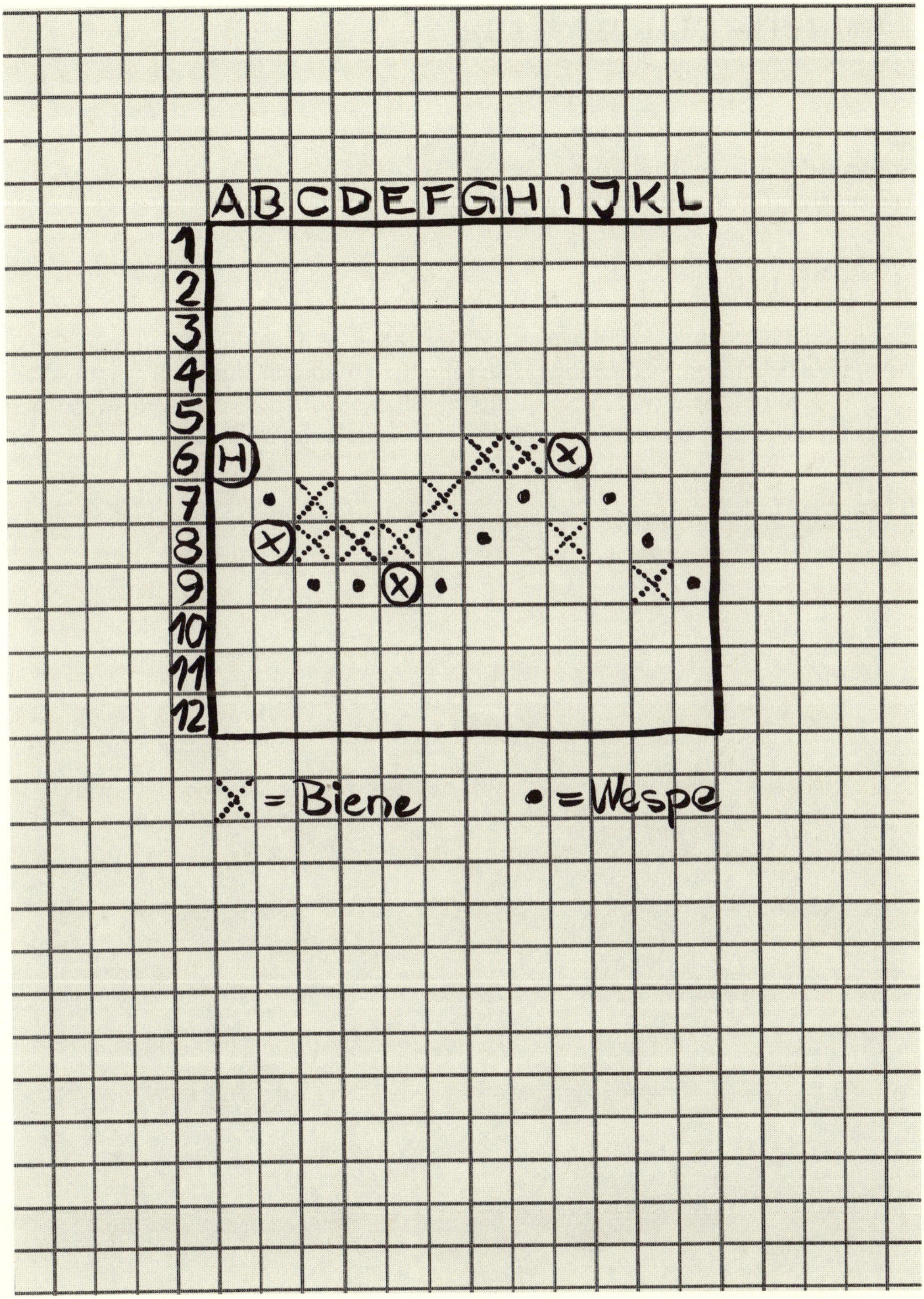
A B C D E F G H I J K L
1
2
3
4
5
6
7
8
9
10
11
12
H
X = Biene
• = Wespe

Der zerbrochene Krug

Spieler: 2
Spielmittel: kariertes Papier und zwei Stifte
Spielziel: die Einzelteile wieder zur Grundform zusammenfügen

Die Scherben eines zerbrochenen Stückes wieder zusammenzusetzen ist ein schwacher Trost, doch ein netter Zeitvertreib.

Der Kästchenlinie folgend, zeichnen Sie eine Ihnen gefällige Figur und teilen sie in zehn Teile beliebiger Ausformung. Die zehn Teile und den Umriß der Figur übertragen Sie auf ein zweites Blatt und geben es Ihrem Mitspieler, der nun versuchen soll, die Einzelteile so zu ordnen, daß sie sich vollständig in die Grundfigur fügen.

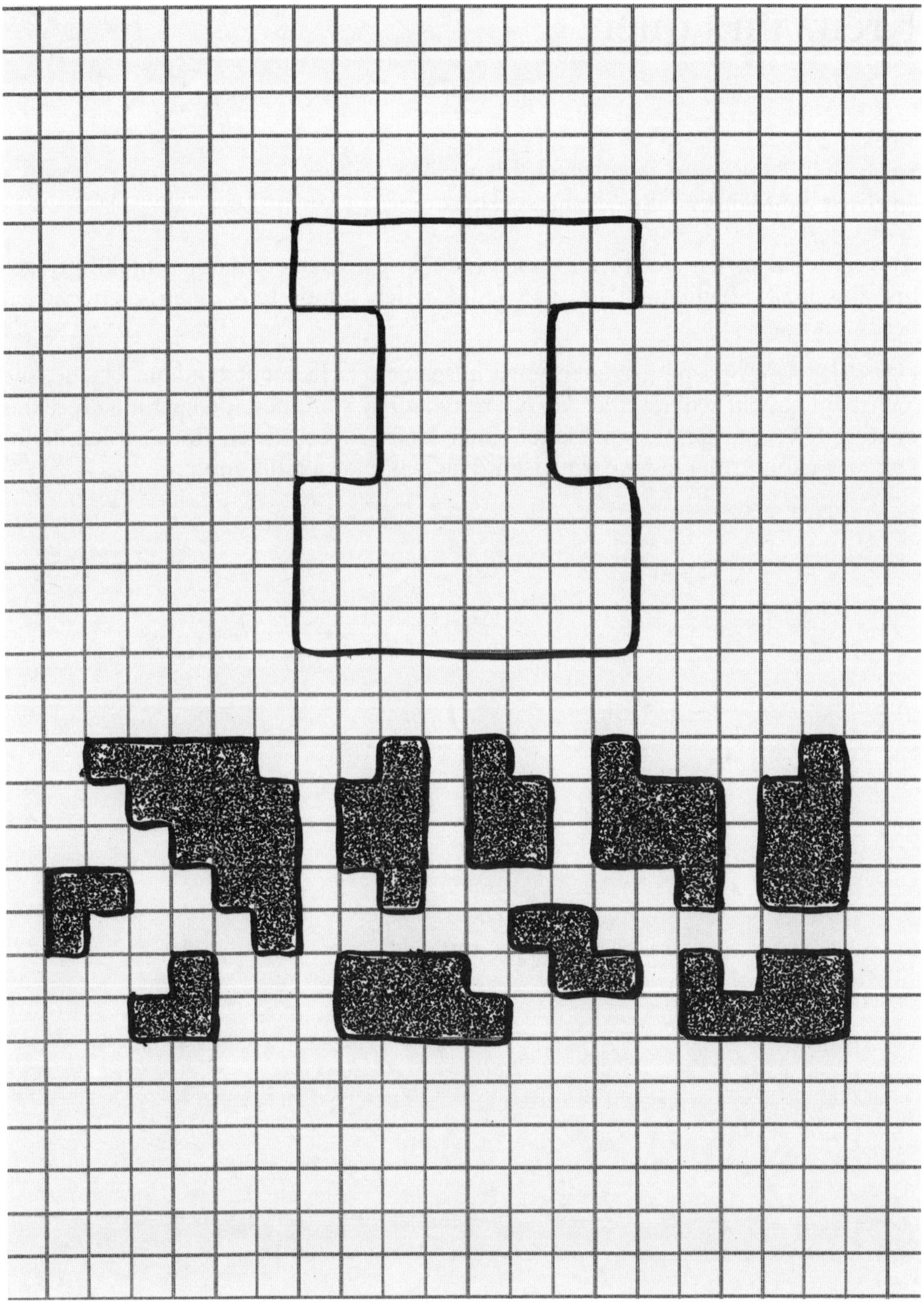

Kreuz und quer

Spieler: 2
Spielmittel: Papier und zwei verschiedenfarbige Stifte
Spielziel: die Mehrheit der Flächen erobern

Abwechselnd ziehen die Spieler fünf gerade Striche kreuz und quer aufs Blatt, wobei die einzige Bedingung ist, daß jeder Strich mindestens einen gegnerischen berühren muß.

Hat jeder fünf Striche gezogen, wird ausgewertet. Jede entstandene Fläche, die mehrheitlich von seiten seiner Farbe begrenzt ist, kann der Spieler für sich reklamieren. Flächen, die nur von seiten einer Farbe umschlossen sind, zählen nicht. Der Sieg gebührt dem, der die meisten Flächen markieren konnte.

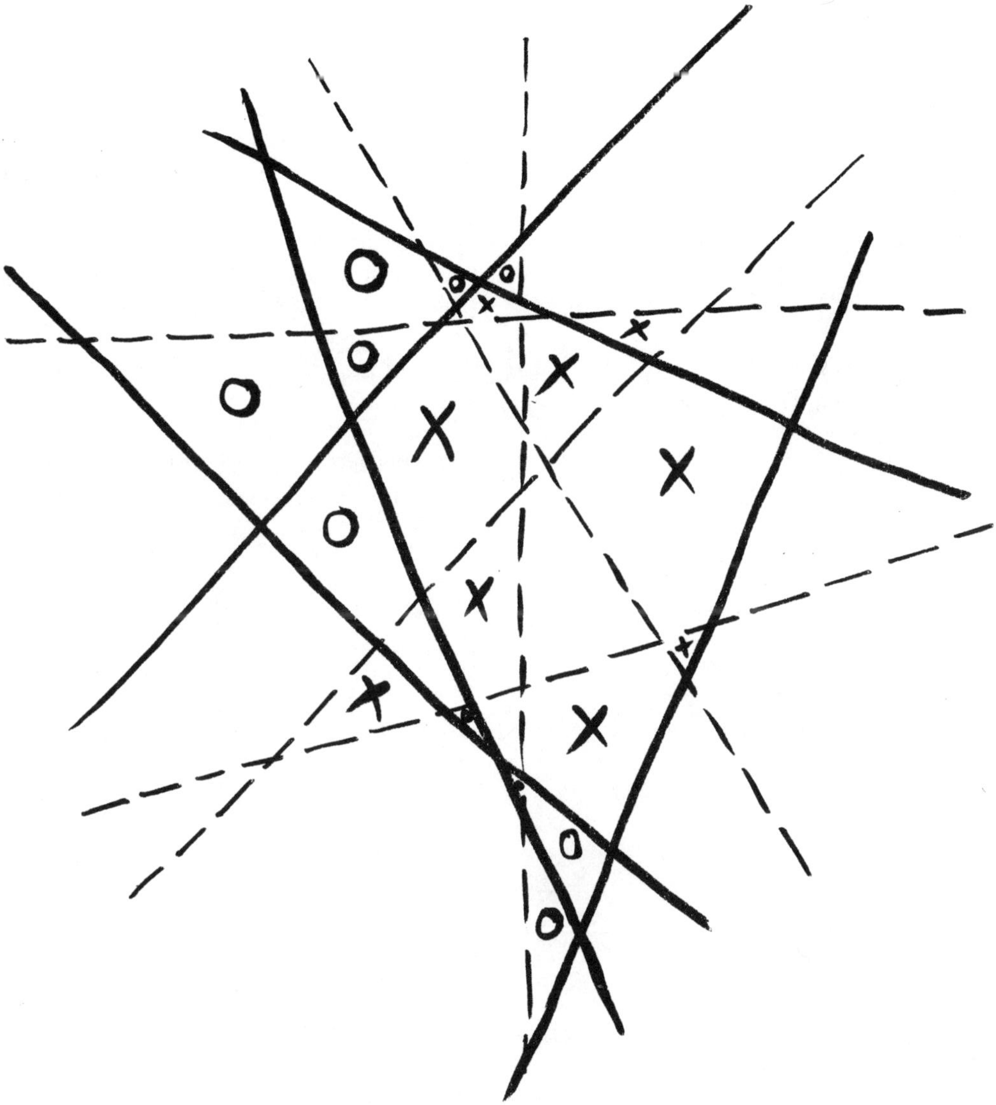

Zauberkette

Spieler: 2
Spielmittel: kariertes Papier und zwei Stifte
Spielziel: die Kette des Mitspielers auffinden

Prinzessin Morgenröte unterstrich ihre Anmut durch eine Kette aus Tautropfen, die sie sich in der Morgenfrühe um den Hals legte. Eines Tages, in der Dämmerung des kommenden Lichts, fiel ihr die Kette zu Boden. Der alte Mond und die junge Sonne eilten herbei, um ihr diesen wundersamen Schmuck aus dem feuchten Gras zu heben. Stellen Sie fest, ob in Ihnen die Kraft der Sonne ist, die Zauberkette zu heben. Zeichnen Sie zwei 9×9 Kästchen große Felder auf Ihr Blatt. Die waagerechte Feldbegrenzung beschriften Sie dekadenweise von 10 bis 90, die senkrechte von 1 bis 9. In eines der Felder zeichnen Sie nun Ihre Zauberkette, indem Sie 15 zusammenhängende Karos markieren.

Das Spiel beginnt, indem Sie wechselweise versuchen, die Kette Ihres Mitspielers zu finden. Dazu nennen Sie die Koordinaten eines Kästchens, auf dem Sie eine Tauperle vermuten. Liegen Sie richtig, dürfen Sie so lange hintereinander weiterraten, bis Sie danebengreifen.

Das leere Feld dient Ihnen zur Eintragung Ihrer Spielzüge, während Sie zur Kontrolle die gegnerischen Züge in dem Feld festhalten sollten, in dem Sie Ihre Zauberkette versteckt haben.

Das Spiel gewinnt, wer zuerst alle 15 Tauperlen der Kette seines Mitspielers entdeckt.

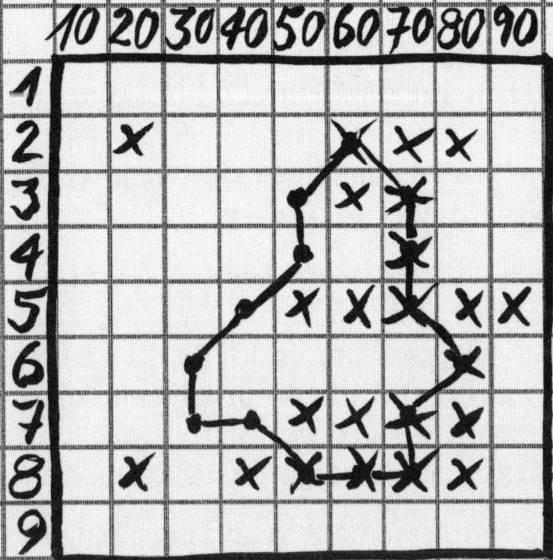
10 20 30 40 50 60 70 80 90
1
2
3
4
5
6
7
8
9

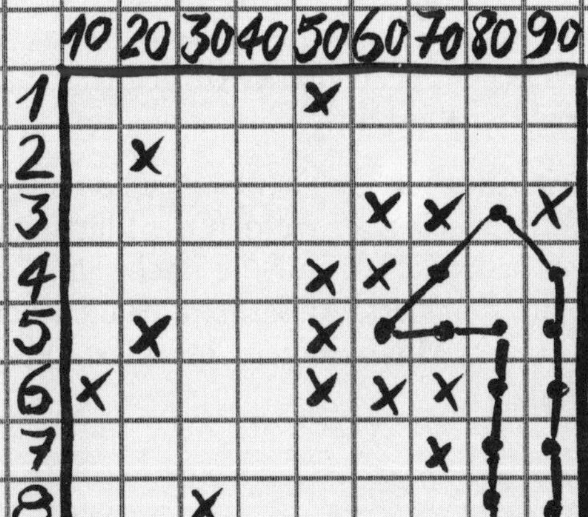
10 20 30 40 50 60 70 80 90
1
2
3
4
5
6
7
8
9

Falten

Spieler: 2
Spielmittel: Papier und zwei Stifte
Spielziel: möglichst viele Ecken auf der richtigen Blattseite besetzen

Obwohl Sie bei diesem Spiel die zweite Dimension nicht verlassen, wird trotzdem Ihr räumliches Vorstellungsvermögen gefordert.

Der erste Spieler markiert eine Blattseite mit seinem Zeichen. Danach dreht er das Blatt um, kennzeichnet die neue Seite für seinen Gegenspieler und zieht auf ihr einen geraden Strich in beliebiger Richtung. Entlang dieser Linie faltet er das Blatt nach hinten. Auf der dann sichtbar aufliegenden Fläche markiert er nun alle bestehenden und durch Überschneidungen der Blattränder entstandenen Ecken für sich. – Beim ersten Zug dürften dies gemeinhin 10 Ecken sein. –

Hierauf zieht sein Gegenspieler auf eine ihm gefällige Seite des gefalteten Bogens eine Linie, um an ihr entlang das Blatt gleichfalls nach hinten zu knicken. Alle unbesetzten Ecken der aufliegenden Fläche darf er für sich markieren. Ecken mit gegnerischen Zeichen macht er unkenntlich. Solche Ecken bleiben für beide Spieler fortan tabu. Auf diese Weise wechselt das Papier dreimal zwischen beiden Spielern hin und her. Unberührte Ecken werden markiert, gegnerische gestrichen. Nach dem dritten Durchgang wird das Blatt auseinandergefaltet.

Wer dann auf seiner Blattseite die meisten eigenen Zeichen besitzt, hat gewonnen. Wollen Sie mit Kindern Falten spielen, so werden die Blattseiten zu Beginn nicht markiert, und es werden statt der Ecken nur die nach dem Falten entstandenen Flächen einer beliebigen Seite markiert. Außerdem können keine Markierungen mehr gestrichen werden. Dafür darf eine bereits markierte Fläche auch vom Gegenspieler gezeichnet werden.

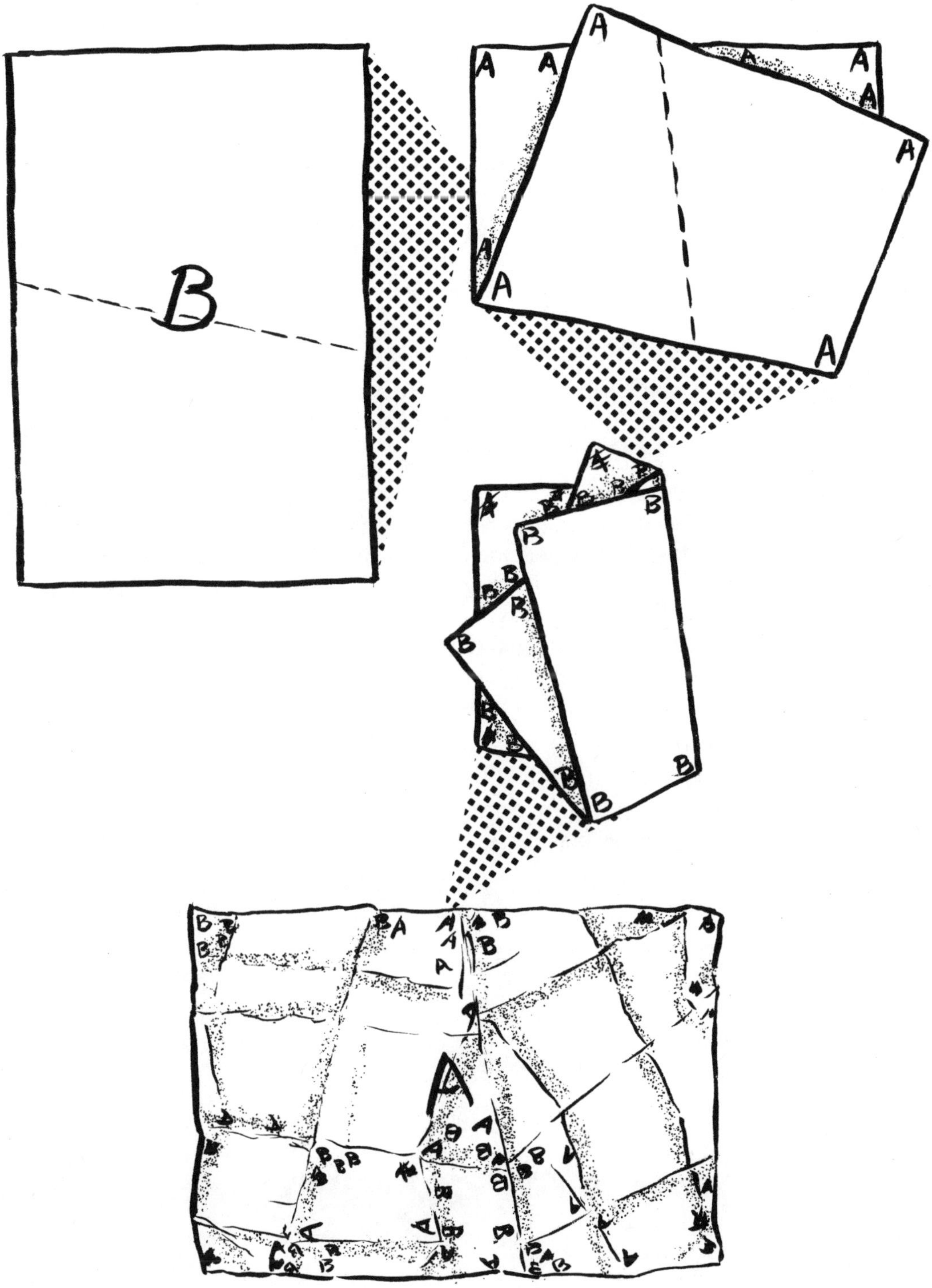
B
A

Hindernislauf

Spieler: 2 oder 3
Spielmittel: kariertes Papier und ein Stift für jeden Spieler
Spielziel: ohne anzustoßen das Spielfeld durchqueren

Rahmen Sie ein 10 × 10 Kästchen großes Feld ein. Da hinein verteilen Sie gemeinsam auf den Karolinien verschiedene waagerechte oder senkrechte Sperren. Waagerechte Hindernisse sollten nicht länger als drei Kästchen sein, während geknickte Barrieren vier Karos lang sein dürfen.

Das Spiel beginnt. Gemeinsam versuchen Sie, eine Linie von der linken oberen Ecke zur rechten unteren zu zeichnen. Sie dürfen dabei kein Hindernis berühren. Gezogen wird auf den Linien der Kästchen.

Der erste Spieler zieht zunächst verdeckt eine waagerechte, höchstens drei Karo lange Linie. Der zweite Spieler sagt ihm darauf, ohne das Spielfeld gesehen zu haben, wie lang die Senkrechte zu zeichnen ist. Auch sie sollte nicht länger als drei Kästchenseiten sein. Der erste Spieler trägt sie ein. In welche Richtung er die senkrechte Linie führt, bleibt ihm überlassen. Anschließend reicht er das Blatt seinem Mitspieler. Dieser darf nun die waagerechte Linie ziehen und die senkrechte nach der Längenangabe des anderen. So wechselt Zug um Zug das Blatt zwischen den Spielern; bis sie entweder ihr Ziel erreichen oder an einer Barriere scheitern.

Wird das Spiel zu dritt durchgeführt, ist ein Spieler Protokollant, während die beiden anderen ihre waagerechten und senkrechten Züge angeben. Dabei bekommen sie das Spielfeld nur am Anfang zu Gesicht und müssen die Züge bis zum Schluß aus ihrem Gedächtnis heraus machen.

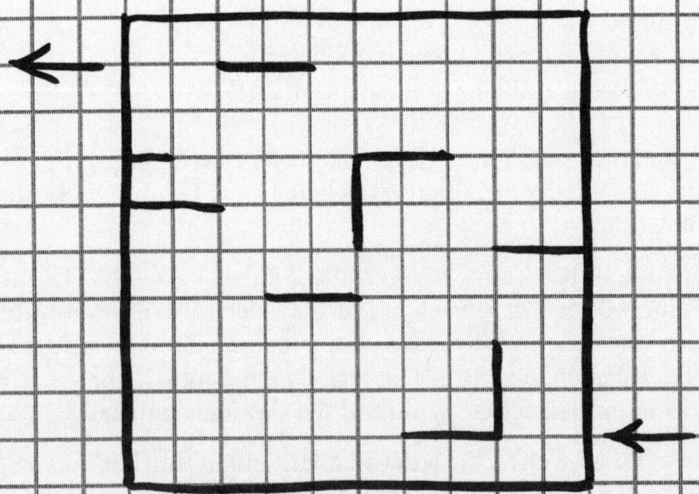

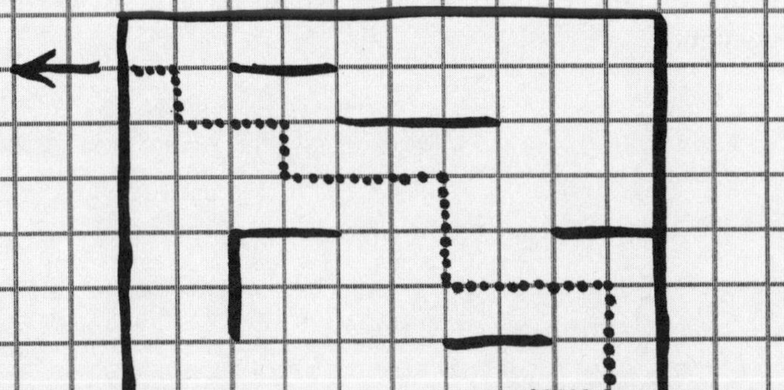

Zahlensammler

Spieler: 2 oder mehr
Spielmittel: Papier und ein Stift für jeden Spieler
Spielziel: die angesagten Zahlen möglichst gut sortieren

Jeder Spieler zeichnet ein 5×5 Kästchen großes Feld. In fünf beliebige Karos schreibt er fünf verschiedene Zahlen zwischen 1 und 12 und reicht dann das Blatt seinem Nachbarn.

Bevor das Spiel beginnen kann, müssen die Zahlen von 1 bis 12 viermal untereinander auf einen Bogen geschrieben werden, der in der Tischmitte bleibt. Der Reihe nach sagt nun jeder Spieler eine ihm genehme Zahl an und streicht sie aus der auf dem Tisch liegenden Liste. Die jeweils angesagte Zahl schreiben die Mitspieler verdeckt in ein Kästchen, während der Ansager pausiert.

Das Spiel geht so lange weiter, bis jeder in allen seinen fünfundzwanzig Karos eine Zahl stehen hat. Danach wird waagerecht und senkrecht ausgewertet.

Für zwei gleiche Zahlen in einer Spalte gibt es 10 Punkte. Drei Zahlen bringen 30 Punkte, und vier gleiche Zahlen werden mit 40 Punkten bewertet. Sollte hingegen jemand fünf gleiche Zahlen in einer Reihe haben, so werden ihm hierfür 50 Punkte abgezogen.

	30	20	10	10	20
30	6	6	11	6	4
10	9	3	5	5	4
30	8	10	7	7	7
–	9	3	12	1	2
–	9	10	11	1	2

1	2	3	4	5	6	7	8	9	10	11	12
1	2	3	4	5	6	7	8	9	10	11	12
1	2	3	4	5	6	7	8	9	10	11	12
1	2	3	4	5	6	7	8	9	10	11	12

	–	–	–	–	10
40	11	11	4	4	4
20	2	2	10	10	12
30	1	1	1	7	12
30	8	6	5	5	5
10	12	7	3	8	7

Schlüsselwort

Spieler: 2
Spielmittel: Papier und ein Stift
Spielziel: das Schlüsselwort finden

Der Schlüssel zu einem Geheimnis ist oft nur das richtige Wort zur rechten Zeit. Das ganze Geheimnis in diesem Spiel ist das richtige Wort.

Ein Spieler notiert sich – verdeckt auf einem Zettel – ein aus vier Buchstaben bestehendes Wort. Der andere soll dieses Wort erraten. Dabei kann er nur so vorgehen, daß er ein ebenfalls aus vier Buchstaben bestehendes Wort ansagt. Sein Mitspieler prüft darauf, wie viele der Buchstaben dieses Wortes mit dem Schlüsselwort übereinstimmen. Nur diese Zahl und nichts anderes teilt er dem Ratenden mit.

Das bedeutet für diesen, er muß so lange weitere Wörter ansagen, bis er an Hand der kombinierten Buchstabenverteilung das Schlüsselwort gefunden hat. Ein kleines Beispiel mag dies verdeutlichen: Sie haben als Schlüsselwort »Auto« notiert. Ihr Mitspieler sagt das Wort »Maus« an. Da zwei Buchstaben davon im Schlüsselwort enthalten sind, sagen Sie »Zwei«. Darauf sagt Ihr Mitspieler »Laub«. Wieder sagen Sie »Zwei«. Ihr Mitspieler weiß nun, daß die Buchstaben A und U im Schlüsselwort vorkommen.

Nachdem das Schlüsselwort erraten wurde, wechseln die Rollen. Sollten Sie unbedingt einen Gewinner küren müssen, zählen Sie ihn an Hand der benötigten Spielzüge aus.

ELCH

Rahm – 1
Haus – 1
Saal – 1
Kalk – 1
Maat – 0
Hohl – 2
Ball – 1
Lehm – 3
Elch

Bücherwurm

Spieler: 2
Spielmittel: kariertes Papier und zwei Stifte
Spielziel: den Bücherwurm erwischen, bevor er sich durch die Bibliothek gefressen hat

In der Bibliothek des Professors wütet der Bücherwurm. Darum kommt heute der Kammerjäger, um ihm nachzustellen.

Ein Spieler spielt den Bücherwurm, der andere den Kammerjäger. Beide zeichnen sich ein 9×9 Kästchen großes Feld. Eine Seite beschriften sie kästchen- und dekadenweise von 10 bis 90, die andere von 1 bis 9. Zusätzlich werden die Seiten im Uhrzeigersinn von A bis D gekennzeichnet.

Beide Spieler ziehen abwechselnd. Der Bücherwurm beginnt seine Reise von einer ihm genehmen Seite aus. Den Kennbuchstaben der Seite sagt er seinem Mitspieler an. Er zieht stets diagonal um ein Kästchen weiter. Im Verlauf des Spiels versucht er, auch die anderen drei Seiten zu erreichen. Dabei darf er zwar seinen eigenen Weg kreuzen, aber nicht zweimal begehen. Erreicht der Bücherwurm eine Seite, so gibt er deren Kennbuchstaben bekannt.

Der Kammerjäger versucht, den Bücherwurm zu fangen. Dazu muß er genau auf das Feld treffen, auf dem sich der Bücherwurm soeben befindet. Immer dann, wenn er am Zug ist, nennt er die Koordinaten eines Kästchens, auf dem er den Bücherwurm vermutet. Dieser muß dem Kammerjäger sagen, ob er danebengegriffen hat oder ob er auf seine Fährte gestoßen ist. Hat nämlich der Kammerjäger die Fährte aufgenommen, so kann er sie so weit verfolgen, bis er sie entweder verliert oder den Bücherwurm erwischt. Dieser muß indes so lange ruhighalten, sprich aussetzen, solange der Kammerjäger auf seiner Spur bleibt. Ob dabei auch die Richtung stimmt, bleibt das Geheimnis des Bücherwurmes.

Der Bücherwurm muß die Züge des Kammerjägers protokollieren. Denn sollte er auf seinem Weg durch die Bücherei auf ein Feld ziehen müssen, auf dem der Kammerjäger bereits war, muß er den dort ausgelegten Köder zur Seite räumen. Das bedeutet, er setzt einmal aus und sagt dies an.

Das Spiel endet entweder dadurch, daß der Bücherwurm die dritte Seite erreicht oder der Kammerjäger ihn vorher erwischt.

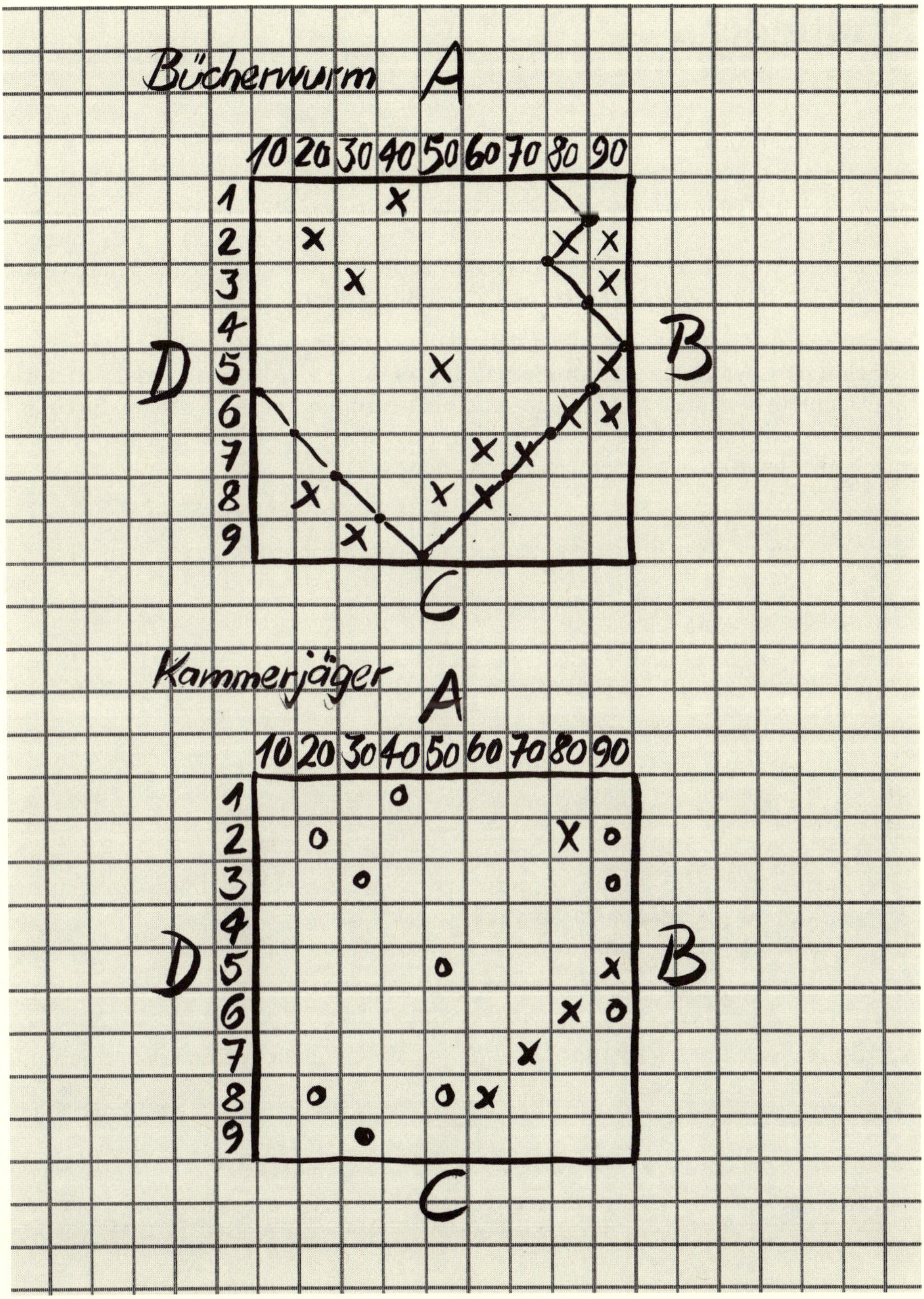
Bücherwurm
A
10 20 30 40 50 60 70 80 90
1
2
3
4
5
6
7
8
9
B
C
D
Kammerjäger
A
10 20 30 40 50 60 70 80 90
1
2
3
4
5
6
7
8
9
B
C
D

Pfadfinder

Spieler: 1 oder mehr
Spielmittel: kariertes Papier und ein Stift für jeden Spieler
Spielziel: den Weg durch alle Kästchen finden

In ein Feld von 10×10 Kästchen werden zehn ein Kästchen große Hindernisse verteilt. Am Rand wird ein Start- und Zielfeld markiert.

Nun wird eine Linie gezogen, die möglichst durch jedes Kästchen des Feldes führt. Jedoch darf jedes Kästchen nur einmal durchfahren werden. Außerdem darf die Linie nicht an derselben Seite hinein- und hinausführen. Jedes Kästchen, durch das die Linie nicht führt, zählt einen Punkt minus. Wird zu mehreren gespielt, übertragen alle den gleichen Spielplan auf ihr Blatt.

Das Straßenkartenspiel

Spieler: 1 oder mehr
Spielmittel: kariertes Papier, drei verschiedenfarbige Stifte und eine Schere
Spielziel: einen Plan neu zusammensetzen

Autoatlanten sind praktischerweise keine planen Karten, sondern Bücher. Doch sobald einen die Reise über mehrere Seiten führt, scheinen sie einem Puzzle oft ähnlicher als einem Atlas. Dieses Spiel wurde diesem Gefühl nachempfunden.

Rahmen Sie ein 16×16 Kästchen großes Quadrat ein, und unterteilen Sie es wiederum in 4×4 kleinere Quadrate. Mit Ihren Farbstiften schlängeln Sie danach drei Straßen durch die Quadrate. Dabei führen Sie die Straßen stets an den Mittelachsen entlang. Auf jedem Quadrat müssen zwei Straßenstücke unterschiedlicher Farbe zu sehen sein.

Zerschneiden Sie jetzt das Blatt, und setzen Sie es wieder zusammen. Bedingung ist jedoch, daß die neue Karte keinesfalls der ursprünglichen gleichen darf und jeder zusammenhängende Straßenzug von Anfang bis Ende dieselbe Farbe aufweist.

Spielen Sie zu mehreren Personen, tauschen Sie die Schnipsel mit Ihrem Nachbarn, und fügen Sie sie anschließend zu einem Plan zusammen, bei dem die sich jeweils gegenüberliegenden Seiten durch mindestens einen gleichfarbigen Straßenzug verbunden werden. – Auch die Rekonstruktion des ursprünglichen Plans macht beim Spiel zu mehreren Sinn. Freilich muß dann jeder Spieler die von ihm gezeichnete Karte noch kopieren, bevor er sie auseinanderschneidet.

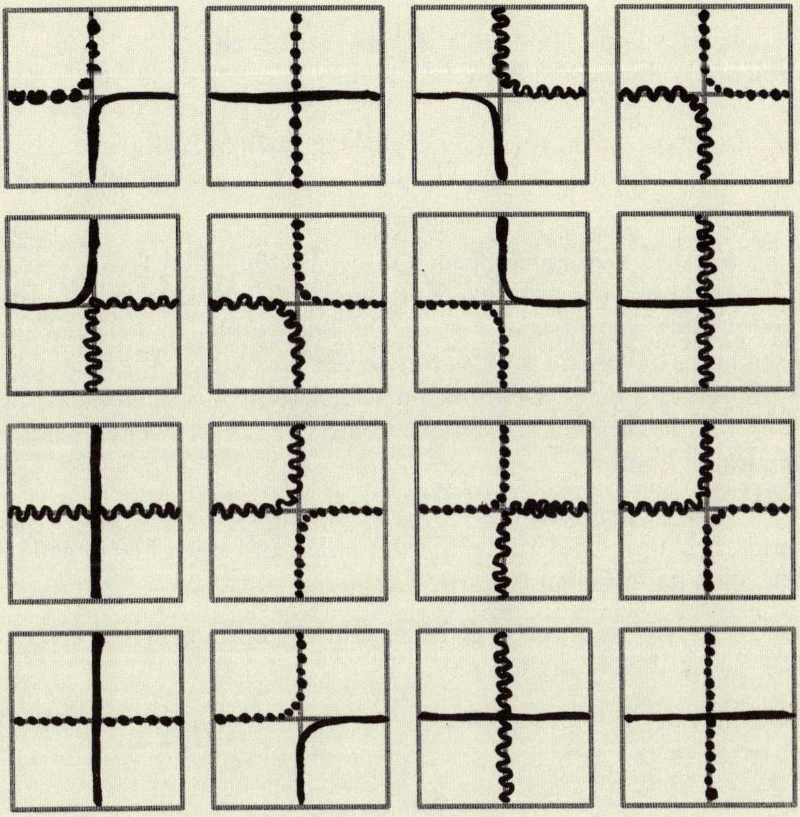

Kreuzwortsprüche

Spieler: 2 oder mehr
Spielmittel: kariertes Papier und ein Stift für jeden Spieler
Spielziel: einen verschlüsselten Spruch erraten

So mancher Zeitgenosse hat für jede Lebenslage einen Spruch parat. Und falls Sie sich nicht zu dieser Gattung zählen, können Sie mit diesem Spiel Ihre Spruchweisheiten auffrischen.

Jeder Spieler überlegt sich einen Spruch und schreibt ihn in Kreuzworträtselmanier auf das Blatt. Ein Buchstabe pro Kästchen. Im Gegensatz zum Kreuzworträtsel fallen jedoch die Trennstriche weg, die die Buchstaben an den kreuzungsfreien Stellen auseinanderhalten. Dies tut natürlich der Lesbarkeit Abbruch, und das genau ist der Sinn des Spieles. Denn nachdem jeder einen Spruch auf seinem Blatt verschachtelt hat, reicht er es seinem Nachbarn zur Linken weiter. Und das allgemeine Rätselraten kann beginnen.

Wer zuerst seinen Spruch erraten hat, darf das Spiel stoppen und einen neuen Spruch notieren. Dann wandern die Blätter wieder um einen Platz nach links weiter, und das Spiel kann erneut gestartet werden.

Übrigens, der Spruch in unserem Beispiel lautet: »Spielen macht zwar die Welt nicht besser, dafür aber erträglicher.«

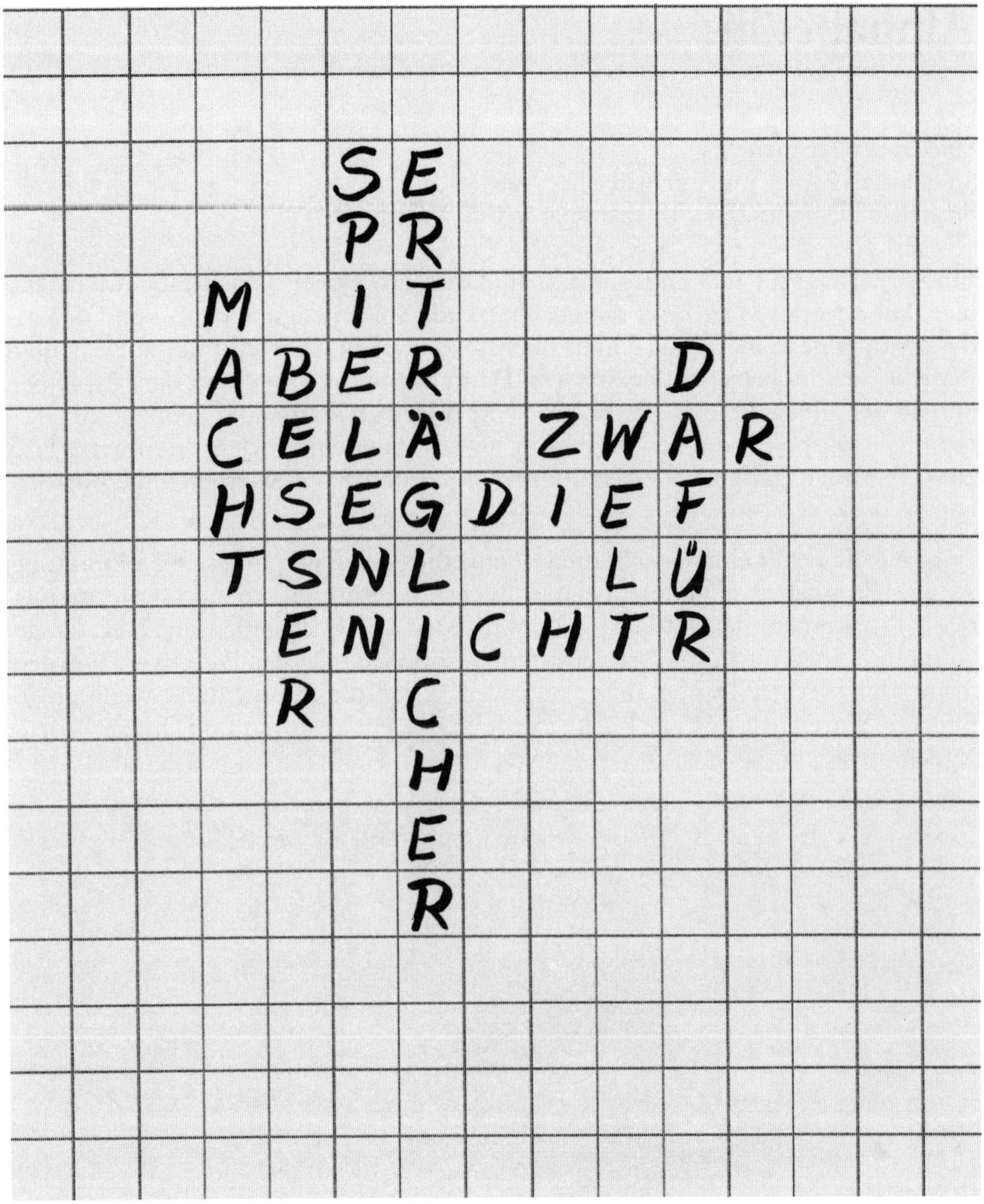
SE
PR
M IT
ABER D
CELÄ ZWAR
HSEGDIEF
TSNL LÜ
ENICHTR
R C
H
E
R

Alphabet'ln

Spieler: 2 oder mehr
Spielmittel: Papier und ein Stift
Spielziel: alle angesagten Buchstaben in ein Wort binden

Ein Spieler sagt für sich im Kopf das Alphabet auf. Nur der Buchstabe A wird immer laut angesagt. Der links daneben sitzende Spieler sagt: »Stop!«, und der andere spricht den zuletzt gedachten Buchstaben aus und schreibt ihn auf das Blatt in die Spalte des betreffenden Spielers. Dann beginnt er erneut mit dem Alphabet. Sobald der andere Spieler glaubt, ein Wort bilden zu können, in dem alle genannten Buchstaben vorkommen, sagt er es. Er hat dann eine vorher vereinbarte Frist zum Überlegen. Währenddessen können als besondere Schwierigkeit die Buchstaben verdeckt werden.

Wird ein Wort mit einem genannten Buchstaben gebildet, gibt es einen Punkt, bei zwei Buchstaben zwei Punkte, bei drei Buchstaben fünf Punkte und für jeden weiteren Buchstaben gleichfalls fünf Punkte. Sind die Buchstaben auch in der genannten Reihenfolge im Wort vertreten, verdoppelt sich der Punktwert mit dem dritten Buchstaben. Der gesamte Punktwert verkehrt sich ins Minus, wenn im gebildeten Wort auch nur ein Buchstabe fehlt. Eigennamen und unsinnige Wörter zählen nicht.

A		R		Mo	
JKL	5	PS	2	PFGM	-10
HFTR	20	ZHLMN	15	RKTF	0
KCT	10	PEE	25	UJ	5
X	11	TTW	35	OV	10
BAMA	31				

Buchstabentreppe

Spieler: 2 oder mehr
Spielmittel: kariertes Papier und ein Stift für jeden Spieler
Spielziel: passende Wörter finden

Der jüngste Spieler überlegt sich ein Wort, das alle senkrecht auf ihr Blatt schreiben. Über die Länge dieses Wortes wird dessen Anfangsbuchstabe treppenartig von oben links nach rechts unten wiederholt. Um das Wort und die entstandene Buchstabentreppe zieht jeder Spieler noch einen Rahmen, und dann geht's los.

In den nächsten drei bis fünf Minuten versucht jeder für sich Wörter zu finden, die waagerecht in den Rahmen passen. Kein Wort darf sich wiederholen.

Minuspunkte gibt es für jeden Buchstaben, der vorne oder hinten über den Rahmen hinausragt. Für jedes leere Karo im Rahmen gibt es zwei Minuspunkte.

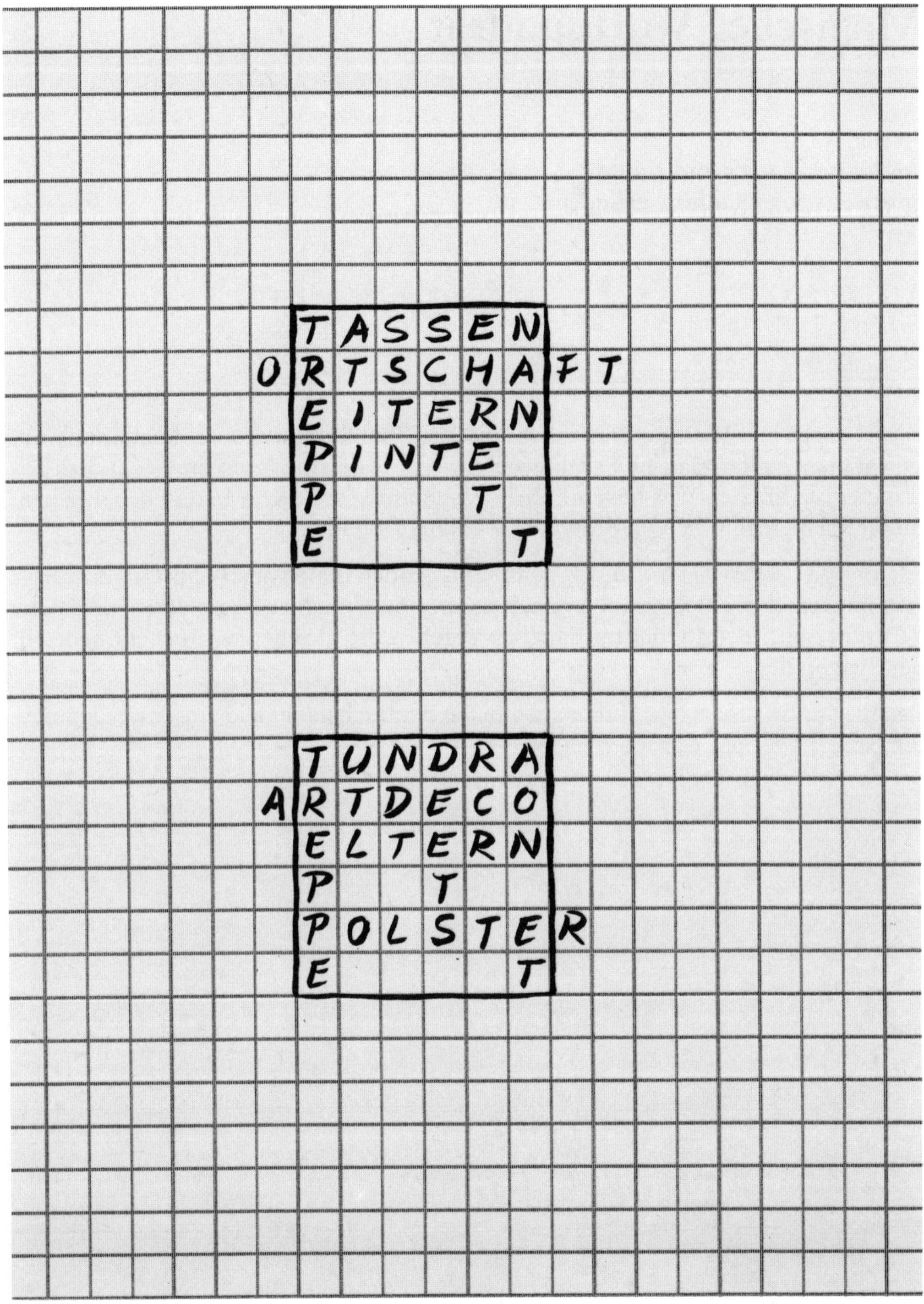
TASSEN
ORTSCHAFT
EITERN
PINTE
P T
E T
TUNDRA
ARTDECO
ELTERN
P T
POLSTER
E T

Magisches Wortquadrat

Spieler: 1
Spielmittel: Papier und ein Stift
Spielziel: neue Quadrate erfinden

S A T O R
A R E P O
T E N E T
O P E R A
R O T A S

Dieses magische Wortquadrat in lateinischer Sprache findet man heute noch am Portal manch alter Häuser. Es läßt sich von vier Seiten aus lesen und stellt dem Betrachter die Frage: »Was bedeute ich?« Doch müssen Sie kein Latein beherrschen, um ähnliche magische Quadrate aus Wörtern zu bilden.

Als Beispiel sehen Sie auf der gegenüberliegenden Seite (oben) ein Quadrat, das von links nach rechts, von oben nach unten und einmal schräg gelesen stets neue Wörter ergibt. Beim Quadrat daneben ergeben die gleichen Wörter ein neues in der Diagonalen.

Leichter sind Quadrate zu bilden, wenn Sie ein Buchstabenfeld einschwärzen, wie die beiden Beispiele darunter zeigen.

K E S S
O R T E
P L A N
F E R N

E C H O
C H O R
H O R T
O R T E

G I E R
A L L E
B [redacted] A I
E I N S

G R A Z
N E U E
U [redacted] R L
S A A T

Rumpelstilzchen

Spieler: 2 oder mehr
Spielmittel: liniertes Papier und ein Stift für jeden Spieler
Spielziel: ein Wort zusammenpuzzeln

Jeder Spieler überlegt sich ein Wort gleicher Länge. Danach schneidet er ein liniertes Blatt quer zur Linierung in Streifen. Die Anzahl der Streifen entspricht der vereinbarten Buchstabenzahl des Wortes.

Die Streifen werden nun mit unterschiedlichen Höhen so zusammengelegt, daß sich die Zeilen an den berührenden Kanten entsprechen. In eine durchgehende Zeile wird das gemerkte Wort geschrieben – pro Streifen ein Buchstabe. Danach werden die Streifen gemischt und neu ausgelegt. Wieder wird in eine zusammenhängende Zeile das gemerkte Wort notiert und dann das ganze noch einmal wiederholt. Auf jedem Streifen stehen nun in unterschiedlicher Zeilenhöhe drei meist verschiedene Buchstaben.

Die so vorbereiteten Streifen tauschen die Spieler aus und versuchen, das Wort des anderen zu entdecken.

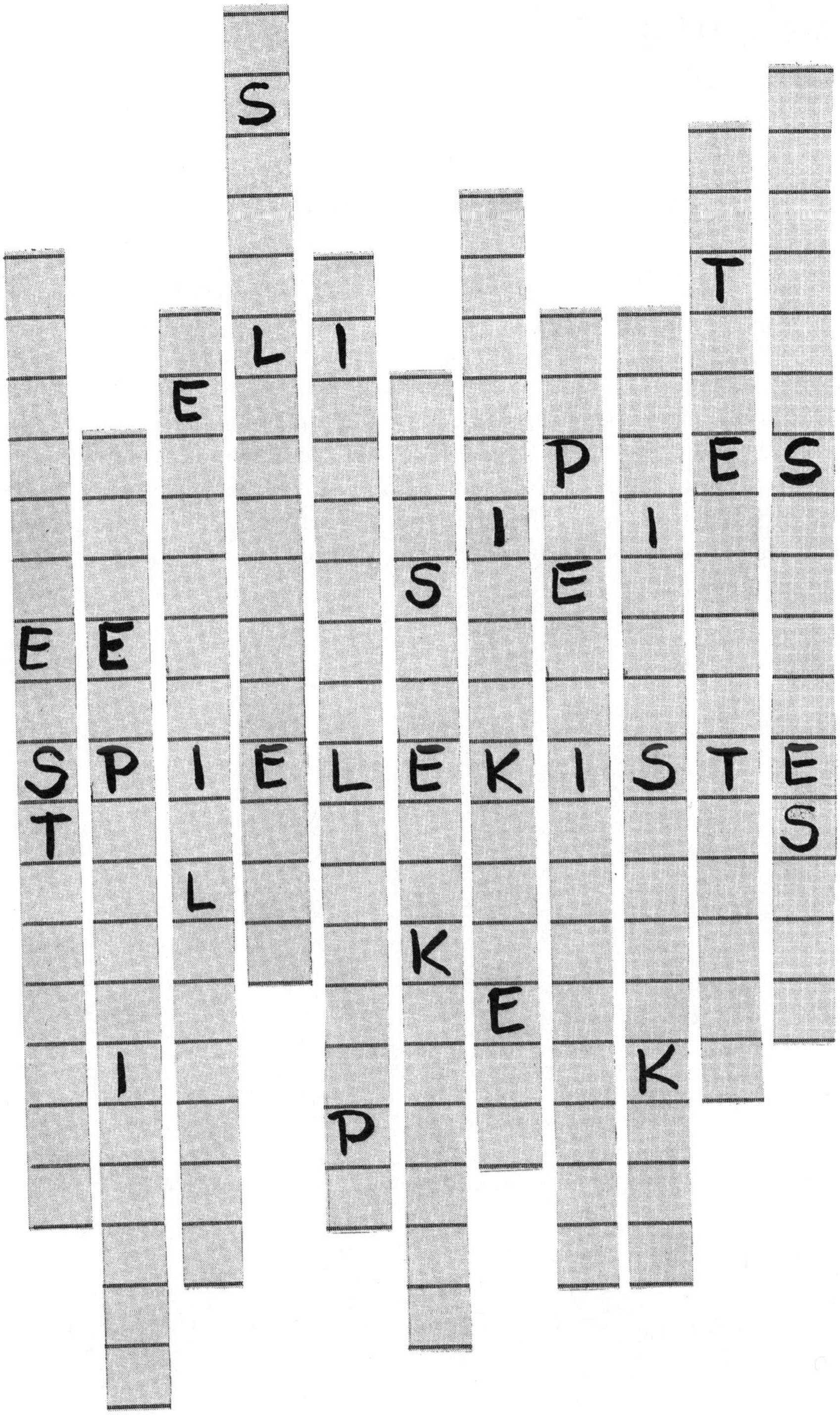
SPIELEKISTE

Kreuzwortspiel

Spieler: 2 oder mehr
Spielmittel: kariertes Papier und ein Stift für jeden Spieler
Spielziel: mit langen Wörtern möglichst viele Wörter kreuzen

Ein Feld von 15 × 15 oder 20 × 20 Kästchen wird eingegrenzt. Die Spieler schreiben abwechselnd Wörter in das Feld, die sich mindestens einmal kreuzen müssen. Pro Karo steht je ein Buchstabe. Für jeden neuen Buchstaben gibt es einen Punkt, für jede Verbindung zwischen zwei Wörtern 10 Punkte. Für jeden Buchstaben eines unsinnigen oder nicht passenden Wortes gibt es einen Minuspunkt. Fünf Punkte minus gibt es für jeden Buchstaben, der zur Vollendung eines Wortes über den Kästchenrand hinaus geschrieben werden müßte. Geschriebene, aber falsche Buchstaben werden nicht durchgestrichen, sondern zählen als Minuspunkte. Sie sind aber für die nächsten Züge gültig. Für Wörter, die nur aus zwei Buchstaben bestehen, gibt es keine Punkte.

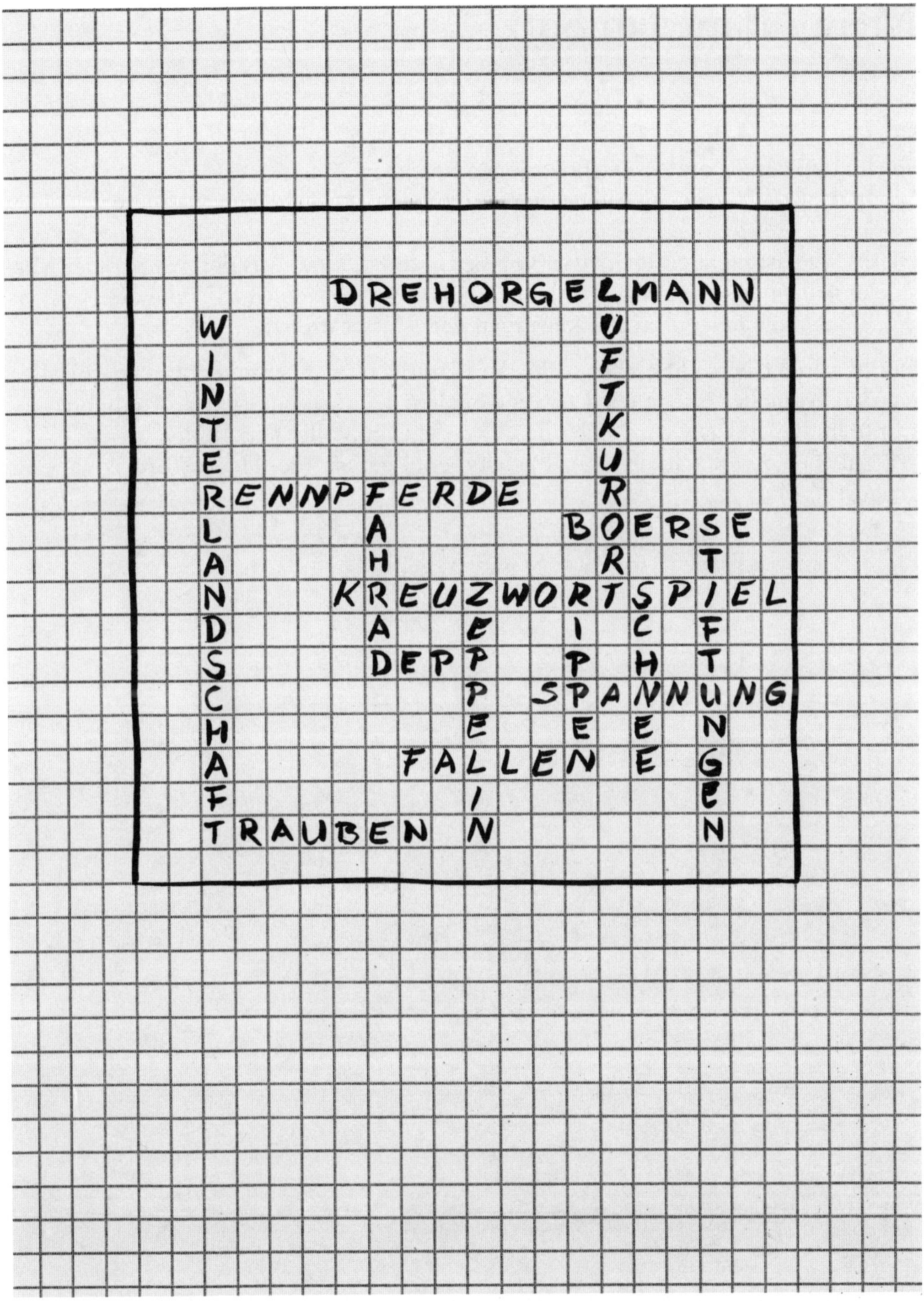
DREHORGELMANN
WINTERLANDSCHAFT
LUFTKURORT
RENNPFERDE
BOERSE
KREUZWORTSPIEL
DEPP
SPANNUNG
FALLEN
TRAUBEN
FAHRAD
ZEPPELIN
RIPPEN
SCHNEE
STIFTUNGEN

Mein Name ein Satz

Spieler: 1 oder mehr
Spielmittel: Papier und ein Stift für jeden Spieler
Spielziel: Sätze bilden

Dieses Spiel ist nicht einfach, aber von besonderem Reiz. Aus den Namen der Mitspieler soll ein Satz gebildet werden. Dabei bestimmt jeder Buchstabe des Namens der Reihe nach den Anfangsbuchstaben der Wörter im Satz.

Der besseren Übersicht halber sollte der Name senkrecht auf das Blatt geschrieben werden. Mancher Name wird zu verschiedenen Sätzen oder gar zu Gedichten inspirieren. Bei anderen wird sich nur schwer ein sinnvoller Satz finden lassen. Nicht ärgern! Bei einer schwierigen Buchstabenfolge ist die Herausforderung halt größer!

Manchmal
Am
Tag
Trällert
Hannibal
Im
Alkoven
Suleikas

Mit
Ausdauer
Lustvolle
Arien

Immer länger

Spieler: zwei oder mehr
Spielmittel: Papier und ein Stift für jeden Spieler
Spielziel: möglichst keine Stufe überspringen

Es müssen Wörter gefunden werden, die stets um einen Buchstaben länger sind als das vorausgegangene, wobei jeder Spieler für sich spielt. Begonnen wird mit einem Wort aus zwei Buchstaben. Spätestens bei 20-Buchstaben-Wörtern sollte Schluß sein, da dann meist nur noch unsinnige Wörter gefunden werden. Für jedes Wort, das einem der Spieler nicht einfällt, gibt es einen Minuspunkt. Der Spieler mit der geringsten (Minus-)Punktzahl gewinnt.

Am besten spielen Sie mehrere Runden nach der Zeit. Pro Runde etwa 5 Minuten.

Wobei in den nächsten Runden kein Spieler seine zuvor notierten Wörter wieder verwenden darf.

DA
NEU
FRAU
IMMER
SCHULE
STUNDEN
ÜBERGANG
UNTERGANG
NACHMITTAG
RINDERLEBER
KINDERGARTEN
SONNENAUFGANG
SCHWEINEBRATEN
SONNENUNTERGANG
WEIHNACHTSSTERNE
PFADFINDERTREFFEN
ÜBERRASCHUNGSSIEGE
SCHLECHTWETTERFRONT

Buchstabenwiese

Spieler: 2 oder mehr
Spielmittel: Papier und ein Stift für jeden Spieler sowie ein Radiergummi
Spielziel: möglichst andere Wörter als die Mitspieler bilden

Wie Blumen einer Sommerwiese lassen sich auch die Buchstaben in diesem Spiel zu einem immer neuen Strauß verschiedener Wörter binden.

Ein Spieler schreibt zweimal das Alphabet so nieder, daß die Buchstaben einen Haufen bilden. Darin verteilt er die Ziffern von 1 bis 10. Ein anderer sagt nun vier Zahlen zwischen 1 und 10. Diese werden durch Bleistiftlinien verbunden.

Mit den Buchstaben, die innerhalb des abgegrenzten Feldes liegen, sowie denen, die von der Linie berührt werden, bilden die Spieler in den nächsten fünf Minuten so viele Wörter, wie ihnen einfallen. Danach werden die Punkte verteilt. Jedoch gibt es nur für solche Wörter einen Punkt, die kein anderer Spieler aufgeschrieben hat.

Danach wird die Linie aus der Buchstabenwiese radiert, und der nächste Spieler sagt zur neuen Runde vier Zahlen an.

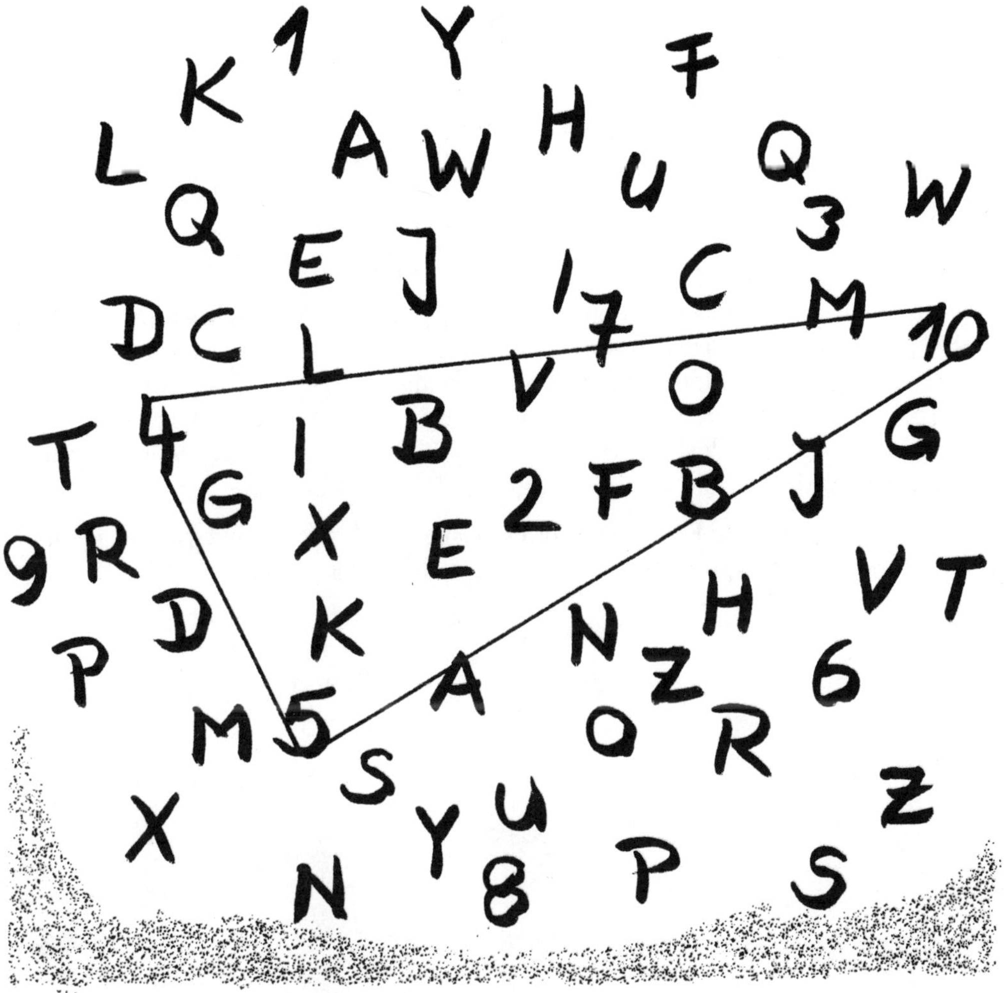

KABEL – EXIL – FIBEL – VOGEL – LOGIK – MOB – JOB – KALB – FILME – GELB –

Wortspirale

Spieler: 2 oder mehr
Spielmittel: kariertes Papier und ein Stift für jeden Spieler
Spielziel: mächtige Wortspiralen drehen

Es wird eine sich nach innen drehende Wortspirale gebildet, wobei die Wörter stets von links nach rechts und von oben nach unten geschrieben werden.

Die Mitspieler einigen sich auf ein Startwort. Jeder Spieler zeichnet ein der Buchstabenzahl des Startwortes entsprechendes quadratisches Kästchen auf sein Blatt (Buchstabenzahl = Kantenlänge) und schreibt das Startwort oben hinein. In einer vorher vereinbarten Zeit (meist 5 Minuten) versucht nun jeder, seine Spirale zu bilden. Damit die Spirale lesbar bleibt, werden alle Buchstaben, die nicht zum selben Wort gehören, durch Striche abgetrennt.

Für jedes freigebliebene Kästchen gibt es zum Schluß einen Minuspunkt. Bei mehreren Durchgängen dürfen sich die Wörter nicht wiederholen.

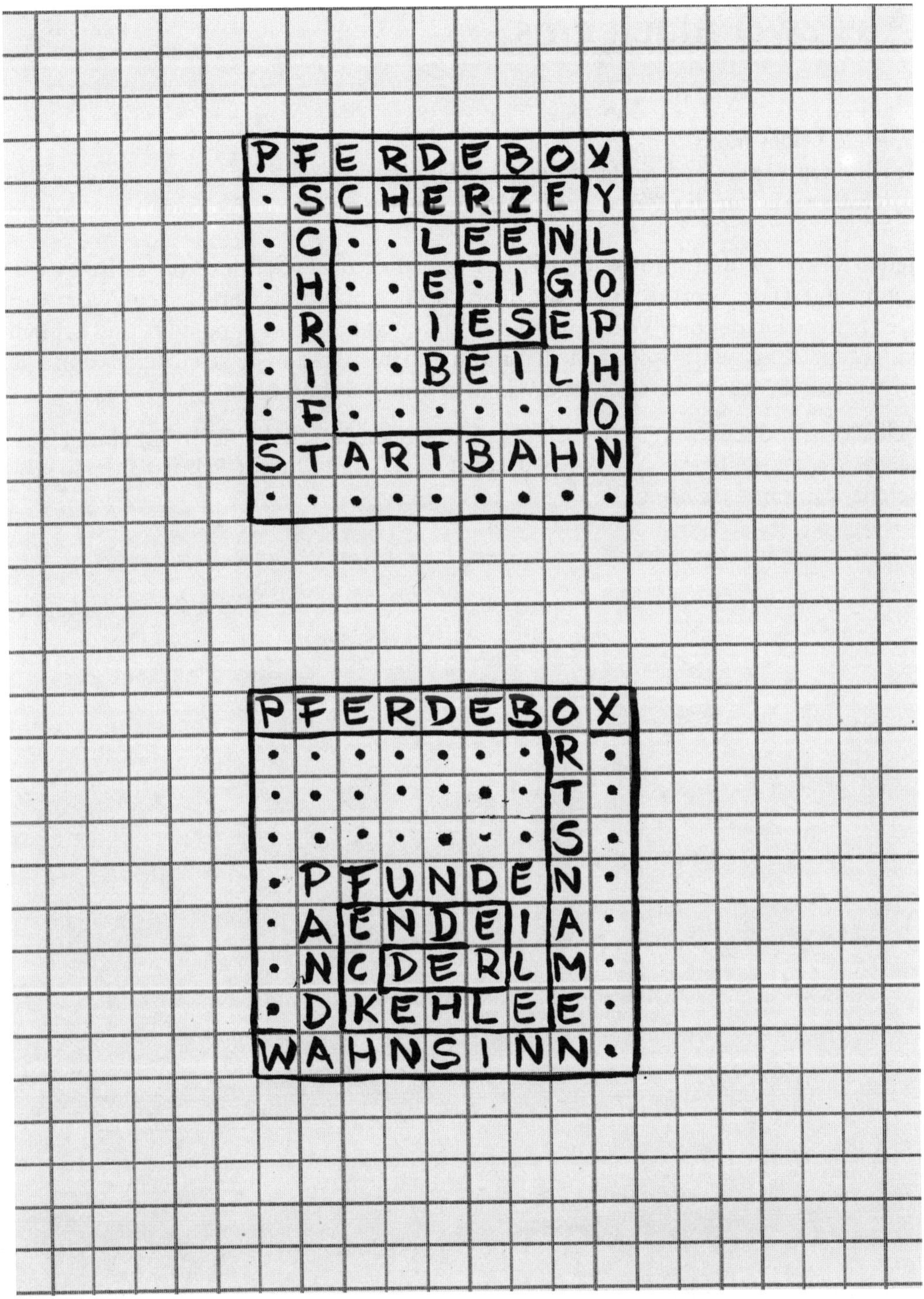
PFERDEBOX
·SCHERZEY
·C··LEENL
·H··E·IGO
·R··IESEP
·I··BEILH
·F······O
STARTBAHN
·········
PFERDEBOX
·······R·
·······T·
·······S·
·PFUNDEN·
·AENDEIA·
·NCDERLM·
·DKEHLEE·
WAHNSINN·

Aus zwei mach eins

Spieler: 3 oder mehr
Spielmittel: Papier und ein Stift für jeden Spieler
Spielziel: als erster die Wörter seiner Liste streichen

Jeder Spieler schreibt auf seinen Zettel zehn Begriffe. Ziel des Spieles ist es, zusammengesetzte Wörter zu bilden. Dazu liest reihum jeder Spieler ein Wort vor. Der Mitspieler, der ein Wort seiner Liste hinten anhängen kann, sollte dies schnell aufrufen. Denn beide Spieler dürfen ihren Teil aus ihrer Liste streichen, wenn alle Mitspieler das zusammengesetzte Wort für gültig erachten.

Selbstverständlich kann sich noch ein dritter oder derselbe Spieler mit einem weiteren Wort anhängen. Als Beispiel sei der »Donau-Dampf-Schiff-Fahrt-Gesellschaft-Kapitän« erwähnt.

Auto, Blume, Rad, Kopf, Hof,
Wald, Haus, Bub, Glas, Katze,

Wand, Blatt, Laus, Stift, Ofen,
Rohr, Haus, Motor, Hund, Hütte

FENSTER, BANK, HALS, TABLETTE, HAND
UHR, WERK, ZIMMER, TÜR, WERK, ZEIT

Automotor Lausbub Glasrohr
Wanduhr Haustürblatt
Fensterblume Kopfhaus
Handrad Waldhütte
Hofhund Ofenbank

Wortlotterie

Spieler: 2 oder mehr
Spielmittel: ein Blatt, ein Stift und ein Gefäß
Spielziel: den ursprünglichen Satz herausfinden

Bei dieser Lotterie gibt es zwar keine Nieten, aber auch nicht so schnell einen Gewinner.

Ein Spieler, der sich an der Lotterie nicht beteiligt, überlegt sich ein Sprichwort und schreibt es zweimal auf einen Zettel. Einmal schneidet er es Wort für Wort aus und dreht aus den Schnipseln Lose.

Die anderen Spieler ziehen nun so lange nacheinander ein Los, bis keines mehr im Gefäß ist. Jeder rollt seine Lose auf und merkt sich deren Wörter. Danach gibt er sie zurück. Die Ziehung wird so oft wiederholt, bis ein Spieler an Hand der gezogenen Lose das Sprichwort entschlüsseln konnte. Er darf dann das nächste niederschreiben.

Bei größeren Gruppen spielen zwei Parteien gegeneinander.

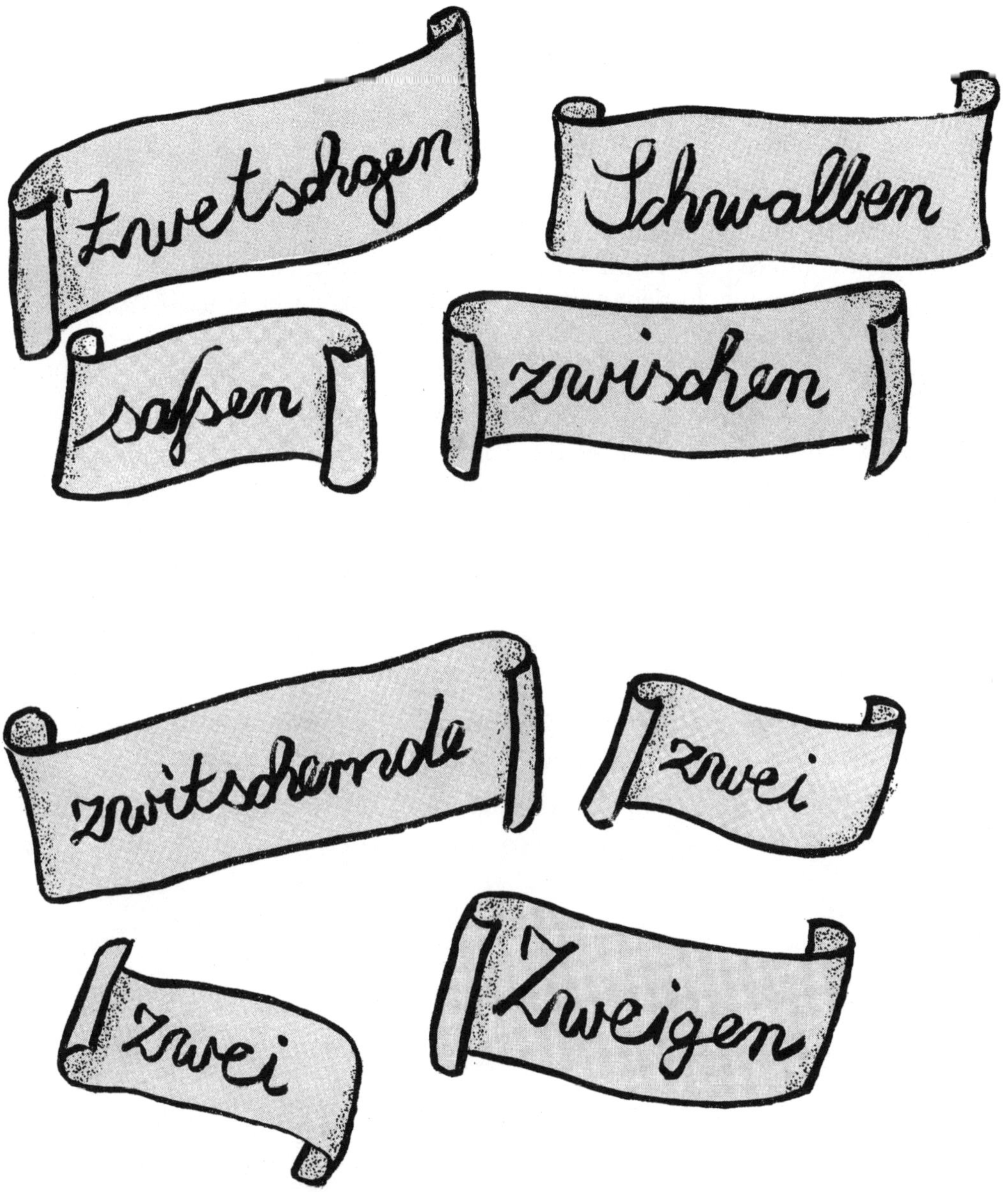
Zwetschgen
Schwalben
saßen
zwischen
zwitschernde
zwei
zwei
Zweigen

Wörterbahn

Spieler: 1 oder mehr
Spielmittel: kariertes Papier und ein Stift für jeden Spieler
Spielziel: sich auf schnellstem Weg zum Ziel schreiben

Nicht immer ist der kürzeste Weg zwischen zwei Orten auch der schnellste. Diese Erfahrung aus dem Straßenbau hat auch für dieses Spiel Gültigkeit.

Ein Spieler bereitet den Spielplan vor. Er zieht einen Rahmen, in dessen linke obere und rechte untere Ecke er ein Start- und ein Zielwort, beispielsweise »Anfang« und »Ende«, schreibt. In dem entstandenen Feld verteilt er je nach Größe sechs oder mehr beliebige Buchstaben zwischen beiden Wörtern und kreist sie ein. Die anderen Spieler übertragen diesen Plan auf ihr Blatt, und das Spiel kann beginnen.

Jeder Spieler versucht nun auf schnellstem Weg vom »Anfang« zum »Ende« zu gelangen. Dazu bilden sie Wörter, die waagrecht und senkrecht miteinander verknüpft sind. Grundsätzlich gilt dabei: ein Buchstabe ein Kästchen. Außerdem müssen alle eingekreisten Buchstaben mit in die Wörterbahn einbezogen werden.

Wer zuerst am Zielwort anlangt, darf das Spiel stoppen. Für seine Mitspieler gibt es daraufhin Minuspunkte. Dazu wird die fehlende Strecke auf kürzestem Weg durch waagrechte und senkrechte Striche zu Ende geführt. Jedes auf diese Art durchquerte Kästchen zählt schließlich einen Minuspunkt.

Sie können das Spiel erschweren, indem Sie zu Beginn bestimmen, in welcher Reihenfolge die eingekreisten Buchstaben eingebunden werden müssen.

Dieses Spiel macht auch Spaß, wenn es nicht als Wettbewerb ausgetragen wird. Dazu legen Sie zuvor den kürzesten Weg fest und ringen darauf gemeinsam nach Worten.

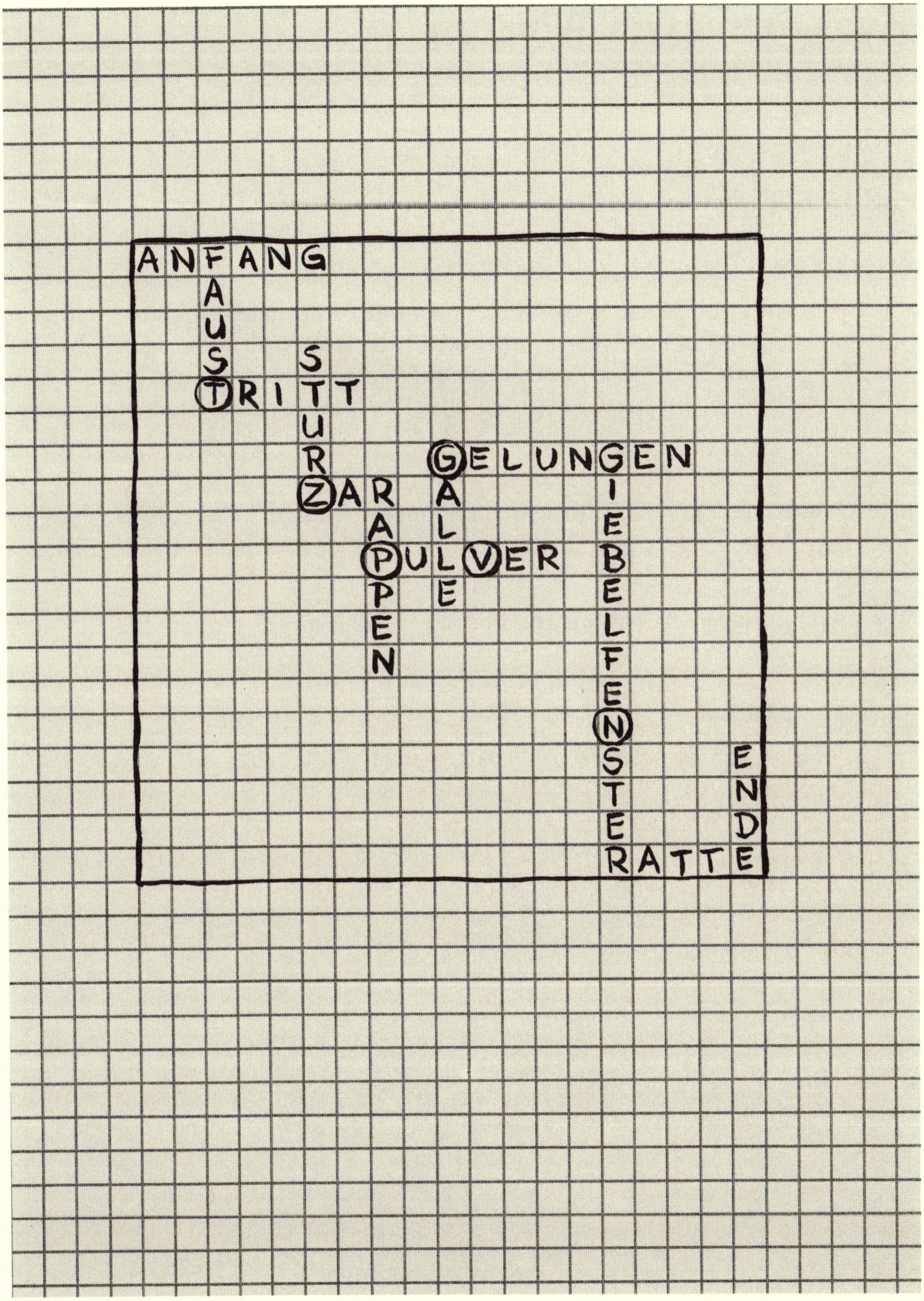
ANFANG
FAUST
TRITT
STURZ
ZAR
RAPPEN
GELUNGEN
GALLE
PULVER
GIEBELFENSTER
RATTE
ENDE

Zwischen zwei Wörtern

Spieler: 2 oder mehr
Spielmittel: Papier und ein Stift für jeden Spieler
Spielziel: möglichst kurze Wörter finden

Zwischen zwei Wörtern liegt oft mehr als ein Atemzug, wie dieses Spiel beweist.

Schreiben Sie zwei gleich lange Wörter senkrecht so nebeneinander, daß eine Buchstabenbreite Platz zwischen ihnen bleibt. Nun versuchen Sie, möglichst alle einander gegenüberliegenden Buchstaben mit Wörtern zu verbinden. Diese sollten nicht länger als vier Buchstaben sein und mit ihrem Anfangsbuchstaben exakt vor dem ersten senkrechten Wort beginnen, so daß sie mit ihrem letzten Buchstaben hinter dem zweiten senkrechten Wort enden.

Einen Minuspunkt gibt es für jeden benötigten Buchstaben außerhalb dieses Schemas. Drei Minuspunkte gibt es für jeden fehlenden Buchstaben innerhalb des Schemas.

Wer zuerst fertig ist, erklärt das Spiel für beendet.

WATT
HUMUS
ENGEL
RENDITE
GELEE
KRONE

W T
U U
N E
D T
E E
R N

Ein Wort von vielen

Spieler: 2 oder mehr
Spielmittel: Papier und ein Stift für jeden Spieler
Spielziel: das jeweilige Wort möglichst nicht vollenden

»An diesem Wort haben nicht nur viele Leute geschrieben, sondern aus ihm hätten auch noch viele andere Wörter entstehen können.« Hinter diesem Satz steckt keine Weisheit, sondern »nur« ein reizendes Spiel. – Dieses!

Es wird reihum gespielt. Der erste Spieler schreibt den ersten Buchstaben eines gedachten Wortes auf das Blatt. Der nächste Spieler, der das Wort des anderen nicht kennt, denkt sich selbst eins aus, das mit dem fixierten Buchstaben beginnt. Dessen zweiten Buchstaben notiert er zum ersten. So geht die Runde weiter an den Dritten. Der schreibt den dritten Buchstaben eines von ihm gedachten Wortes, unter Berücksichtigung der beiden bekannten, nieder; darauf der Vierte den vierten und so fort. Die Spieler müssen dabei beachten, daß sie keinen Buchstaben hinzufügen, mit dem das entstehende Wort vollendet wird. Denn dann wäre die Runde beendet und ein Minuspunkt für den entsprechenden Spieler fällig.

Als Ausweg bietet sich an, einfach noch einen beliebigen Buchstaben hinzuzusetzen, ohne daß ein gedachtes Wort dahintersteht. Vermutet der darauffolgende Spieler, daß sein Vordermann ihn so zum Narren hält, kann er Auskunft über das Wort verlangen. Kann der Vordermann kein Wort nennen, erhält er einen Strafpunkt. Weiß er jedoch ein passendes, geht der Minuspunkt an den Gegenspieler, und eine neue Runde beginnt.

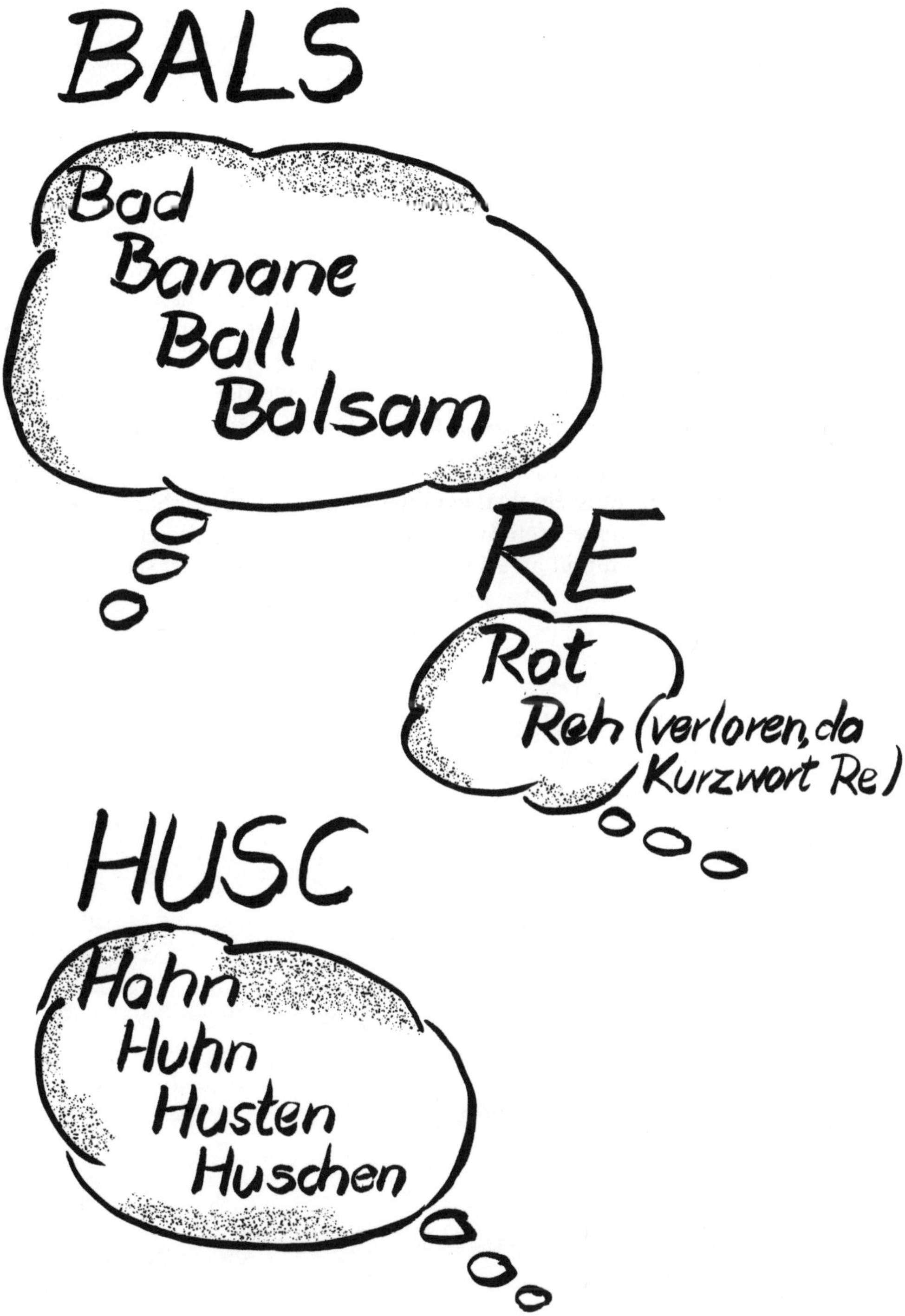
BALS
Bad
Banane
Ball
Balsam
RE
Rot
Reh (verloren, da
Kurzwort Re)
HUSC
Hahn
Huhn
Husten
Huschen

Setzkasten

Spieler: 2
Spielmittel: kariertes Papier und zwei Stifte
Spielziel: ein verstecktes Wort entschlüsseln

Jeder Spieler überlegt sich ein Wort mit höchstens 9 Buchstaben. Die Buchstaben dieses Wortes verteilt er auf einer Fläche von etwa 10 × 10 Kästchen. Danach wird jedem Buchstaben in einem der direkt angrenzenden Kästchen eine Zahl zugeordnet. Aus taktischen Gründen sollte die Zahlenverteilung nicht der Verteilung der Buchstaben im Wort entsprechen. Ist dies geschehen, werden die freien Flächen kästchenweise mit beliebigen Buchstaben gefüllt, bis ein Viereck gebildet ist.

Das Spiel beginnt, die Zettel werden ausgetauscht, und jeder Spieler versucht, das Wort des anderen zu entschlüsseln. Dabei muß er zunächst alle Zahlen finden und sich jedesmal alle vier angrenzenden Buchstaben notieren. Von diesen Buchstaben muß er den gültigen erraten und an seinen richtigen Platz im Wort setzen.

B	Y	E	F	W	E	G	L	I	C
O	M	1	O	K	8	D	5	A	N
Z	N	U	A	M	U	J	N	H	I
S	6	Z	G	D	N	M	K	A	X
X	A	E	Z	D	I	7	B	E	B
P	Y	R	3	T	U	G	R	9	T
C	V	S	K	E	L	J	U	T	A
Q	E	K	F	T	B	S	4	L	I
S	2	K	O	W	G	Z	A	M	K
L	A	P	R	Z	V	R	O	H	L

Schlagzeile

Spieler: 1 oder mehr
Spielmittel: Papier und ein Stift für jeden Spieler sowie eine Zeitung
Spielziel: alle Buchstaben einer Schlagzeile verwenden

Wählen Sie eine Ihnen gefällige Schlagzeile aus Ihrer Zeitung. Im nebenstehenden Beispiel lautet sie: »Spielerei mit Schlagzeilen!« Versuchen Sie dann, möglichst aus allen Buchstaben neue Wörter zu bilden. Achten Sie jedoch darauf, daß Sie kein Schlagwort wiederholen dürfen und jeder Buchstabe nur einmal verwendet werden kann.

Für jedes Wort mit mehr als fünf Buchstaben gibt es zwei Punkte. Für kürzere nur einen Punkt. Jeder übriggebliebene Buchstabe zählt einen Punkt minus.

Einen besonderen Schwierigkeitsgrad können Sie dadurch einbringen, daß Sie festlegen, daß jedes Wort mit dem gleichen Buchstaben beginnen muß. Der Anfangsbuchstabe für die gefundenen Wörter wird dabei nicht aus der ausgewählten Schlagzeile gestrichen.

Wer so viele Wörter bilden konnte, daß ihm nur noch zwei Buchstaben übrigbleiben, darf das Spiel für beendet erklären.

"Spielerei mit Schlagzeilen"

PECH
LATZ
GREIS
LEIM
LEINE
i

"Spielerei mit Schla

CHEMIE
RISPEN
ZIEL
GLAS
TEIL

Misch-Masch-Satz

Spieler: 2 oder mehr
Spielmittel: Papier und ein Stift für jeden Spieler
Spielziel: den ursprünglichen Satz wiederentdecken

Ein Spieler denkt sich einen Satz aus. Er sollte zwischen zwölf und zwanzig Buchstaben lang sein. Auf ein Blatt schreibt er den Satz buchstabenweise zu einem Haufen zusammen.

Die anderen Spieler müssen nun innerhalb einer vereinbarten Zeit versuchen, aus diesen Buchstaben Wörter zu bilden und so den ursprünglichen Satz wiederzufinden.

10 Punkte gibt es für denjenigen, der alle Buchstaben in Wörter bindet. 20 Punkte erhält, wer den Ursprungssatz herausbekommt. Wem es nicht gelingt, alle Buchstaben zu verwenden, erhält für jeden ungenützten einen Minuspunkt.

L
PILOT
SEIN
STADT
FEST
EI

Pharaonengrab

Spieler: 1 oder mehr
Spielmittel: Papier und ein Stift für jeden Spieler
Spielziel: stufenweise immer kürzere Wörter finden

So ebenmäßig, wie alte Pyramiden von ferne scheinen, sind sie aus der Nähe betrachtet nicht. An manchen Ecken fehlen ihnen ganze Blöcke, was bei diesem Spiel nicht anders sein wird.

Ihre Aufgabe ist es, aus einem gemeinsam ausgewählten Wort eine Pyramide zu bauen. Dazu verwenden Sie dieses Wort als Basis und versuchen, jeweils um einen – notfalls um mehrere – Buchstaben verkürzte Wörter pyramidenartig aufeinanderzusetzen. Erschwerend kommt hinzu, daß ein neu gebildetes Wort sich immer nur aus Buchstaben des darunterliegenden zusammensetzen darf.

Das Spiel endet wie im alten Ägypten mit der Erkenntnis, daß der mächtigere Pharao auch die höhere Pyramide bauen konnte.

RA
BAR
RABE
NARBE
BARREN
PROBEHAAR
HAARPROBEN
PHARAONENGRAB

RE
REN
OHREN
BOHREN
ANBOHREN
AHORNGRABEN
PHARAONENGRAB

Wörterharfe

Spieler: 2 oder mehr
Spielmittel: kariertes Papier und ein Stift für jeden Spieler
Spielziel: möglichst nicht die Harmonie des Schriftbildes unterbrechen

Ein Spieler gibt ein Wort vor, das alle auf ihr Blatt schreiben. Pro Buchstabe wird ein Kästchen verwendet.

Die Aufgabe besteht nun darin, aus diesem Wort neue Wörter zu bilden. Hierzu werden die einzelnen Buchstaben des Startwortes zu den Anfangsbuchstaben der neuen Wörter, die in senkrechter Schreibweise angegliedert werden. Dabei muß jedoch darauf geachtet werden, daß jedes Wort nur genau um einen Buchstaben länger sein darf als das vorangegangene.

Um einen Grad schwieriger wird das Spiel, wenn die Wörter von Stufe zu Stufe nicht um einen Buchstaben, sondern um eine Silbe länger werden sollen.

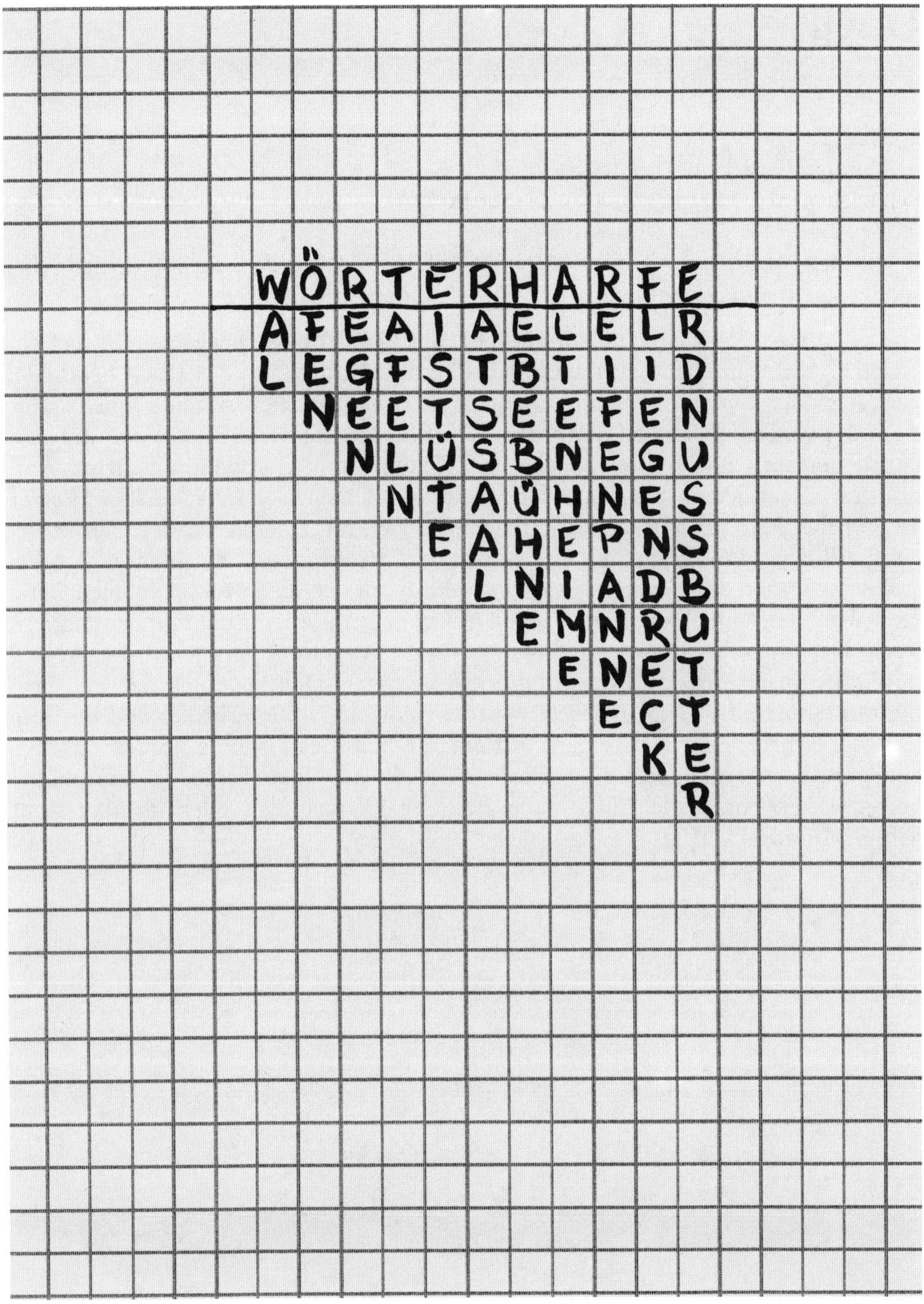
WÖRTERHARFE
AFEAIAELELR
LEGFSTBTIID
NEETSEEFEN
NLÜSBNEGU
NTAÜHNES
EAHEPNS
LNIADB
EMNRU
ENET
ECT
KE
R

Duell

Spieler: 2
Spielmittel: Papier und zwei Stifte
Spielziel: seinen Mitspieler per Stift um die Ecke bringen

Duell ist alles andere als ein friedliches Spiel. Geht es doch darum, seinen Mitspieler in einem Pistolenduell nach Wildwestmanier ins Jenseits zu befördern.

Hierzu malen Sie sich eine Landschaft aus der Vogelperspektive mit Felsen, Nischen, Kakteen und verlassenen Häusern auf. Dann kann das Duell beginnen. Aus zwei sich diagonal gegenüberliegenden Ecken schleichen beide Spieler aufeinander zu. Dazu zieht jeder mit dem Stift fünf kurze Striche hintereinander aufs Papier und setzt zum fünften Strich sein Zeichen; damit werden fünf Schritte symbolisiert. Nach jedem Zug darf der Spieler auf seinen Gegner schießen. Hierfür setzt er den Stift auf sein letztes Zeichen und zielt mit einer schleudernden Bewegung aus dem Handgelenk auf das neueste Zeichen seines Kontrahenten. Am besten schießt man dabei aus der Deckung heraus auf den ungedeckten Spieler. Denn die Kugel überwindet zwar die eigene Deckung, prallt aber immer an der gegnerischen Deckung ab. Selbstverständlich kann die Kugel nur geradeaus fliegen und muß über ausreichende Durchschlagskraft verfügen. Dies bedeutet, daß der Gegner nur dann außer Gefecht gesetzt wurde, wenn eine ununterbrochene Linie sein letztes Zeichen berührt. Übrigens auf einen Schuß des Gegners darf der andere Spieler, sofern er nicht getroffen wurde, ebenfalls mit einem Schuß antworten, bevor er weiterzieht. Beide sollten dabei freilich bedenken, daß jeder nur über sechs Schuß Munition verfügt.

A
A
A
B
SALOON
B
B

Ski

Spieler: 2 oder mehr
Spielmittel: Papier und ein Stift für jeden Spieler, ein Radiergummi und eine Uhr mit Sekundenzeiger
Spielziel: die Piste schnell und fehlerfrei abfahren

An einem Steilhang wird ein Kurs abgesteckt, und im Höllentempo wedeln die Skiasse durch die Tore.

Zwischen Start- und Ziellinie werden die Tore auf dem Blatt eingezeichnet. Ihre Anzahl richtet sich nach der Blattgröße. Die Tore werden der Reihe nach numeriert. Mit dem Bleistift jagen die Spieler die Piste hinab. Sie müssen stets zwischen den Toren hindurch. Wer ein Tor ausläßt, wird disqualifiziert. Eine Strafsekunde gibt es für jedes Tor, das gerammt wird, das heißt, der Strich berührt oder führt durch den Winkel, der die Torfahne darstellt. Nach jedem Durchgang wird die Piste wieder präpariert, indem Linien, die die Tore berühren, wegradiert werden.

Wie beim richtigen Slalom gibt es zwei Durchgänge für die endgültige Wertung.

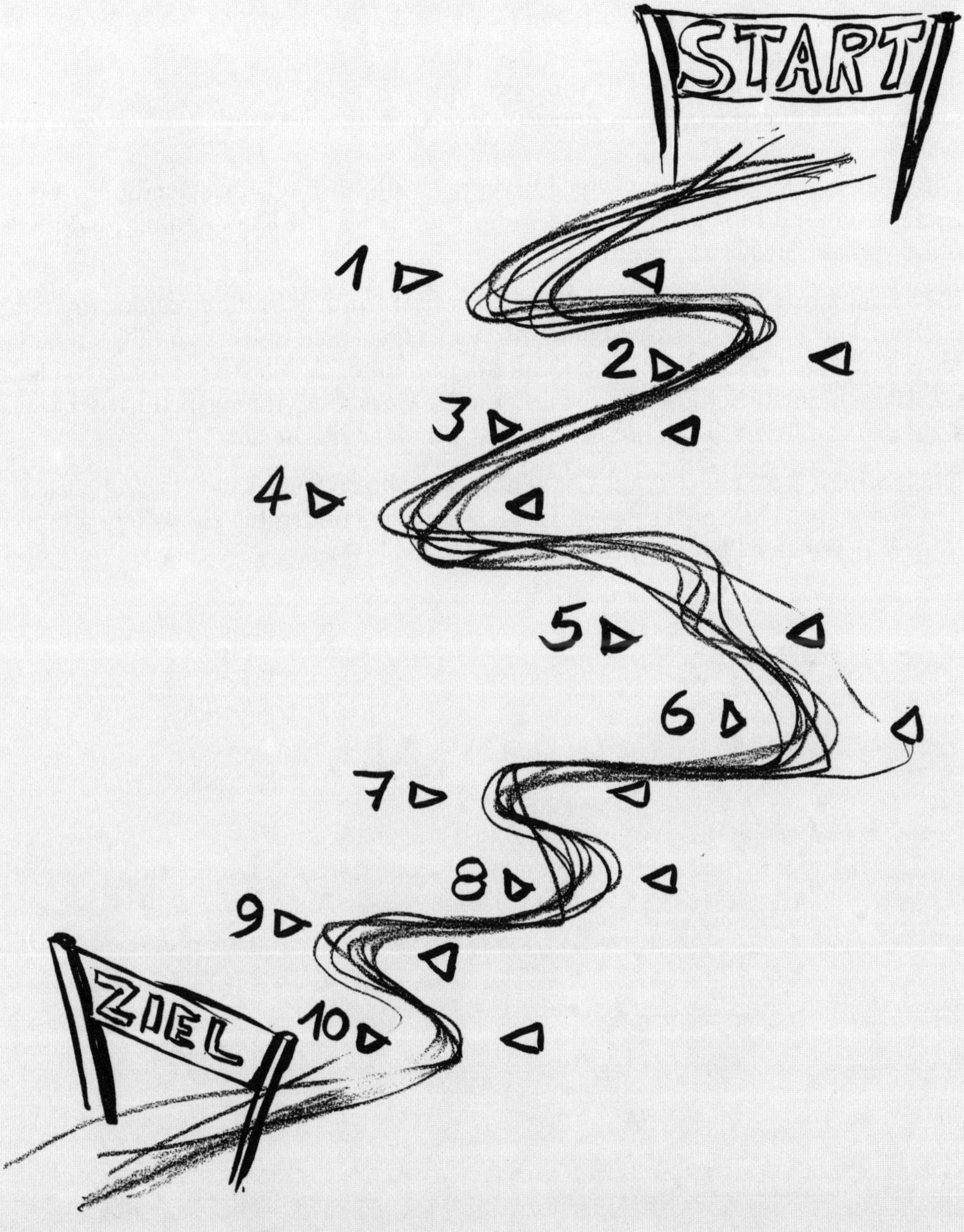
START
1
2
3
4
5
6
7
8
9
10
ZIEL

Autorennen

Spieler: 1 oder 2
Spielmittel: Papier und ein Stift für jeden Spieler
Spielziel: nicht vom Kurs abkommen

Die Spieler malen sich eine schöne kurvenreiche Rennstrecke, tragen die Start- und Ziellinie ein, und los geht's. Mit dem Stift rasen sie den Kurs entlang, möglichst ohne von der Straße abzukommen.

Man kann abwechselnd spielen: Jeder fährt fünf Runden hintereinander, dann der nächste. Die Zahl der Ausrutscher entscheidet das Spiel. Oder man fährt so lange, bis man von der Bahn abkommt, dann übernimmt der andere das Steuer. Nach ca. 20 Runden dürfte Schluß sein, weil dann der Kurs renovierungsbedürftig ist. Die Zahl der von jedem bis dahin gefahrenen Runden entscheidet.

Kopiert man die Rennstrecke, können auch mehrere Spieler gleichzeitig ein Rennen austragen. Die Spieler vereinbaren, wie viele Runden bis zum Ziel zu fahren sind. Wer von der Piste abkommt, scheidet aus.

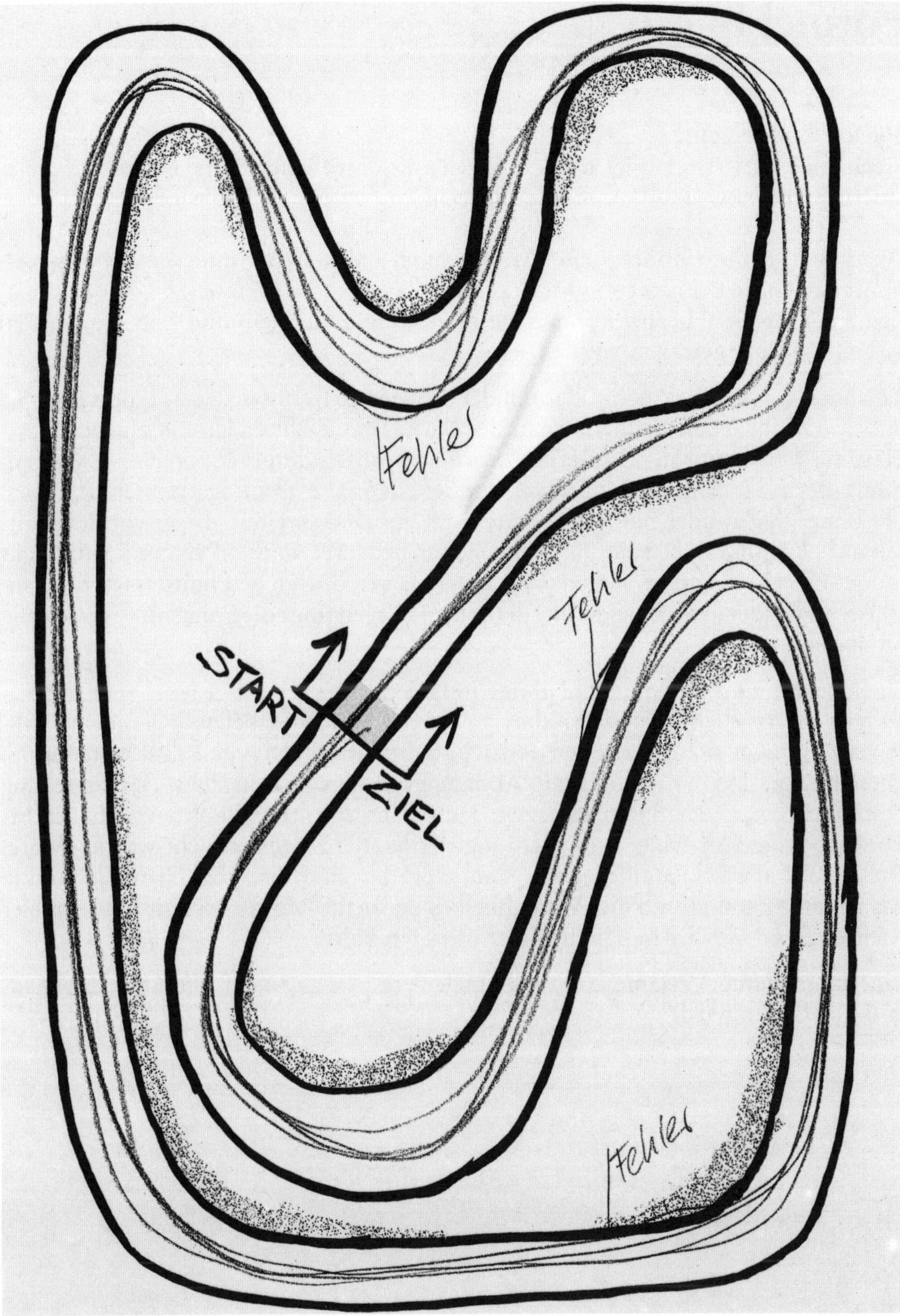
Fehler
Fehler
START
ZIEL
Fehler

Formel I

Spieler: 2 oder mehr
Spielmittel: kariertes Papier und ein Stift unterschiedlicher Farbe für jeden Spieler
Spielziel: als erster die Ziellinie erreichen

Wenn Sie Spaß an hohen Geschwindigkeiten haben, aber andererseits aus Vernunft den Gashebel nicht so weit durchdrücken, wie Sie könnten, ist dies das richtige Spiel für Sie. Hierbei können Sie ohne Gefahr für Leib und Leben auch mal aus einer Kurve getragen werden.

Zeichnen Sie sich eine mehr oder minder schwierige Rennstrecke auf. Beachten Sie dabei, daß für jeden Teilnehmer in der Start- und Zielgeraden ein eigener Startplatz zur Verfügung steht. Gefahren wird abwechselnd immer von einem Knotenpunkt der Kästchenlinien zum nächstmöglichen. Die Zugfolge richtet sich nach der Rangfolge auf der Bahn. Der erste zieht vor dem zweiten, dieser vor dem dritten usw. Karambolagen sind unzulässig, das bedeutet, daß auf einem Kreuzpunkt immer nur ein Fahrzeug stehen darf. Innenkurven dürfen geschnitten werden, ansonsten scheidet jeder Spieler aus, der seinen Wagen über die Fahrbahnbegrenzung hinauslenkt.

Doch zuerst wird die Startreihenfolge festgelegt. Danach tätigt jeder seinen zweiteiligen Startzug. Im ersten Teil darf jeder vom Start weg beliebig geradeaus fahren, während er sich im zweiten Teilzug an die fortan geltende Regel halten muß. Diese besagt, daß der neue Zug in Abhängigkeit zum letzten steht. Der letzte Zug bestimmt den sogenannten Hilfszug. Durch ihn wird der Punkt fixiert, der bei Verdoppelung von Weite und Richtung des letzten Zuges erreicht worden wäre. Dieser und alle acht umliegenden Knotenpunkte sind die möglichen Zielpunkte des neuen Zuges. Durch die Auswahl eines der neun Punkte bestimmt der Spieler Richtung und Geschwindigkeit seiner weiteren Fahrt.

Eine interessante Variante für zwei Spieler ergibt sich, wenn die Strecke gegenläufig befahren wird.

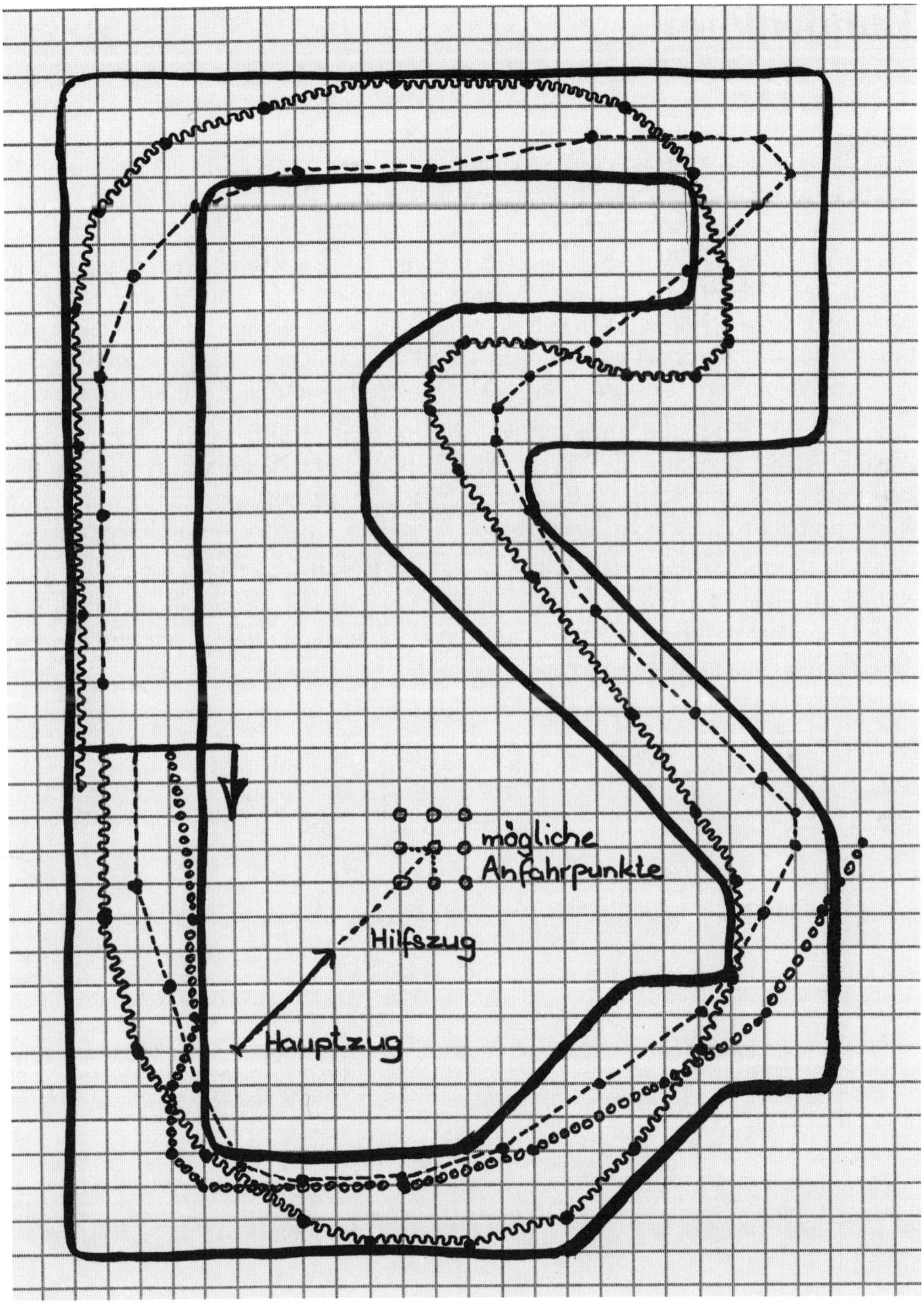
mögliche
Anfahrpunkte
Hilfszug
Hauptzug

Blindenhund

Spieler: 2
Spielmittel: Papier und ein Stift
Spielziel: dem Mitspieler den richtigen Weg weisen

Zuerst zeichnen Sie ein Labyrinth. Dazu malen Sie ein Kreuz aufs Papier und in dessen vier Winkel einen Punkt. Danach ziehen Sie in Bögen hin und her. Und zwar vom linken Punkt oben zur Kreuzspitze; vom rechten oberen Punkt zur linken Kreuzseite; wieder einen Bogen vom Punkt links unten zur rechten Kreuzseite und einen letzten Bogen vom rechten unteren Punkt zum Fuß des Kreuzes.

Ihre Aufgabe ist es nun, Ihren Mitspieler mit seinem Stift in das Zentrum des entstandenen Labyrinths zu führen. Ihr Mitspieler setzt den Stift am Eingang des Labyrinths auf und schließt die Augen. Von nun an hört er nur noch auf Ihre Kommandos. In keinem Fall darf er eine Wand des Labyrinths durchbrechen.

Eine sehr schöne Variante des Spiels ist es, den Partner per Zeichen in das Labyrinth zu führen. Dazu wird ihm eine Pappe vorgehalten, so daß er nicht auf das Blatt sehen kann. Jetzt ist er allein auf die Handzeichen angewiesen, die Sie ihm deuten. Sprechen ist dabei aber nicht erlaubt.

Herzerl-Stechen

Spieler: 2 oder mehr
Spielmittel: Papier und ein Stift
Spielziel: wer nicht trifft, gewinnt

Amor ist unwillig. Er möchte seinen Pfeil nicht auf das Herz des Geliebten absenden.

Ein Herz wird in die Blattmitte gezeichnet. Ein Spieler schließt fest die Augen und zählt gleichmäßig und laut bis sechs. Dabei sticht er mit dem Bleistift sechsmal auf das Blatt. Der andere Spieler bewegt dabei das Blatt so hin und her, daß es ihm gelingt, dem Mitspieler das Herz so unterzuschieben, daß dieser hineinsticht. Das Spiel ist für den verloren, der das Herz trifft.

Am besten wird auf einer weichen Unterlage, zum Beispiel einer Zeitung, gespielt.

Kompaß

Spieler: 2
Spielmittel: Transparentpapier und ein Stift
Spielziel: einer versucht, den anderen ans Ziel zu führen

Haben Sie das auch schon erlebt? Ein Fremder fragt Sie nach dem Weg, und Sie erklären ihm voller Eifer, wie er zu gehen hat. Er bedankt sich recht nett für Ihre Freundlichkeit, und Sie sehen ihm nach und stellen fest, daß er in die falsche Richtung läuft. – Bei diesem Spiel wird Ihnen das öfter geschehen.

Zeichnen Sie zunächst einen Kompaß auf ein Blatt und verteilen Sie in seinem Kreis ca. 40 Punkte. Danach legen Sie ein Transparentpapier darüber und pausen den Kompaß durch. Zwanzig der durchscheinenden Punkte des darunterliegenden Blattes verbinden Sie nun mit einer durchgehenden Linie. Die Linie dürfen Sie nach Ihrem Gutdünken führen. Sie kann sich auch überschneiden. Sie behalten das Blatt mit dem aufgezeichneten Weg, während Sie den Kompaß Ihrem Spielpartner geben.

Ihre Aufgabe ist es nun, an Hand Ihres Blattes Ihren Mitspieler von Anfang bis zum Ende den gleichen Weg zu führen, den Sie gezogen haben. Klar, daß Sie während des Spiels nicht auf das Blatt Ihres Mitspielers sehen dürfen.

Statt am Ende des Spiels der Frage nachzugehen, ob Sie falsch geführt haben oder Ihr Mitspieler falsch gegangen ist, sollten Sie ein neues Spiel mit vertauschten Rollen wagen.

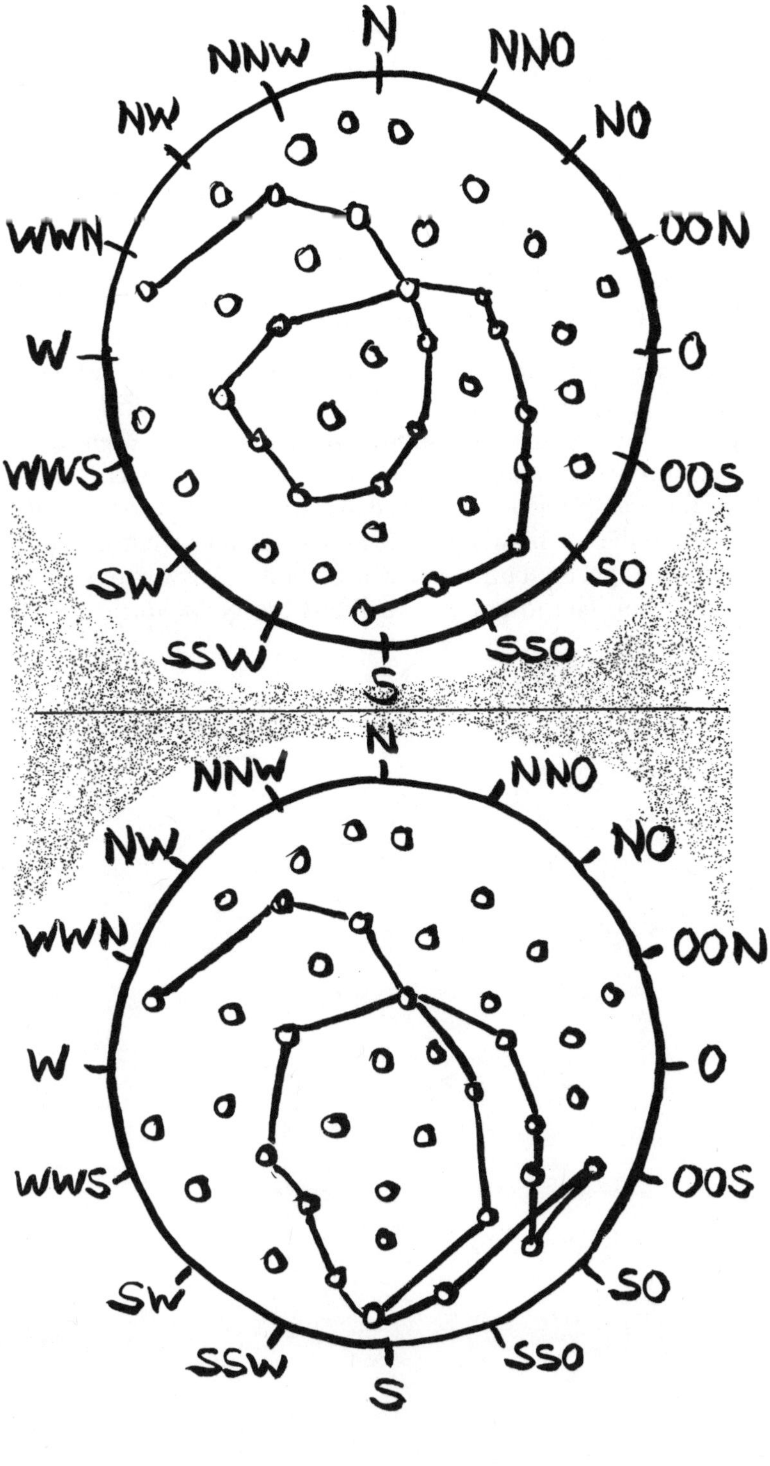
N
NNO
NO
OON
O
OOS
SO
SSO
S
SSW
SW
WWS
W
WWN
NW
NNW
N
NNO
NO
OON
O
OOS
SO
SSO
S
SSW
SW
WWS
W
WWN
NW
NNW

Galopprennen

Spieler: 2 oder mehr
Spielmittel: kariertes Papier und zwei verschiedenfarbige Stifte
Spielziel: fehlerfrei das Ziel erreichen

Jeder Spieler zeichnet die Rennbahn auf sein Blatt. Die Bahn ist ca. 20 × 8 Kästchen groß und das Geläuf ca. zwei Kästchen breit.

Das Rennen geht von der Start- und Zielmarke ab. Die Spieler halten je einen Stift in der linken und rechten Hand. Galoppiert wird auf der äußeren Bahnbegrenzung, indem zwei Wellenlinien ineinander verschlungen werden, deren Scheitelpunkte sich gegenüberliegen müssen. Wer zuerst das Ziel erreicht, ruft Halt. Dann wird ausgewertet und für jeden Fehler ein Kästchen abgezogen. Ein Fehler ist, wenn über die Innenbande hinausgaloppiert wurde oder wenn die Scheitelpunkte der Wellen sich nicht gegenüberliegen. Wer nach der Auswertung dem Ziel näher ist, gewinnt. Bei Gleichstand hat dessen Pferd die Nase vorn, der Halt gerufen hatte.

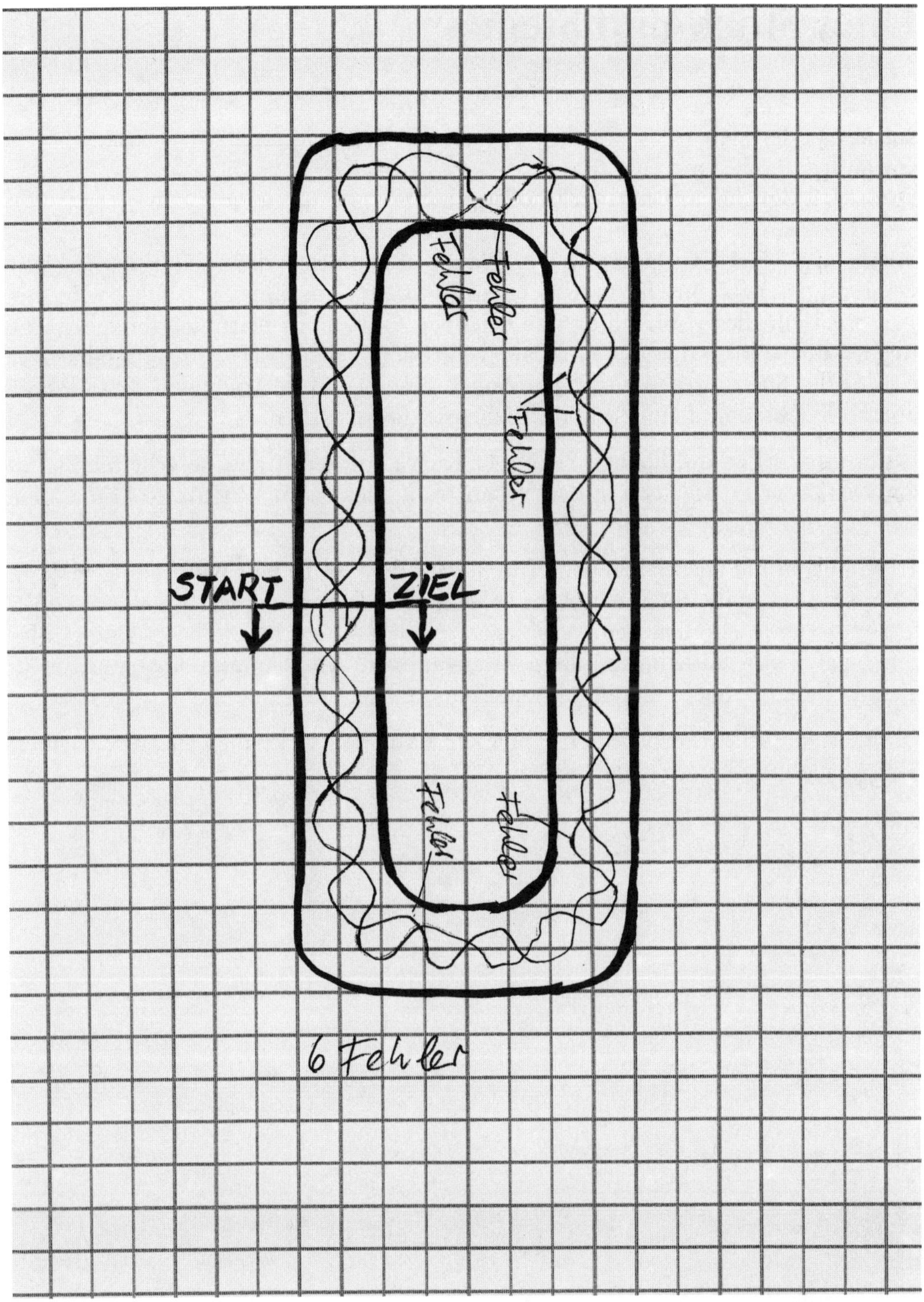
START
ZIEL
Fehler
Fehler
Fehler
Fehler
Fehler
6 Fehler

Über Stock und Stein

Spieler: 2 oder mehr
Spielmittel: Papier und ein Stift
Spielziel: möglichst auf dem rechten Weg bleiben

Wenn, was Gott verhüten möge, einem Autofahrer die Windschutzscheibe während der Fahrt bricht, muß er einen Moment lang ohne Sicht fahren. In diesem Spiel gilt dies von Anfang an. Zeichnen Sie auf ein Blatt eine langgezogene Rechts- oder Linkskurve mit einer abzweigenden Nebenstraße. Ihre Aufgabe ist es nun, Ihren Stift mit geschlossenen Augen einmal auf der richtigen Straßenseite durch die Kurve und einmal in die Nebenstraße zu führen.

Dafür gibt es Punkte. Bleiben Sie in der Kurve auf der Straße, so erhalten Sie 50 Punkte. Kommen Sie auch in der Nebenstraße nicht vom Weg ab, so können Sie sich gar 100 Punkte gutschreiben.

10 Minuspunkte gibt es bereits, wenn Sie auf die falsche Fahrbahnseite gelangen. Sofern Sie schon im unteren Teil die Fahrbahn verlassen, werden Ihnen 100 Punkte abgezogen. Lediglich beim Einbiegen in die Nebenstraße gibt es einen Toleranzbereich von 50 Minuspunkten. Gleichfalls 50 Minuspunkte kostet es, wenn Sie im oberen Bereich über Stock und Stein fahren.

Übrigens, falls Sie transparentes Papier zur Hand haben, können Sie auf derselben Strecke mehrere Durchgänge fahren.

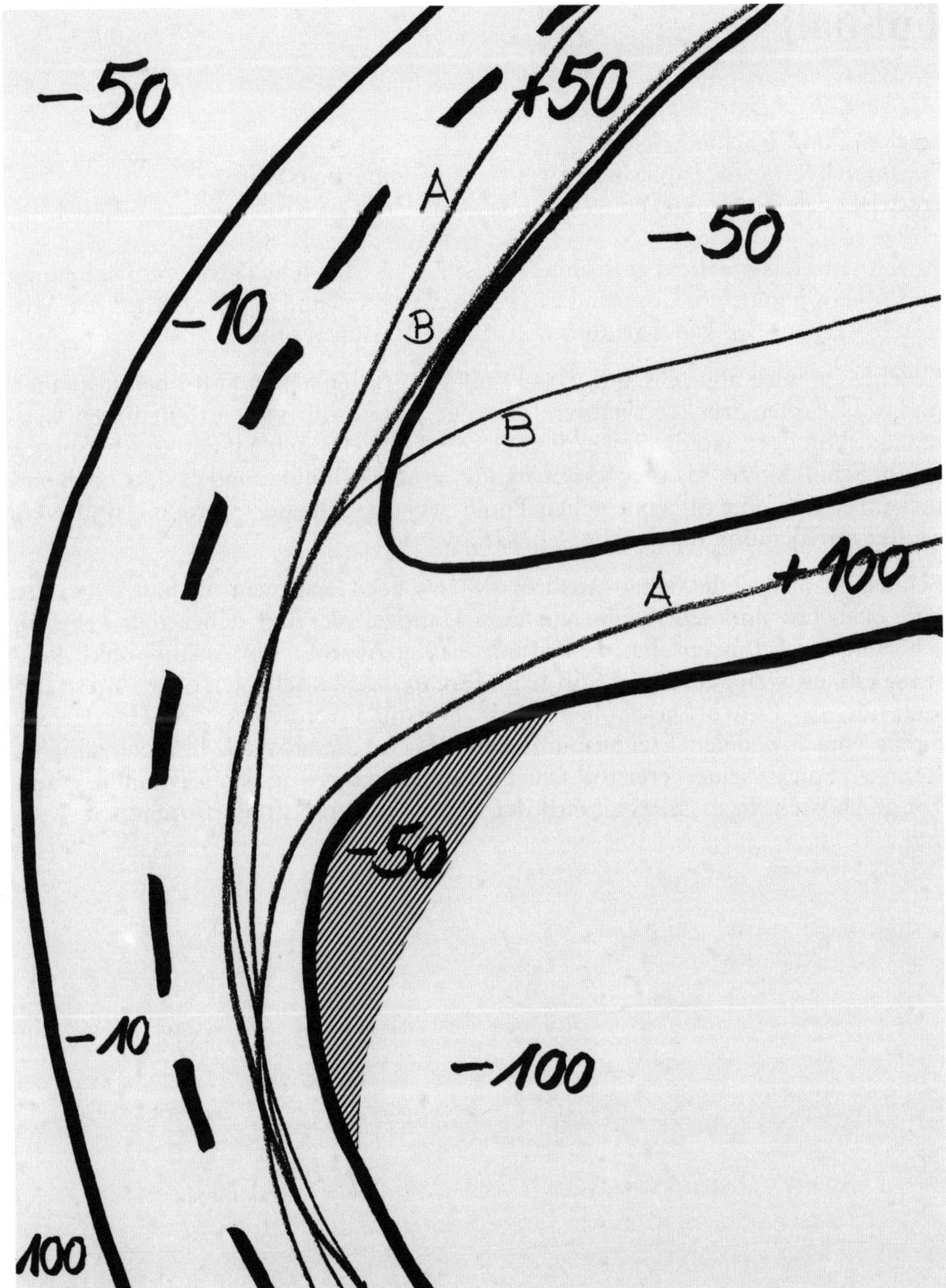
-50
+50
A
-50
-10
B
B
+100
A
-50
-10
-100
100
A
A

Fußball

Spieler: 2 und 1 Schiedsrichter
Spielmittel: kariertes Papier und zwei verschiedenfarbige Stifte
Spielziel: viele Tore schießen

Zuerst wird das Spielfeld gezeichnet. Es ist 22 × 34 Kästchen groß mit Feldteilung und Anstoßpunkt. Die Tore sind zwei Kästchen groß und liegen sich auf der Mittelachse gegenüber. Der Torraum wird 10 × 4 Kästchen groß.

Geschossen wird abwechselnd. Dazu muß ein Spieler seinen Stift oben festhalten und aufs Papier drücken, während ihn der andere mit seinem Stift unten wegschlägt. Von dort, wo die Spitze des Stifts nun hinzeigt, schlägt der andere Spieler. Ist ein Schuß kürzer als drei Kästchen, gilt er als Dribbling, und es darf noch einmal (aber nur einmal) vom neuen Punkt weitergeschossen werden. Landet ein Treffer im Torraum, darf nachgeschossen werden.

Bei Schüssen über die Seiten-Auslinie »wirft« der Gegner ein. Er hält dabei den Stift oben fest und schlägt ihn aus dem Handgelenk, darf dabei aber kein Tor schießen. Bei Schüssen über die Torlinie erfolgt Abstoß vom Anstoßpunkt. Freistöße gibt es, wenn einer den Stift trotz Ermahnung zu schwach oder zu fest aufsetzt oder der Einwurf geschoben wurde. Freistöße werden aus dem Handgelenk direkt vom jeweiligen Ereignispunkt auf das Tor geschlagen. Elfmeter gibt es, wenn ein Spieler seinen Freistoß schiebt. Es wird dabei von der Torraumlinie aufs Tor geschossen. In diesem Fall darf der Gegner seinen Stift als Tormann verwenden.

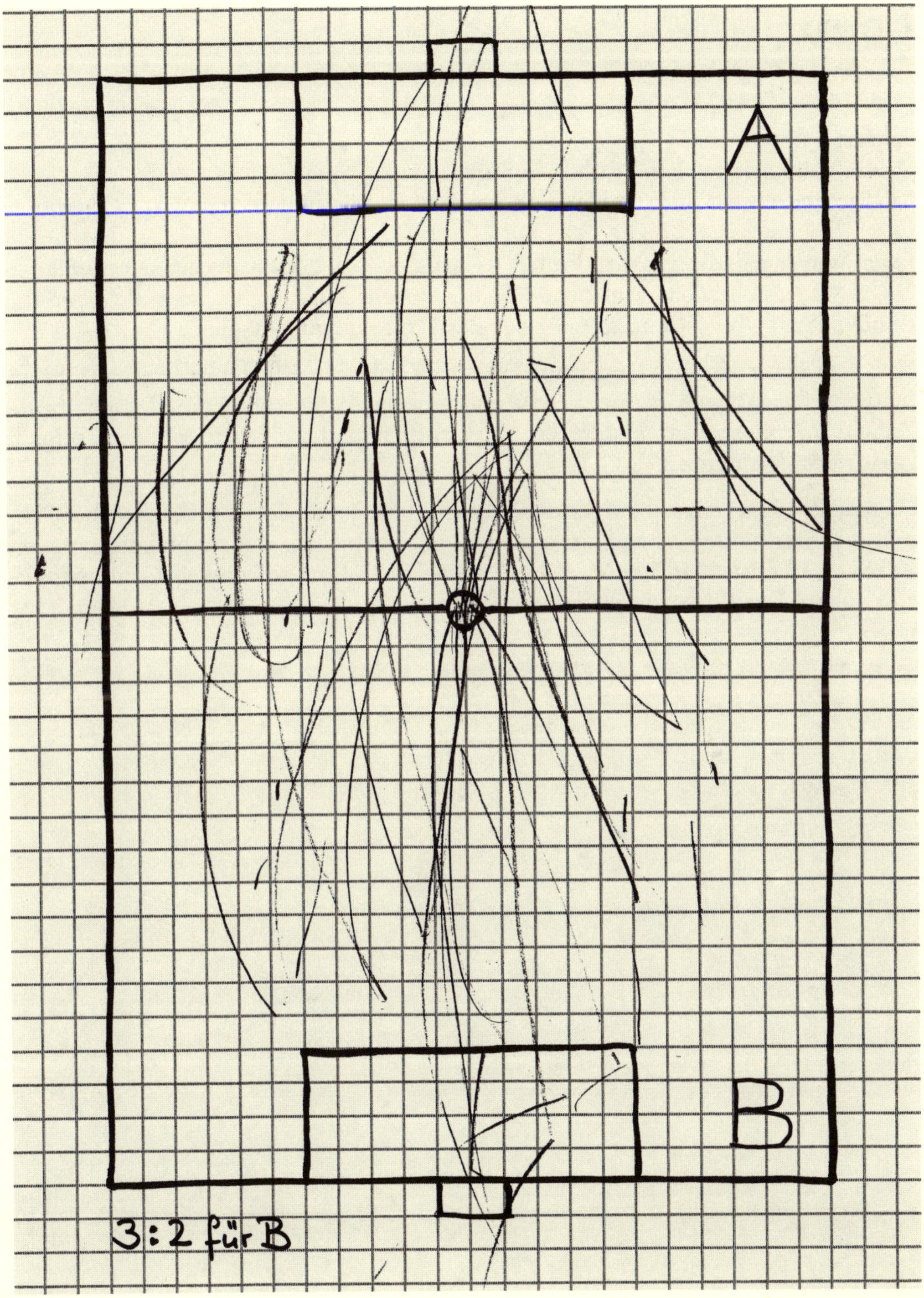
A
B
3:2 für B

Lotto

Spieler: 3 oder mehr
Spielmittel: kariertes Papier und ein Stift für jeden Spieler
Spielziel: möglichst viele Zahlen vor den Mitspielern finden

Jeder Spieler teilt ein Quadrat in 8×8 Karos, wobei jedes Karo eine Kantenlänge von 2×2 Kästchen hat. Auf die 64 Felder verteilt jeder nach seinem Belieben die Zahlen von 11 bis 74 und tauscht das Blatt mit seinem Mitspieler.

Nun sagt der Reihe nach jeder Spieler zwei Zahlen an, die die anderen auf ihrem Blatt möglichst rasch heraussuchen und einkreisen. Denn der Spieler, der beide Zahlen einkreisen konnte, darf das Spiel stoppen und die beiden Felder in seinem Quadrat durchkreuzen.

Da jede Zahl nur einmal aufgerufen werden darf, sollte jeder Spieler darüber Protokoll führen, indem er spätestens nach jedem Spielzug die zuvor aufgerufenen Zahlen umkreist. Mit der 24. Runde sollte auch das Spiel enden. Gewinner ist, wer die meisten Felder durchstreichen durfte.

35	12	22	28	47	19	30	58
26	54	27	40	64	51	14	44
36	39	34	23	16	68	45	61
55	11	20	57	41	29	31	65
56	37	66	24	17	70	15	59
21	67	13	52	69	46	60	71
43	38	49	53	62	32	72	63
50	25	42	73	18	33	74	48

50	59	33	41	39	42	29	34
46	45	24	15	56	11	44	55
60	14	49	25	47	23	61	30
32	58	12	62	16	28	19	52
57	21	63	26	65	35	69	67
38	48	20	43	17	53	72	36
51	13	27	70	22	66	18	54
40	31	71	64	74	37	68	73

Bleistiftkegeln

Spieler: 2 oder mehr
Spielmittel: Papier und ein Stift
Spielziel: möglichst alle Neune treffen

Für jeden Spieler wird eine Kegelbahn gezeichnet: eine Startlinie unten und neun runde Kegel oben. Jeder Spieler hat 3 Schüsse. Er setzt dabei den Stift auf die Startlinie, nimmt ihn am oberen Ende und schießt aus dem Handgelenk heraus aufs volle Haus. Nur die Kegel zählen, die voll getroffen wurden.

Es kann nach jeder üblichen Kegelregel gespielt werden, zum Beispiel jeder Treffer zählt 1, der König aber 3, ein Kranz zählt 12; oder die Würfe zählen nur, wenn der erste Kegel auch gefallen ist usw. Es kann auch so lange geschossen werden, bis ein Spieler alle seine Kegel geworfen hat.

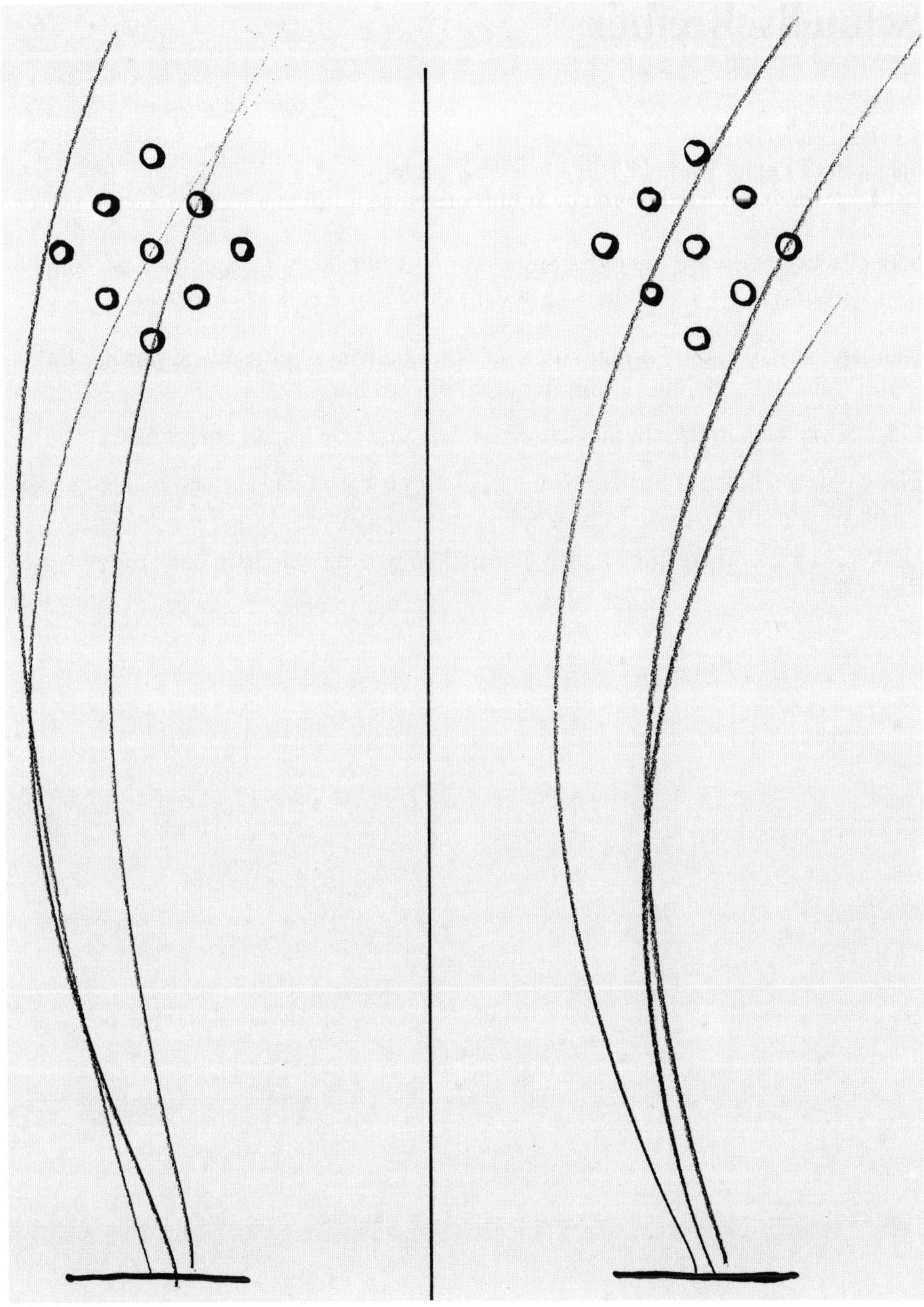

Schnellschreiber

Spieler: 2 oder mehr
Spielmittel: Papier und ein Stift für jeden Spieler
Spielziel: im vereinbarten Stil der Schnellste zu sein

Schnellschreiber wäre ein fades Spiel, wenn es nur darum ginge, wer am schnellsten schreibt. Nein, der Reiz liegt in der gewählten Art des Schreibens.

Denken Sie sich einen Spruch aus, und schreiben Sie um die Wette mit der linken Hand. Linkshänder müssen mit der rechten starten.

Oder Sie spielen arabisch und schreiben den Satz von rechts nach links.

Haben Sie auch dieses Spiel gewonnen, dann probieren Sie einmal, den Satz rückwärts zu schreiben.

Und wenn Sie saubere Füße haben, dann klemmen Sie sich doch den Stift zwischen die Zehen.

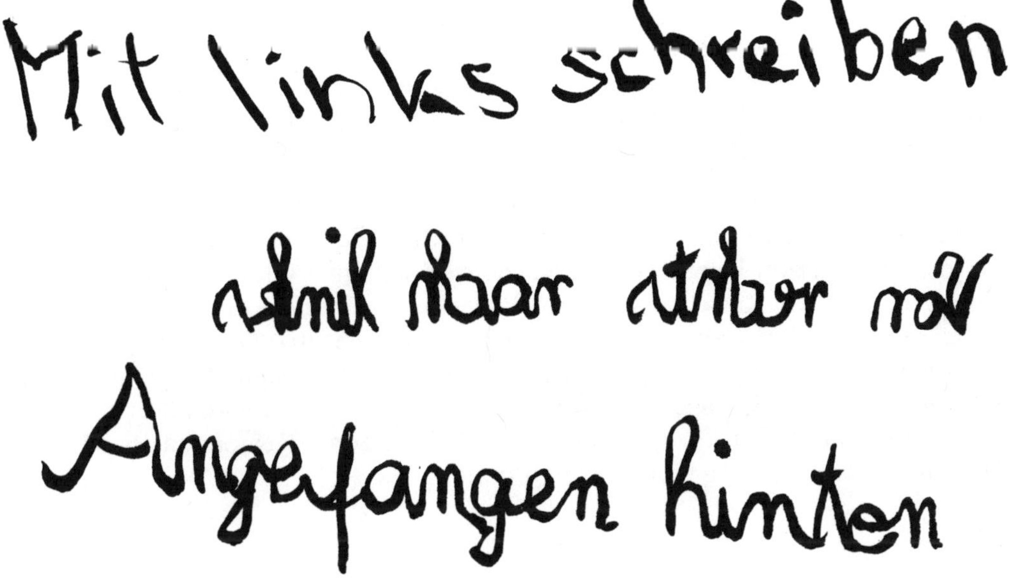
Mit links schreiben
Angefangen hinten
Mit Fuß geschrieben

Trabrennen

Spieler: 2 oder mehr
Spielmittel: kariertes Papier und zwei verschiedenfarbige Stifte
Spielziel: nicht aus dem Trab kommen

Zunächst zeichnet jeder Spieler die Rennbahn auf sein Blatt. Ihre Außenmaße sind ca. 20×8 Kästchen. Das Geläuf ist ca. 2 Kästchen breit.

Gelaufen wird auf dem äußeren Bahnrand von der Start- und Zielmarke weg. Die Spieler nehmen einen Stift in die linke und einen in die rechte Hand und zeichnen um die Bahn herum kleine »Dächer«, die sich stets überschneiden. Kein Schritt darf weiter als drei Kästchen sein, und es darf nicht über die Innenbande hinausgetrabt werden. Wer zuerst das Ziel erreicht, schreit »Stop«. Nun wird ausgewertet, für jeden Fehler gibt es ein Kästchen Abzug. Fehler sind mangelnde Überschneidungen, Überspringen der Innenbahn und zu weite Schritte. Wer nach der Auswertung dem Ziel am nächsten ist, hat das Rennen gewonnen. Bei Punktgleichheit gewinnt, wer »Stop« gerufen hatte.

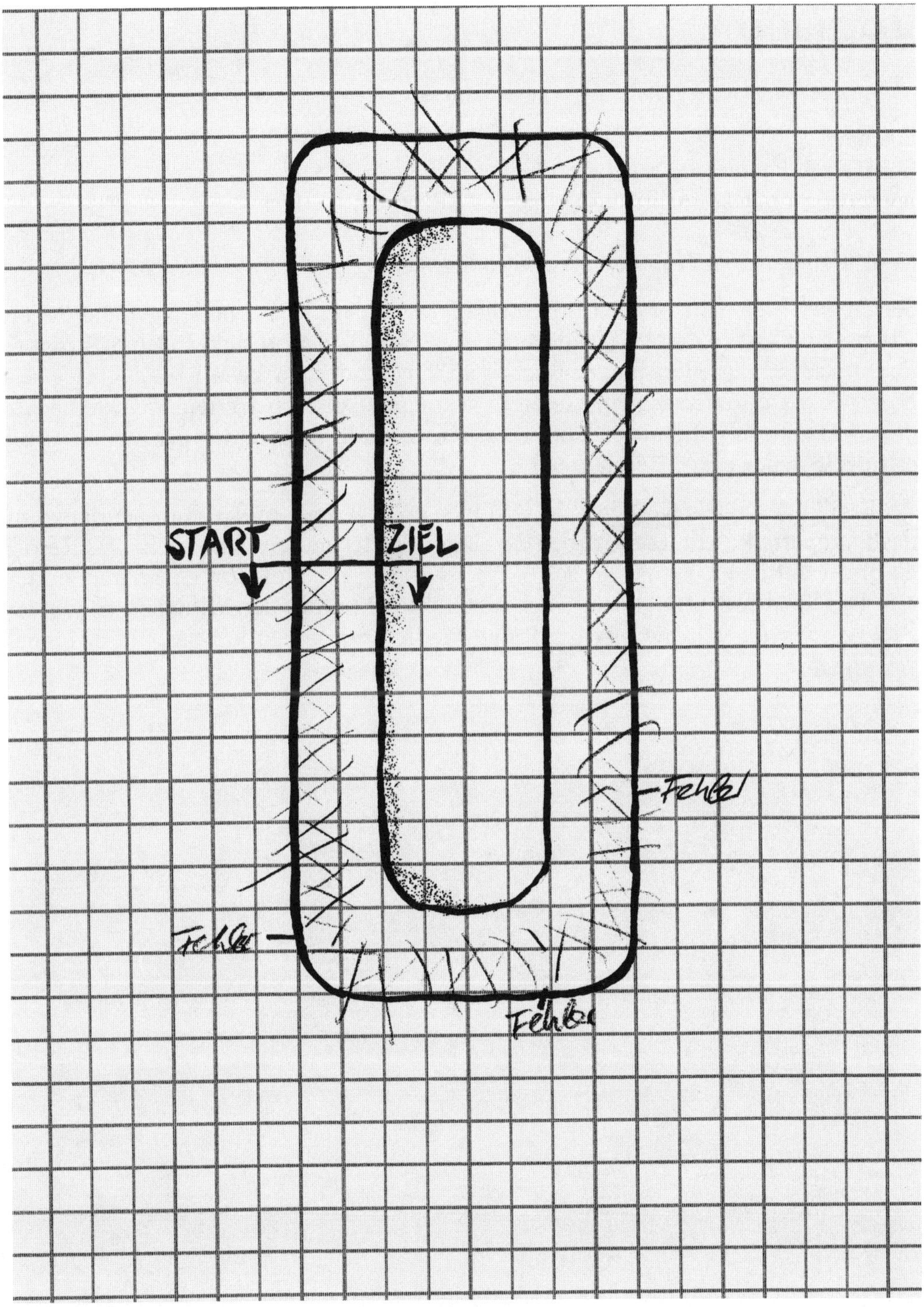
START
ZIEL
Fehler
Fehler
Fehler

Tornado

Spieler: 2
Spielmittel: Papier und zwei verschiedenfarbige Stifte
Spielziel: möglichst mehr Punkte als der Mitspieler treffen

Vom wirbelnden Stift in der Blattmitte hat dieses Spiel seinen Namen.

Setzen Sie Ihren Stift in die Mitte, drehen Sie ihn im Kreis, und sagen Sie dabei: »Tornado, lauf!« Dann schleudern Sie ihn nach außen, drücken den Stift dabei aber noch auf das Blatt und versuchen so, einen oder gar zwei Kreise einer Dreiergruppe zu durchstreichen. Gelingt es Ihnen, Kreise zu treffen, markieren Sie diese für sich. Ihr Mitspieler kann diese Kreise nicht mehr gewinnen, selbst wenn er sie mit seiner Farbe durchstreicht.

Zu Beginn des Spiels werden acht Gruppen zu drei Kreisen den Rand entlang um das Blatt verteilt. Auf jede Gruppe darf jeder Spieler nur einmal zielen. Das Recht, als erster auf eine Gruppe zu zielen, wechselt Zug um Zug von einem zum anderen. Das Spiel endet, nachdem jeder zum achten Mal aus der Mitte heraus seinem Ziel zuwirbelte. Wer die meisten Ringe für sich markieren konnte, hat das Spiel gewonnen.

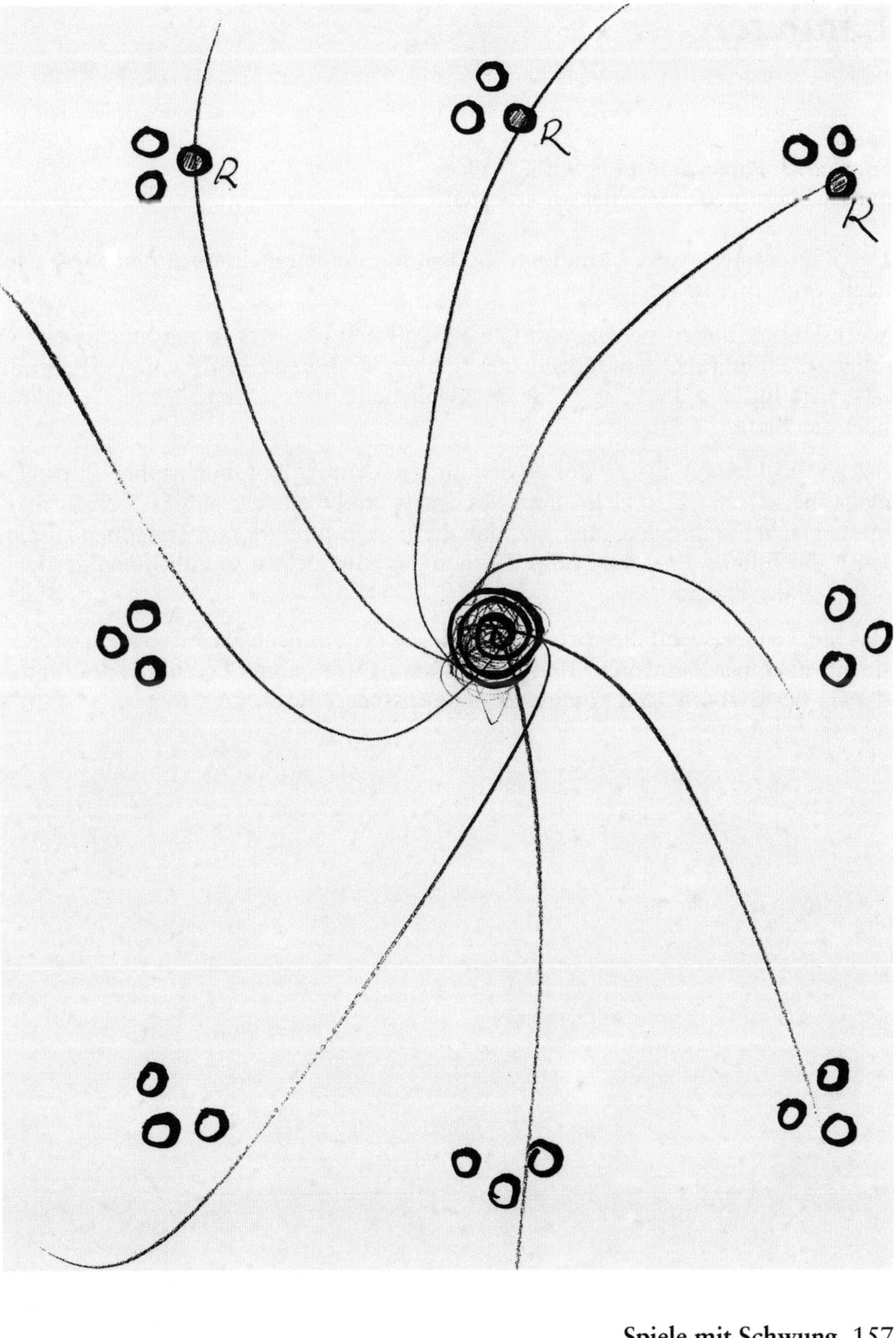
R
R
R

Länderei

Spieler: 2
Spielmittel: Papier und zwei Stifte
Spielziel: das größere Gebiet für sich markieren

Das Blatt Papier ist der Grund und Boden, um den Sie sich mit Ihrem Mitspieler nach Raubritterart streiten.

Wechselweise halten Sie einen Stift eine Handbreit über das Papier und lassen ihn fallen. Es ist erlaubt, dem fallenden Stift einen Dreh in die beabsichtigte Richtung zu geben. Entlang der Längsachse des gefallenen Stiftes ziehen Sie eine Grenzlinie über das Blatt.

Die jeweils kleinere Fläche dürfen Sie nun mit dem Anfangsbuchstaben Ihres Namens für sich markieren. Im Lauf des Spiels ergibt es sich, daß Sie bereits markierte Flächen schneiden. Hier gilt, daß der jeweils unmarkierte Teil Ihnen zufällt. Läuft die Teilungslinie durch das Zeichen des Mitspielers, so fällt Ihnen der kleinere Teil der Fläche zu.

Das Spiel endet, wenn die noch nicht in Besitz genommene Fläche so klein ist, daß sie nur noch per Zufall getroffen werden kann. Wer den größeren Teil des Blattes seinem Besitz zuschlagen konnte, ist der gerissenere Raubritter.

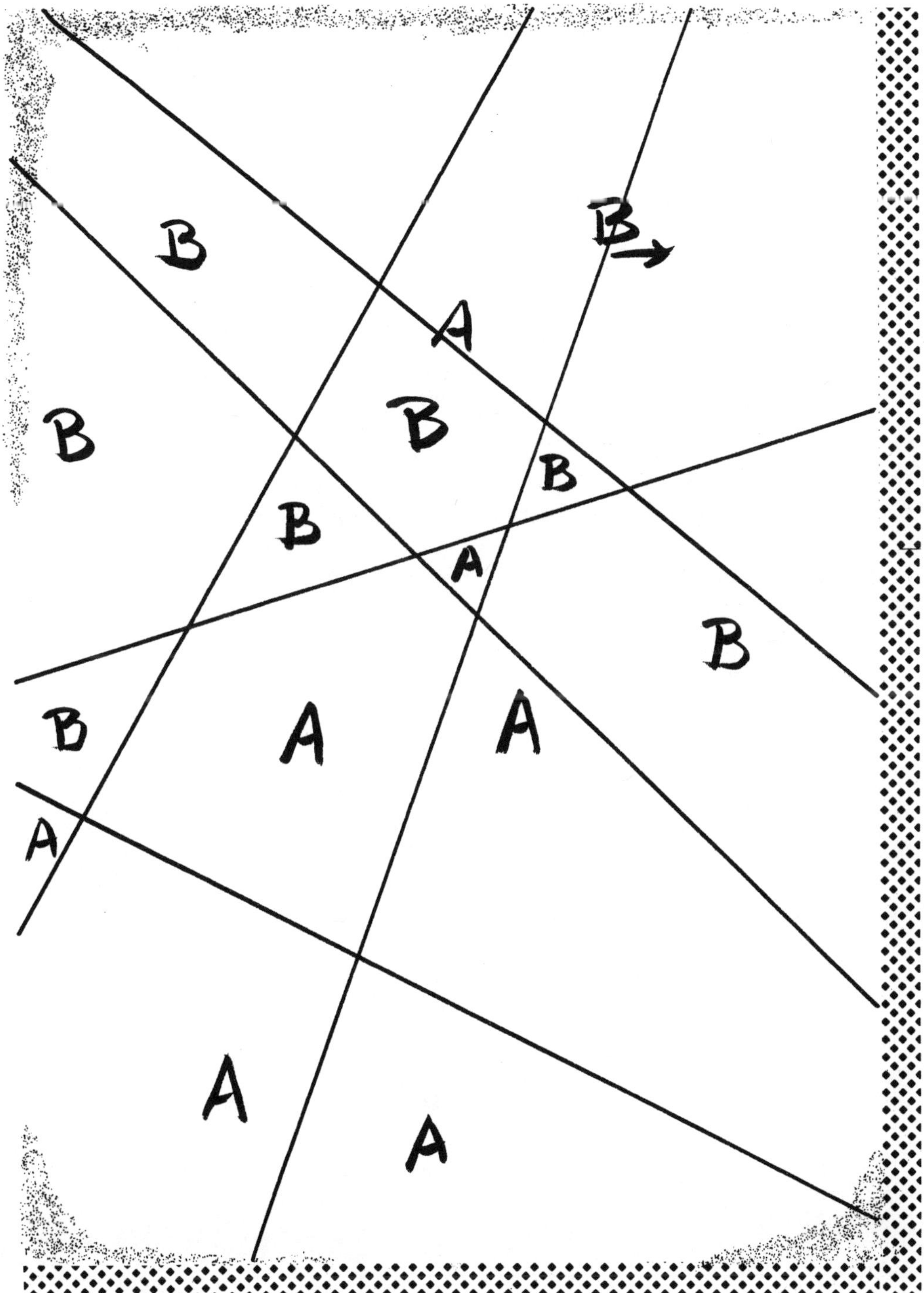
B
B→
A
B
B
B
B
A
B
B
A
A
A
A
A

Bis hierher und nicht weiter

Spieler: 2 oder mehr
Spielmittel: liniertes Papier und ein Stift
Spielziel: möglichst genau treffen

Entweder wissen Sie aus eigenem Erleben oder vom Zusehen, wie ärgerlich es ist, beim Weitsprung neben den Balken zu treten. Auch bei diesem Spiel sollten Sie exakt den Balken treffen.

Auf die untere Zeile des Blattes zeichnen Sie die Startlinie. Danach erhält jede Zeile eine Ziffer. Sie beginnen unten mit 18 und werden nach oben stets um eins kleiner – bis zur Null, um dann wieder anzusteigen. In die Nullzeile zeichnen Sie eine durchgehende Ziellinie.

Ihre Aufgabe ist es nun, den Bleistift auf die Startlinie zu setzen und mit Schwung nach oben zu reißen. Dabei sollten Sie möglichst einen Strich ziehen, der exakt auf der Nullinie endet. Denn die Ziffer der Zeile, in der der Strich abreißt, zeigt die Höhe Ihrer Minuspunkte an.

Für jeden Durchgang haben Sie fünf Versuche. Danach werden die Minuspunkte zusammengezählt. Wer die Nullinie trifft, muß keinen weiteren Versuch machen.

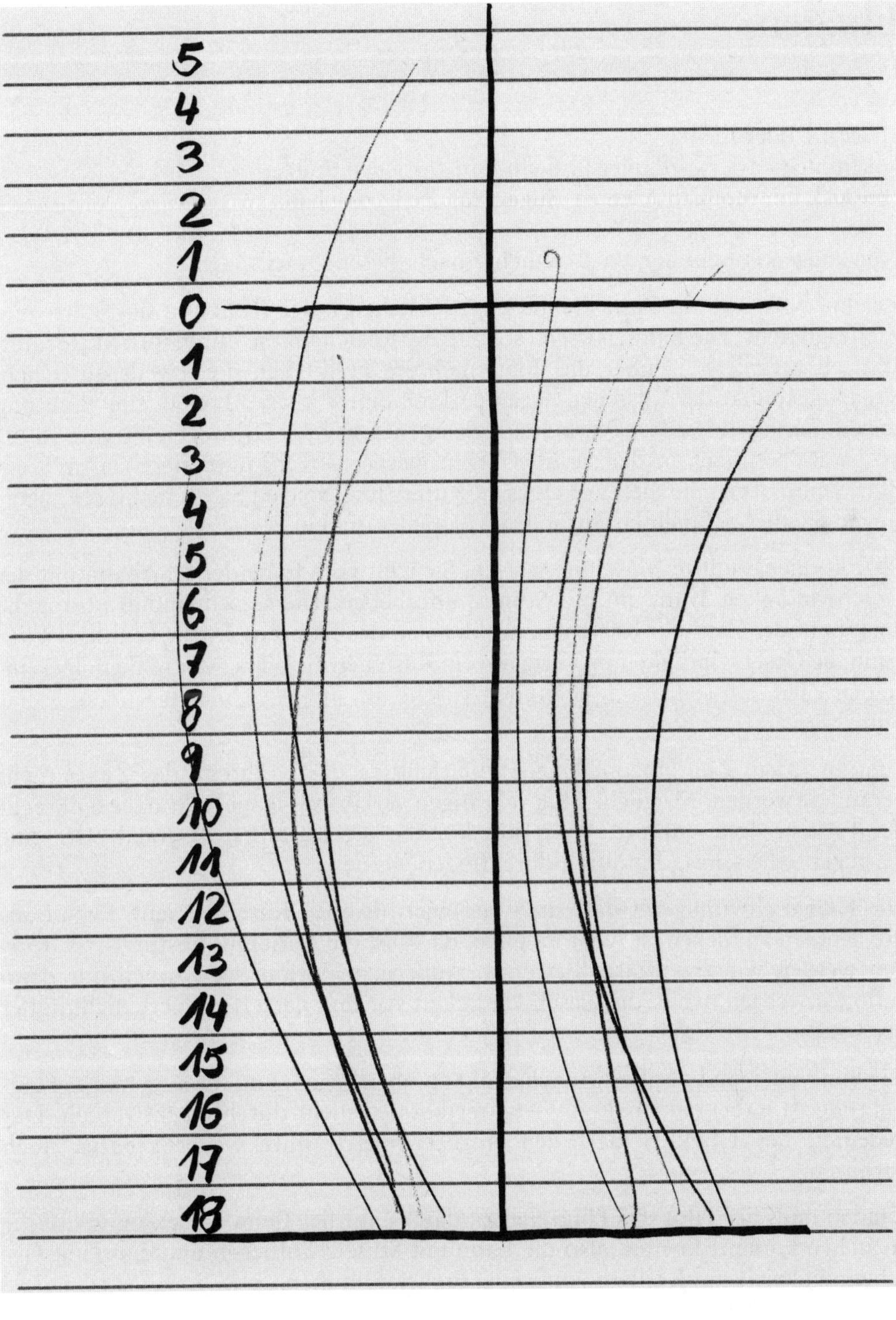

5
4
3
2
1
0
1
2
3
4
5
6
7
8
9
10
11
12
13
14
15
16
17
18

Fliegen

Spieler: 1 oder mehr
Spielmittel: kariertes Papier und ein Stift für jeden Spieler
Spielziel: mit möglichst wenig Zügen das Ziel erreichen

Nur Fliegen ist schöner, wird mancher nach diesem Spiel sagen.

Zeichnen Sie auf ein Blatt je eine zwei Kästchen lange Rollbahn des Start- und Zielflughafens. Die Bahnen liegen so, daß die Kästchenlinie durch ihre Mitte läuft. Danach verteilen Sie über das Blatt mehrere Funkfeuer, die jeweils auf einem Kreuzungspunkt der Kästchen liegen und mit einem kurzen Pfeil in eine Richtung zeigen. Funkfeuer weisen Verkehrsflugzeugen den Weg. Deswegen müssen Sie sie in der Reihenfolge, in der sie überflogen werden sollen, numerieren. Durch ein Blitzsymbol legen Sie die Lage eines Gewitters fest. Spielen Sie zu mehreren, übertragen Sie diesen Spielplan für jeden Mitspieler auf ein Blatt.

Jetzt können Sie Ihre Maschine starten. Sie rollt vom Ende der Startbahn mit der Geschwindigkeit 1 an, um mit Stufe 2 abzuheben. Die Geschwindigkeitsangabe entspricht der Zahl der Kästchen, mit der sich das Flugzeug fortbewegt. Der Pilot kann die Geschwindigkeit pro Zug um ein Kästchen erhöhen oder senken. Die einzelnen Züge müssen durch Trennungsstriche am aufgezeichneten Kurs ablesbar sein.

Die mit jedem Zug eingeschlagene Flugrichtung darf während des Zuges nicht verändert werden. Mögliche Flugrichtungen verlaufen waagerecht oder senkrecht der Kästchenlinie entlang. Weiterhin können die Kästchen diagonal oder eine Kästchenreihe schräg hindurch durchflogen werden.

Die Fluggeschwindigkeit darf nicht geringer als zwei Kästchen sein. Engere als 90°-Kurven zu fliegen ist nicht möglich, da sonst die Maschine abstürzt. 90°-Kurven werden wie zwei Züge bewertet. Außerdem dürfen 90°-Kurven nur dann geflogen werden, wenn die Geschwindigkeit vor und nach der Kurve nicht höher als 3 ist.

Die Funkfeuer sind der Reihe nach exakt zu überfliegen, und die aufgezeigte Flugrichtung ist dabei einzuhalten. Gewitter können nicht durchflogen werden. Das bedeutet, der Flugkurs darf den eingezeichneten Blitz weder kreuzen noch berühren.

Landen muß der Pilot das Flugzeug so, daß es auf der Bahn aufsetzt und auf ihr zu stehen kommt. Er muß also die Bahn mit Stufe 2 anfliegen und dann mit Geschwindigkeit 1 am Rollbahnende zum Stehen kommen.

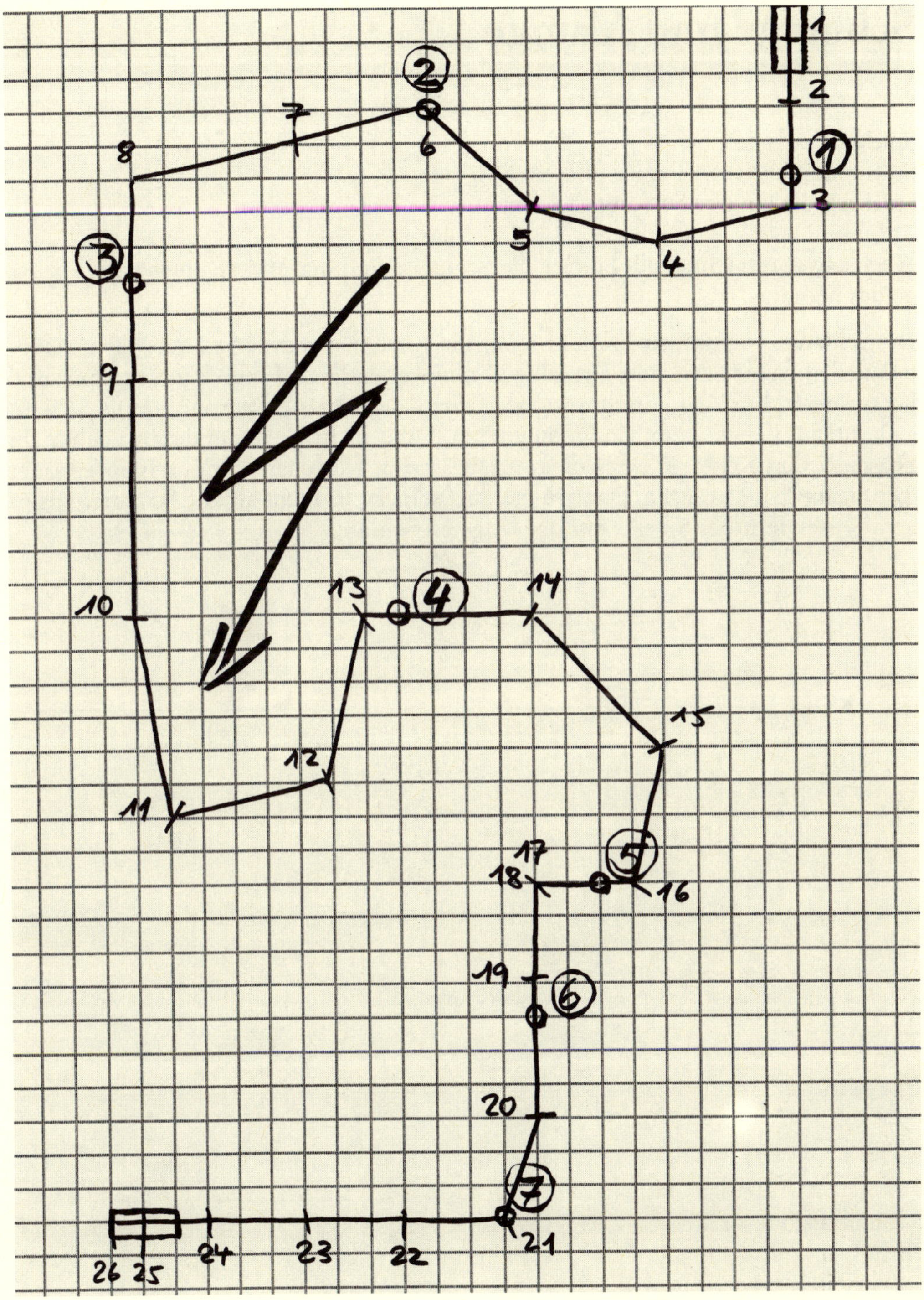
1
2
1
3
2
7
6
8
5
4
3
9
10
13
4
14
15
12
11
17
18
5
16
19
6
20
7
21
24
23
22
26
25

Schlange und Mungo

Spieler: 2
Spielmittel: kariertes Papier und ein Stift
Spielziel: die längere Schlange zeichnen

Wechselweise zeichnet ein Spieler die Schlange und der andere Spieler die Sprünge des Mungos.

Die Schlange beginnt, sie kann pro Zug ein Kästchen weit längs, quer oder diagonal ziehen. Sie wächst stets am selben Ende weiter. Der Mungo kann frei hin- und herspringen. Ein Zug von ihm ist ein Kringel auf einem Gitterpunkt. Die Schlange kann auf keinen vom Mungo besetzten Punkt mehr ziehen und darf auch nicht zwischen den Kringeln eines diagonal besetzten Kästchens hindurchfahren oder ihre eigene Linie kreuzen. Der Mungo darf seinerseits nicht auf die Schlange springen. Es gewinnt der Spieler mit der längsten Schlange.

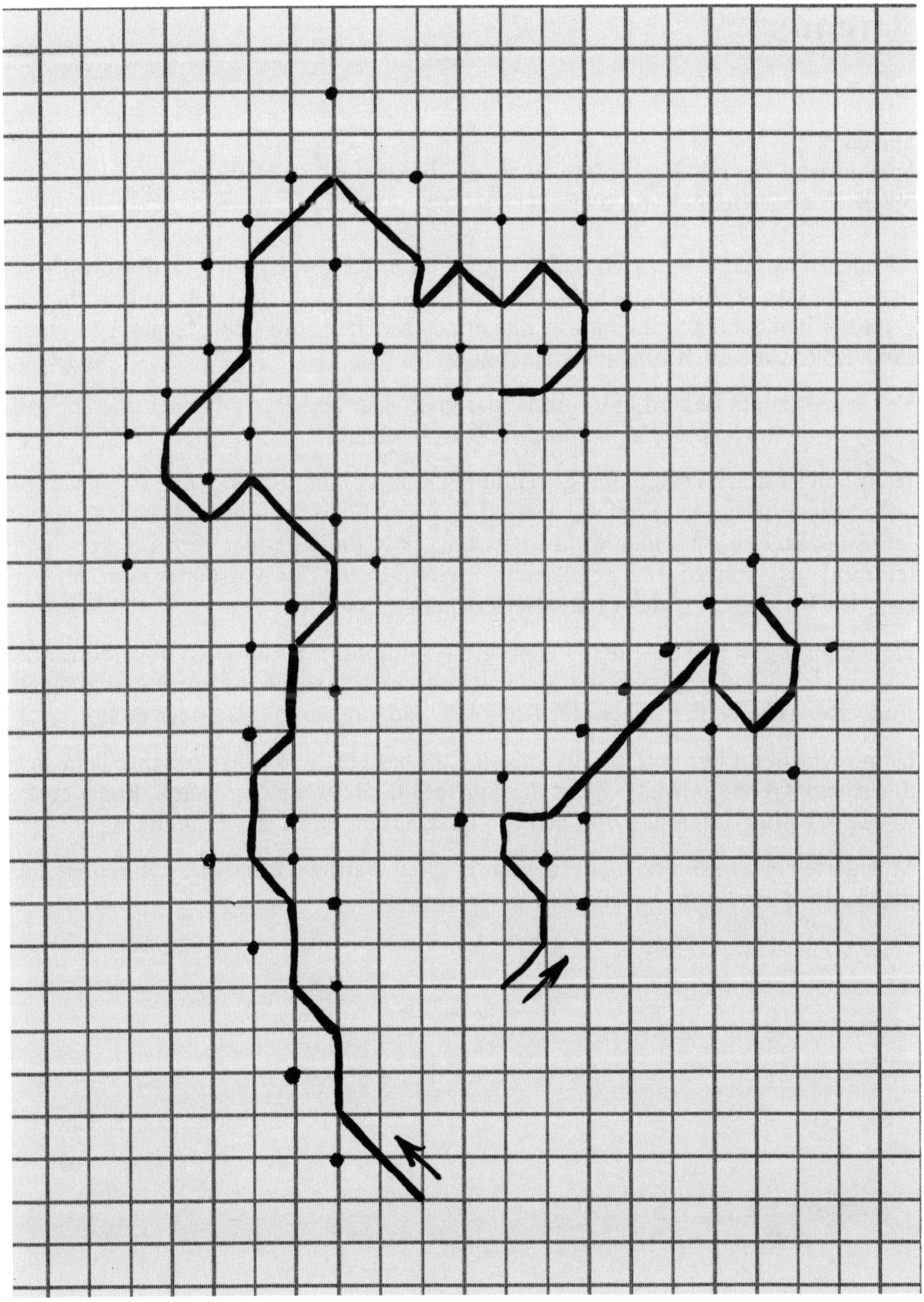

Turnier

Spieler: 2
Spielmittel: kariertes Papier und zwei verschiedenfarbige Stifte
Spielziel: den Mitspieler in die Enge treiben

Auf dem Turnierplatz trafen früher die Ritter aufeinander, um sich in Kampfspielen zu messen. Erfolgreicher als die Haudegen waren auch schon damals die, die gegnerischen Schlägen zuerst mit Eleganz auswichen, um dann fix nachzusetzen. Eine Taktik, die auch für dieses Spiel gilt.

Der Turnierplatz ist fünf mal fünf Felder groß. Der besseren Übersicht halber sollte ein Feld eine Kantenlänge von zwei Karos haben.

Jeder Spieler markiert ein ihm genehmes Feld mit einem Kreis. Sollte er im Verlauf des Spieles auf dieses »Freifeld« treffen, kann er einen weiteren Zug machen. Diesen Zug darf er nach seiner Wahl – entweder vom Freifeld oder vom äußeren Spielfeldrand aus – führen. Das gegnerische Freifeld ist für den Mitspieler tabu. Im Verlauf des Turniers darf das Freifeld öfters genützt werden.

Der erste Zug führt von einem beliebigen Standpunkt des äußeren Spielfeldrandes aus auf den Turnierplatz. Jeder Spielzug entspricht dem Rösselsprung im Schachspiel, also zwei Felder in gerader Richtung und eins nach links oder rechts.

Damit Klarheit über den jeweils letzten Zug besteht, wird das erreichte Feld stets mit einem Kreuz markiert. Zieht der Spieler im nächsten Zug weiter, kreist er das Kreuz des Absprungfeldes ein; hiervon ausgenommen ist das Freifeld.

Markierte Felder können nicht mehr angespielt werden. Wer als erster keinen Zug mehr ausführen kann, hat das Turnier verloren.

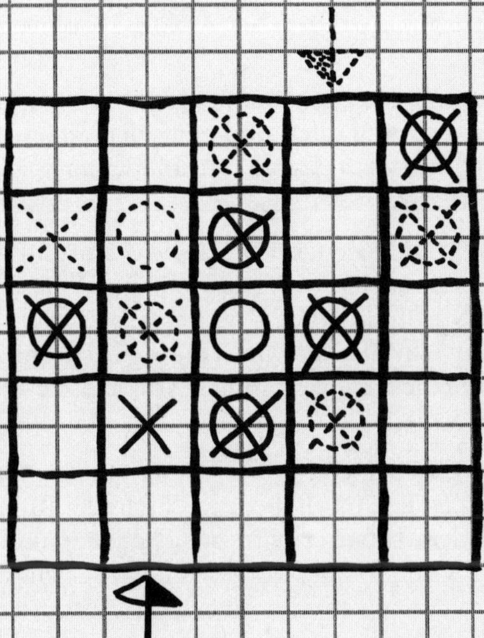

Häscher

Spieler: 2
Spielmittel: liniertes oder kariertes Papier und ein Stift
Spielziel: den Mitspieler fangen

Auch Ihnen werden Szenen aus alten Klamaukfilmen bekannt sein, in denen mehrere Leute um ein Haus herumlaufen und einer den anderen zu fangen versucht, aber keiner mehr weiß, wer wem davonläuft. In diesem Spiel geht es nicht viel anders zu.

Zu Beginn grenzen Sie zwölf Zeilen als Spielfeld ein und losen darum, wer als Häscher beginnen soll. Zunächst wählt der Häscher eine ihm genehme Zeile als Startfeld, danach sein vor ihm fliehender Mitspieler. Der Flüchtende zieht zuerst um fünf Zeilen, darauf sein Häscher um eine Zeile. Während die Zugweite des Häschers Zug um Zug eine Zeile zunimmt – von 1 bis 5 –, reduziert sie sich bei dem Fliehenden – von 5 bis 1.

Jedesmal wenn der Häscher seinen fünf Zeilen weiten Zug und der Flüchtende seinen eine Zeile weiten Zug getätigt haben, wechseln die Rollen, ohne daß sich die Zugfolge ändert. Aus dem Häscher wird der Fliehende und aus dem Fliehenden der Häscher. Das Spiel wird so lange fortgesetzt, bis der Häscher den vor ihm Fliehenden erreicht hat.

Es wird nur innerhalb des abgegrenzten Spielfeldes gezogen. Nach jedem Zug darf die Richtung gewechselt werden. Während des Zuges muß die eingeschlagene Richtung beibehalten werden. Damit das Spiel übersichtlich bleibt, wird Zug um Zug von links nach rechts gespielt.

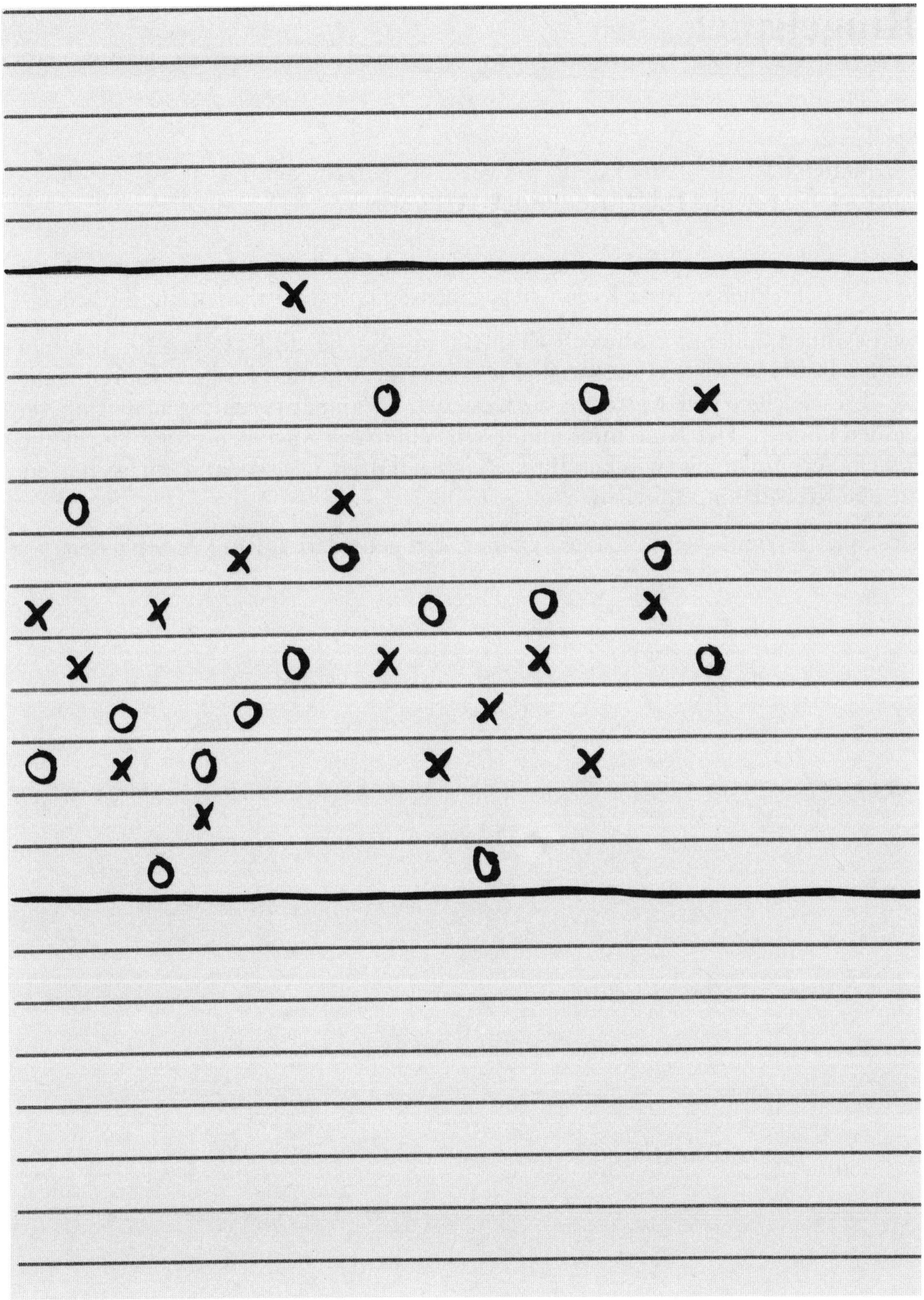

Ringelspiel

Spieler: 2
Spielmittel: kariertes Papier und zwei verschiedenfarbige Stifte
Spielziel: die eigenen Felder ringförmig verbinden

»Störe meine Kreise nicht!« wäre eine vergebliche Mahnung an den Mitspieler, da Sie sich beim Ziehen Ihrer Kreise stets gegenseitig in die Parade fahren werden.

Sie beginnen, indem Sie abwechselnd Zug um Zug je ein Kästchen für sich markieren. Dabei versuchen Sie, möglichst rasch eine Situation herbeizuführen, in der Sie Ihre Zeichen von Kästchen zu Kästchen zu einem geschlossenen Ring verbinden können. Der Ring muß mindestens eine zwei Kästchen große Fläche umfassen. Verbindungen zwischen Ihren Zeichen dürfen Sie erst dann zeichnen, wenn Sie den Kreis damit schließen.

Das Spiel gewinnt, wem es zuerst gelingt, den geforderten Ring zu schließen.

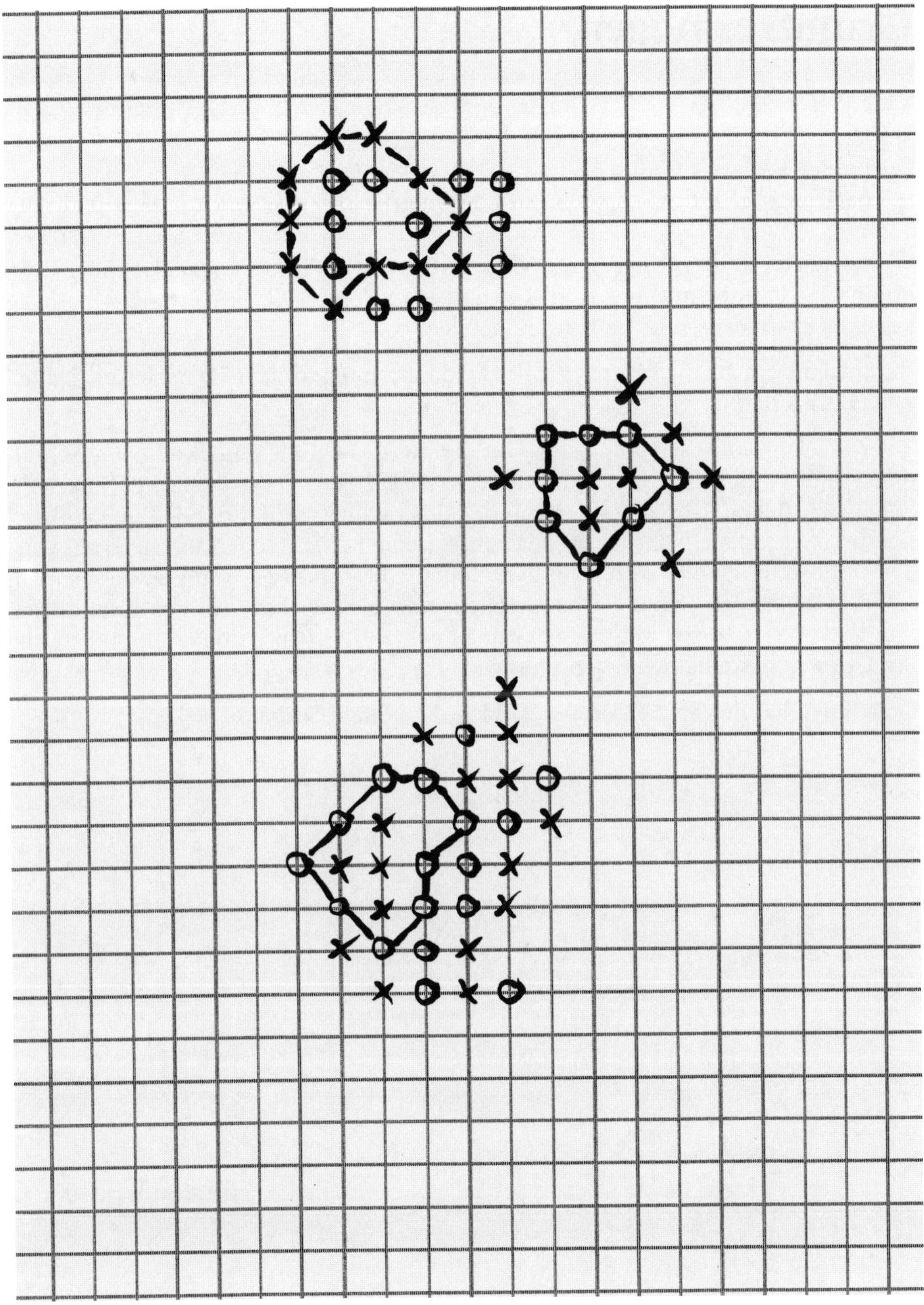

Grundvermögen

Spieler: 2
Spielmittel: kariertes Papier und zwei verschiedenfarbige Stifte
Spielziel: möglichst hohe Zahlen mit seiner Farbe eingrenzen

Grundstücke in begehrter Lage sind selbstverständlich teurer als andere. So kommt es, daß jemand mit wenig Grund ein größeres Grundvermögen besitzen kann als ein anderer mit großen Ländereien.

Rahmen Sie ein 15 × 15 Karos großes Feld ein, und verteilen Sie darin die Zahlen von eins bis neun.

Jeder Spieler wählt sich eine Seite, von der aus er beginnen möchte. Diese Seitenlinie erhält seine Farbe. Es wird wechselweise gezogen. Jeder darf zwei Kästchenlinien weit ziehen. Der Zug kann gerade oder geknickt sein. Fremde Linien dürfen sich berühren, aber nicht kreuzen. Es muß keine fortlaufende Linie gezogen werden. Eine Zahl gehört zum Grundvermögen eines Spielers, wenn er sie vor dem Gegner mit Linien seiner Farbe gänzlich umschlossen hat und das Grundstück mindestens vier Karos mißt. Das Grundstück zählt auch dann, wenn Teilstriche des Gegners mit eingeschlossen wurden.

Gewonnen hat der Spieler, dessen Zahlen die höhere Summe ergeben.

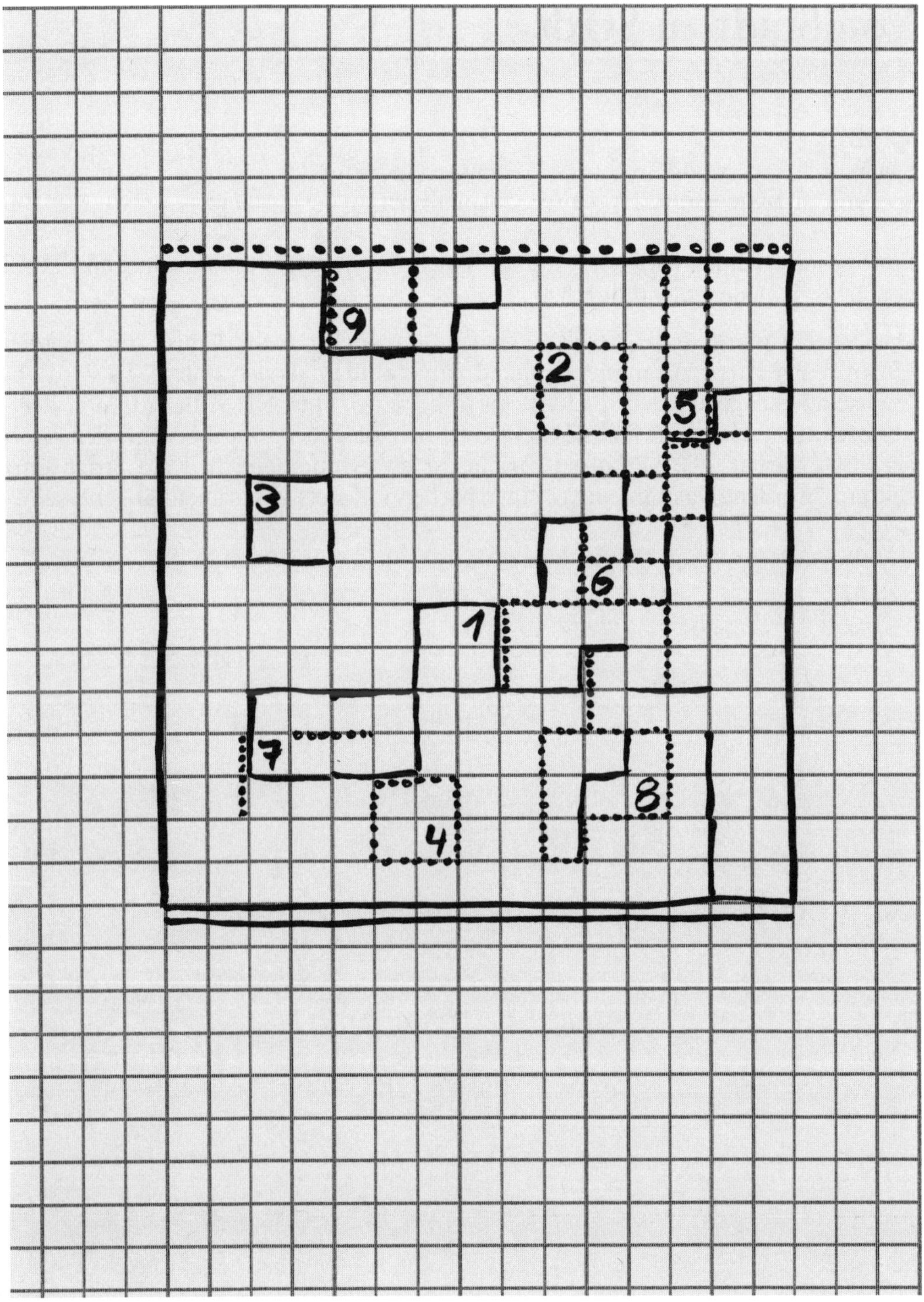
9
2
5
3
6
1
7
8
4

Von Stadt zu Stadt

Spieler: 2
Spielmittel: Papier und zwei verschiedenfarbige Stifte
Spielziel: in mehr Städte als der Gegenspieler reisen

Ein Spieler zeichnet 16 Kreise auf das Blatt und numeriert sie nach seiner Wahl von 1 bis 4 wiederholend durch.

Das Spiel beginnt. Jeder Spieler versucht, möglichst mehr Kreise mit geraden Linien seiner Farbe zusammenhängend zu verbinden als der andere. Es wird abwechselnd gezogen. Jeder Spieler beginnt bei einer Eins. Die Ziffern in den Kreisen bedeuten, daß nicht mehr Striche, als die angegebene Zahl besagt, den Kreis berühren dürfen. Die Farbe der Striche ist dabei unerheblich. Kein Strich darf gekreuzt werden. Das Liniennetz einer Farbe muß stets zusammenhängend sein.

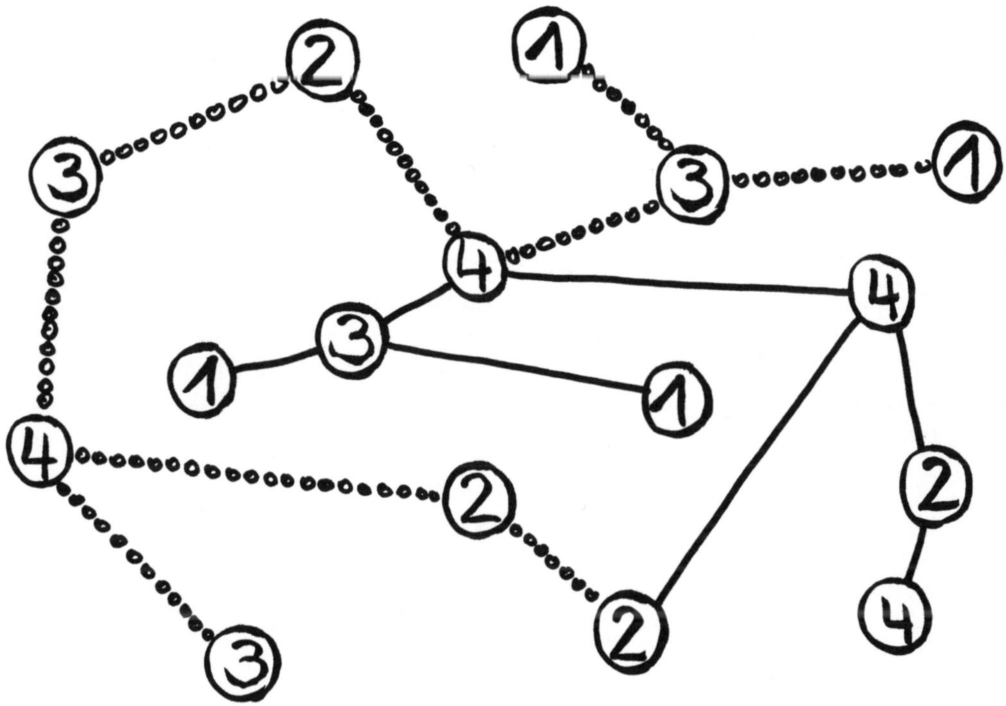
2
1
3
3
1
4
4
3
1
1
4
2
2
2
3
4

Schmuggler

Spieler: 2
Spielmittel: kariertes Papier und zwei Stifte
Spielziel: den Leuchtturm besetzen oder verhaftet werden

Die Schmuggler wollen in dieser Nacht ein Schiff entladen. Um dies tun zu können, müssen sie den Leuchtturm ausschalten. Sie versuchen mit zwei Booten ungesehen am Leuchtturm zu landen.

Jeder Spieler bereitet sein Blatt folgendermaßen vor: Ein 11 × 11 Kästchen großes Feld wird eingegrenzt. Die Seiten werden im Uhrzeigersinn von A bis D benannt. Zusätzlich wird jede Seite von jeder Ecke aus kästchenweise von 1 bis 5 beziffert. In das Kästchen in der Feldmitte wird der Leuchtturm als Kreis gezeichnet. Von jeder Seite führt von der Trennlinie zwischen Kästchen 1 und 2 eine treppenförmige Linie zum Leuchtturm.

Ein Spieler spielt Schmuggler, der andere Leuchtturmwärter. Der Schmuggler setzt seinen Zug (×) verdeckt, indem er von irgendeiner Seite aus ein Boot ins Wasser läßt. Er kann pro Zug immer nur eines der Boote um ein Kästchen weiterbewegen, jedoch dürfen beide Boote gleichzeitig auf dem Wasser sein. Die Boote können in jede Richtung gerudert werden. Bespielte Kästchen können nicht noch einmal angespielt werden.

Der Leuchtturmwärter überlegt sich, wo er die Schmuggler vermutet, und richtet sein Licht dorthin. Er beleuchtet stets eine ganze Kästchenreihe zwischen den treppenförmigen Trennlinien. Dazu sagt er den Seitenbuchstaben zusammen mit der Ziffer der Kästchenreihe an, zum Beispiel D 3: Hier wirft er sein Licht auf die dritte Reihe zwischen den Trennlinien parallel zur Seite D. Hat der Leuchtturmwärter seinen Zug genannt, muß der Schmuggler sein Blatt herzeigen, damit der Leuchtturmwärter dessen Position in sein Blatt übernehmen kann.

Trifft der Lichtkegel die Reihe, auf die soeben ein Boot gerudert wurde, sind die Schmuggler dieses Bootes entdeckt und verhaftet.

Der Leuchtturmwärter hat sein Ziel erreicht, wenn er beide Boote aufgebracht hat. Die Schmuggler haben gewonnen, wenn es dem Spieler gelingt, ein Boot ungesehen auf einem der vier Kästchen festzumachen, die direkt an den Leuchtturm grenzen.

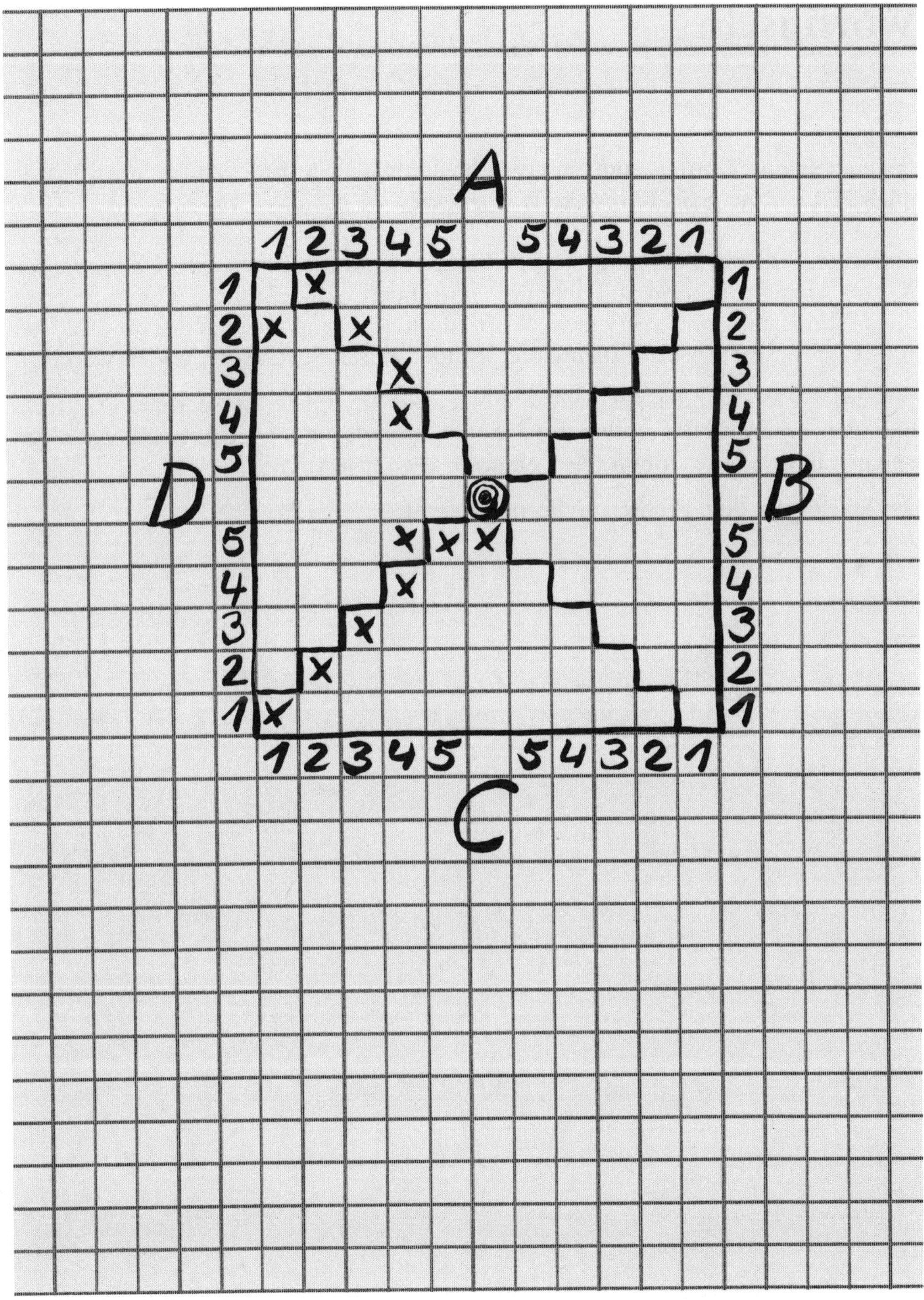
A
1 2 3 4 5 5 4 3 2 1
1 2 3 4 5
1 2 3 4 5
D
B
5 4 3 2 1
5 4 3 2 1
1 2 3 4 5 5 4 3 2 1
C

Wortinseln

Spieler: 2
Spielmittel: eine Zeitung und zwei verschiedenfarbige Stifte
Spielziel: über die größere Inselkette verfügen

Zunächst wird ein nicht zu großer Zeitungsausschnitt ausgewählt. Dann werden Wörter eingekreist und miteinander verbunden. Eingekreiste Wörter müssen einen Mindestabstand von einem Wort rundum zueinander haben. Nur Wörter mit exakt diesem Abstand zueinander können durch Striche verbunden werden.

Es werden zwei Runden gespielt, wobei jeweils ein Spieler versucht, ein Geflecht zu bilden, während der andere ihn dabei behindert, indem er seinerseits nach den gleichen Regeln Wörter einkreist, ohne sie aber zu verbinden.

Der Spieler mit dem größten Geflecht gewinnt.

Zunächst wird ein nicht zu
großer Zeitungsausschnitt aus-
gewählt. Dann werden Wörter
einkreist und miteinander [redacted]
bunden. Eingekreiste Wörter
müssen [redacted] Mindestabstand
von einem Wort rundum zuein-
[redacted] haben. [redacted] Wörter mit
exakt diesem Abstand zueinan-
der [redacted] durch [redacted] ver-
bunden werden.
[redacted] werden zwei Runden ge-
spielt, [redacted] jeweils ein Spieler
versucht, ein Geflecht zu bil-
[redacted] während der andere ihn
dabei behindert, indem er sei-
nerseits nach den [redacted] Re-
geln Wörter einkreist, ohne sie
aber zu [redacted]
Der Spieler mit dem größten
Geflecht gewinnt

Zunächst wird [redacted] nicht zu
großer Zeitungsausschnitt aus-
[redacted] Dann werden Wörter
einkreist und miteinander ver-
bunden. Eingekreiste Wörter
[redacted] einen Mindestabstand
von einem Wort rundum zuein-
ander [redacted] Nur Wörter mit
exakt diesem Abstand zueinan-
der können [redacted] Striche ver-
bunden werden.
Es [redacted] zwei Runden ge-
spielt, wobei jeweils ein Spieler
versucht, ein Geflecht zu bil-
den, während der andere ihn
dabei behindert, indem er sei-
nerseits nach den gleichen Re-
geln Wörter einkreist, ohne sie
aber zu verbinden.
Der Spieler mit dem größten
Geflecht gewinnt.

Setzei

Spieler: 2
Spielmittel: kariertes Papier und ein Stift
Spielziel: vier Kreuzungen in einer Reihe für sich besetzen

Der jüngste Spieler eröffnet das Spiel, indem er in einer Reihe von vier aufeinanderfolgenden Kästchen je einen Punkt setzt. Diese Punktreihe kann kreuz oder quer verlaufen. Darauf zählt der Gegenspieler seinerseits vier Karos ab. Seine Reihe muß jedoch die erste kreuzen. Das Kästchen mit dem Kreuzungspunkt markiert er dabei mit seinem Zeichen, während er die anderen drei Kästchen mit einem neutralen Punkt versieht.

So wechseln Blatt und Stift zwischen beiden Spielern hin und her: Zug um Zug spielt ein jeder vier Kästchen an. Kreuzungspunkte markiert er für sich, leere Kästchen erhalten einen neutralen Punkt. Kästchen mit eigenen oder fremden Markierungen dürfen bei einem Spielzug nicht mit einbezogen werden. Mit Ausnahme des ersten gegnerischen Zuges müssen sich die weiteren Reihen eines Spielzuges nicht zwingend kreuzen. Sobald ein Spieler eine ununterbrochene Reihe aus vier seiner Zeichen für sich markieren konnte, streicht er sie, damit sie zählt, durch.

Wer zuerst zwei eigenständige Viererreihen für sich zeichnen konnte, hat das Spiel gewonnen.

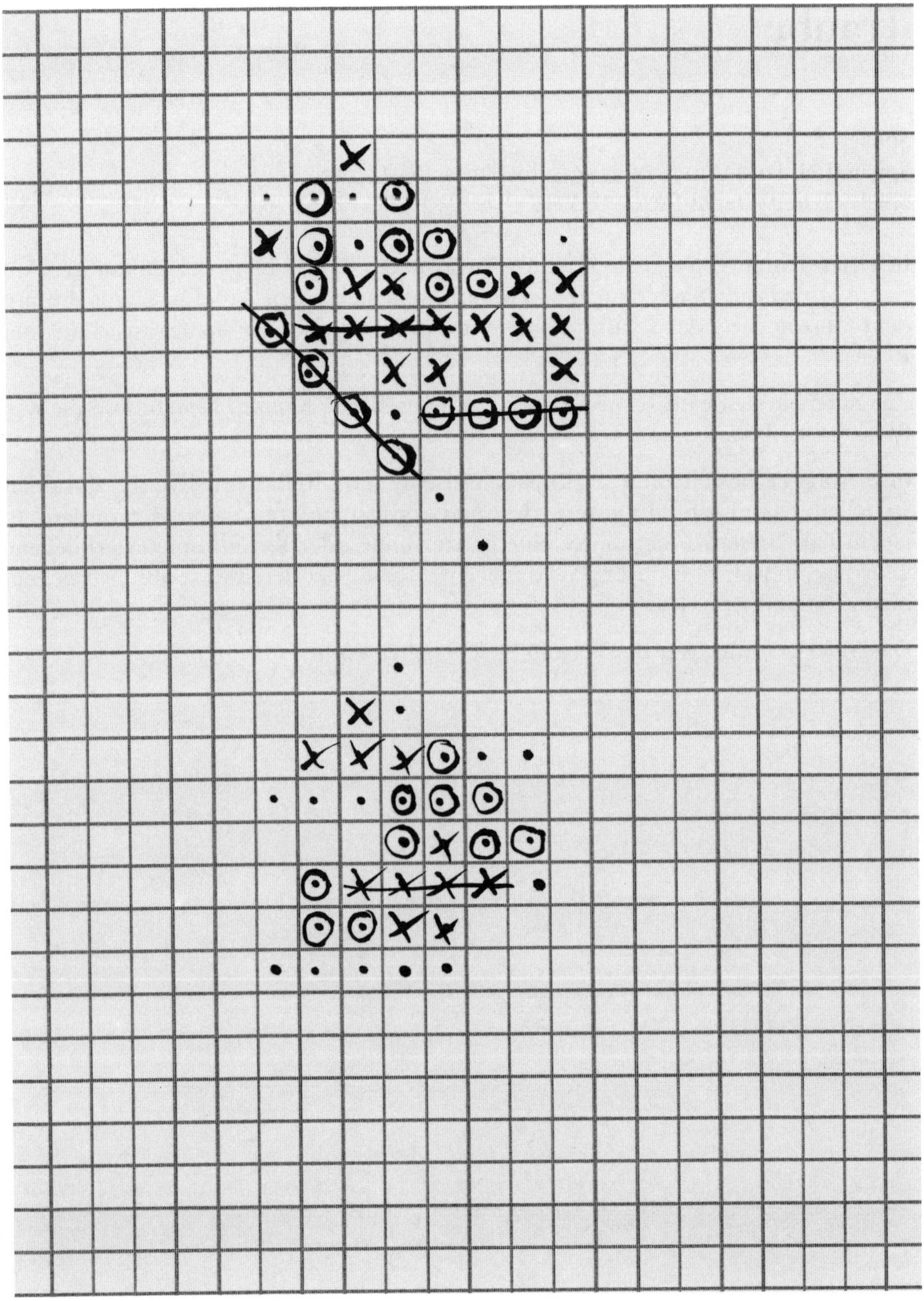

Traube

Spieler: 2
Spielmittel: Papier und zwei verschiedenfarbige Stifte
Spielziel: den letzten Strich ziehen

In vielen Familien ist es auch heute noch üblich, daß in einer Schale auf der Anrichte Obst liegt. Nach dem Essen nimmt man sich einen Apfel und teilt ihn mit dem Obstmesser oder schnippt sich mit der Traubenschere ein Zweigerl aus der Rebe.

Zeichnen Sie sich eine Traube, deren Basis aus sieben Kreisen besteht und die von Reihe zu Reihe um einen Kreis abnimmt.

Ihre Aufgabe besteht nun darin, wechselseitig eine Reihe von Kreisen durchzustreichen. Es müssen mindestens zwei und können maximal sieben Kreise sein. In jedem Fall streichen Sie immer eine ganze Reihe oder das komplett verbliebene Teilstück. In welche Richtung Sie dabei eine Reihe oder deren Rest durchstreichen, bleibt Ihnen überlassen.

Das Spiel gewinnt, wer den letzten Strich ziehen kann.

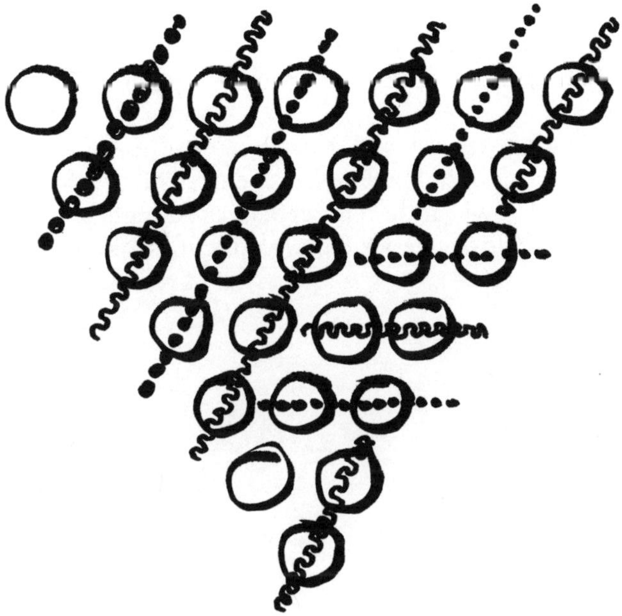

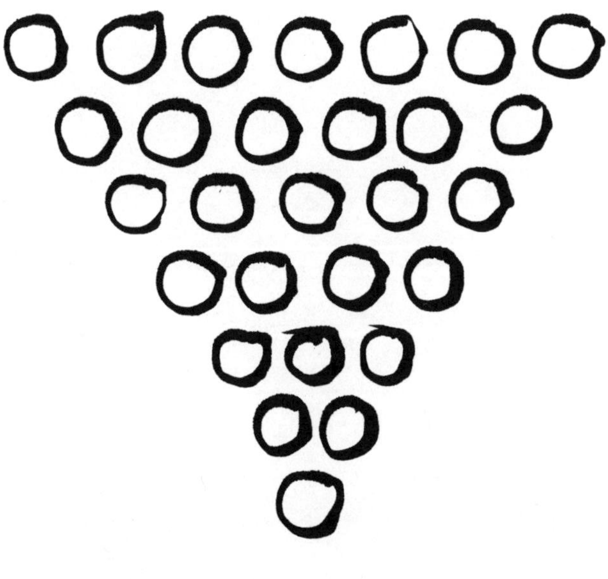

Gobang

Spieler: 2
Spielmittel: kariertes Papier und ein Stift
Spielziel: 5 Kästchen hintereinander sein eigen nennen

Man grenzt eine Fläche von 15 × 15 Kästchen ein, in die abwechselnd der eine Spieler Kreuze und der andere Spieler Kreise einzeichnet. Pro Zug wird ein Kästchen besetzt. Das Spiel gewinnt derjenige, dem es gelingt, als erster fünf Kästchen seines Zeichens in geschlossener Reihe, waagrecht, senkrecht oder diagonal aneinanderzufügen.

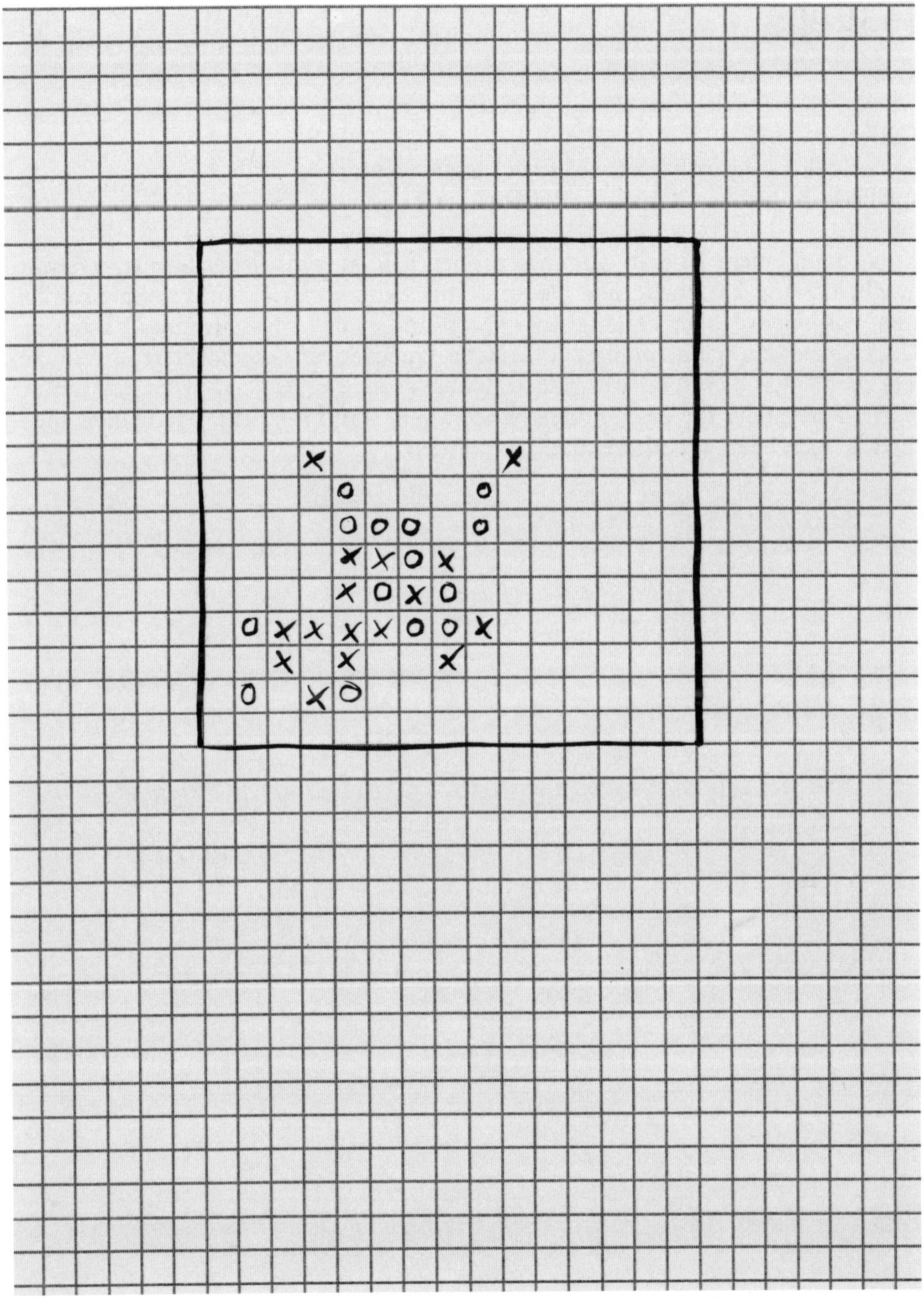

Hakeln

Spieler: 2
Spielmittel: kariertes Papier und zwei verschiedenfarbige Stifte
Spielziel: die meisten Kästchen erobern

Es wird auf einem 10 × 10 Kästchen großen Feld gespielt. Jeder Spieler versucht, möglichst viele kästchengroße Quadrate für sich zu markieren. Ein Spielzug besteht aus einem Haken entlang einer Quer- und einer Längsseite eines Kästchens. Jeder Spieler kann ein von ihm vollendetes Quadrat für sich markieren, wenn genau drei Seiten dieselbe Farbe haben, wobei es gleichgültig ist, ob es sich um die eigene Farbe oder die des Gegners handelt. Am Rand können zwar Haken angesetzt, jedoch keine Quadrate markiert werden.

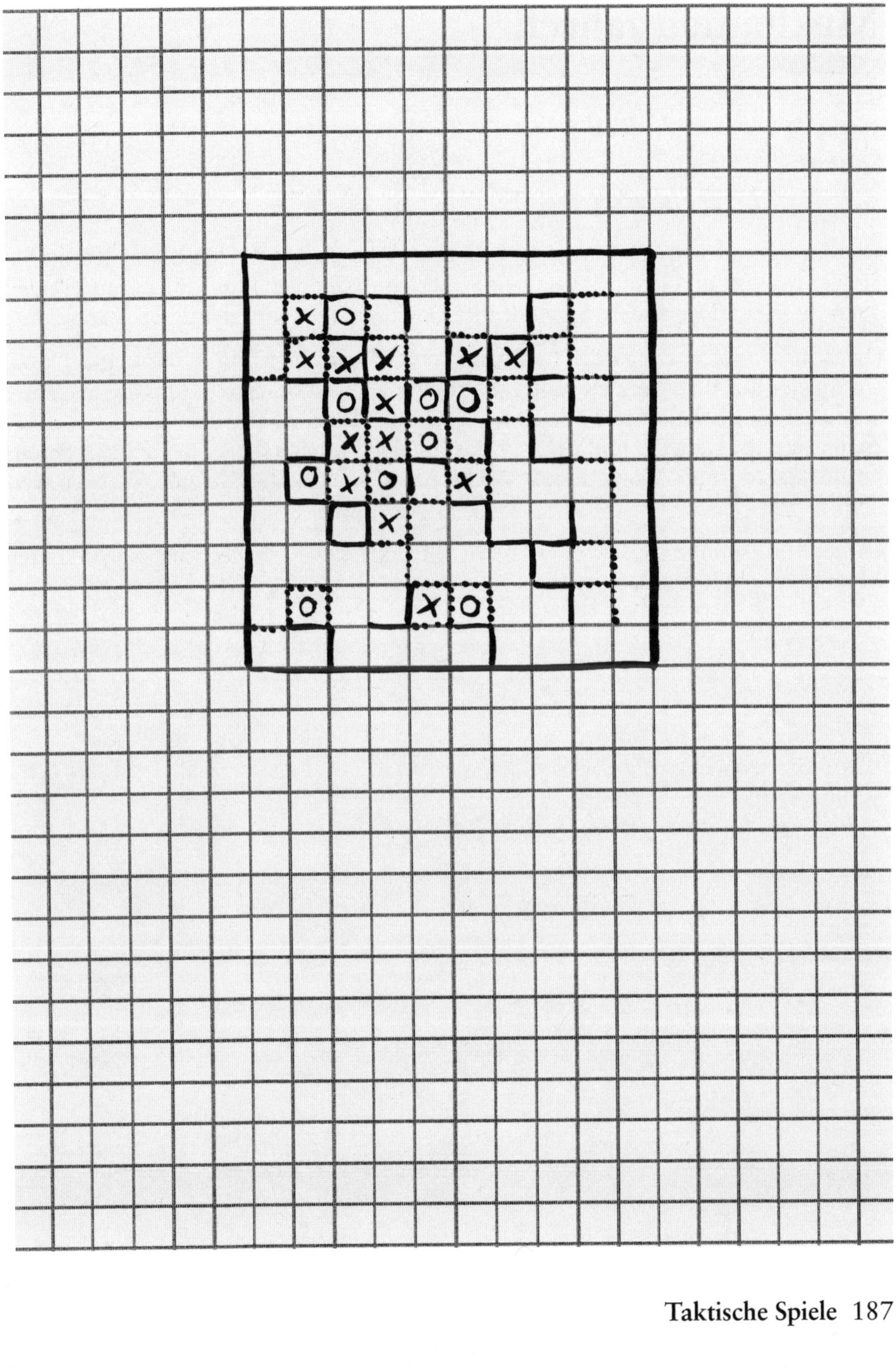

Misthaufen fahren

Spieler: 2
Spielmittel: Papier und ein Stift
Spielziel: möglichst keine Linie berühren

Die Zahlen von 1 bis 16 werden in beliebiger Anordnung auf ein Blatt verteilt. Ein Spieler beginnt und kringelt die 1 ein, zieht eine beliebige Linie zur 2 und kringelt auch diese ein. Der andere Spieler fährt gleichermaßen von der 2 zur 3 usw.

Da es für jede Kreuzung oder Berührung einer Linie einen Minuspunkt gibt, kann ein Spieler auf dem Weg zu seiner Zahl eine Zahl des Gegners, die dieser später anfahren muß, umkreisen oder enge Gassen bilden, durch die sich der Gegner später durchschlängeln muß. Damit das Spiel nicht nach den ersten Zügen bereits beendet ist, darf pro Zug nur eine solche Attacke gegen den Gegner gefahren werden.

Ohne Minuspunkte kann man durch eingekringelte Zahlen, die sogenannten Misthaufen, hindurchfahren.

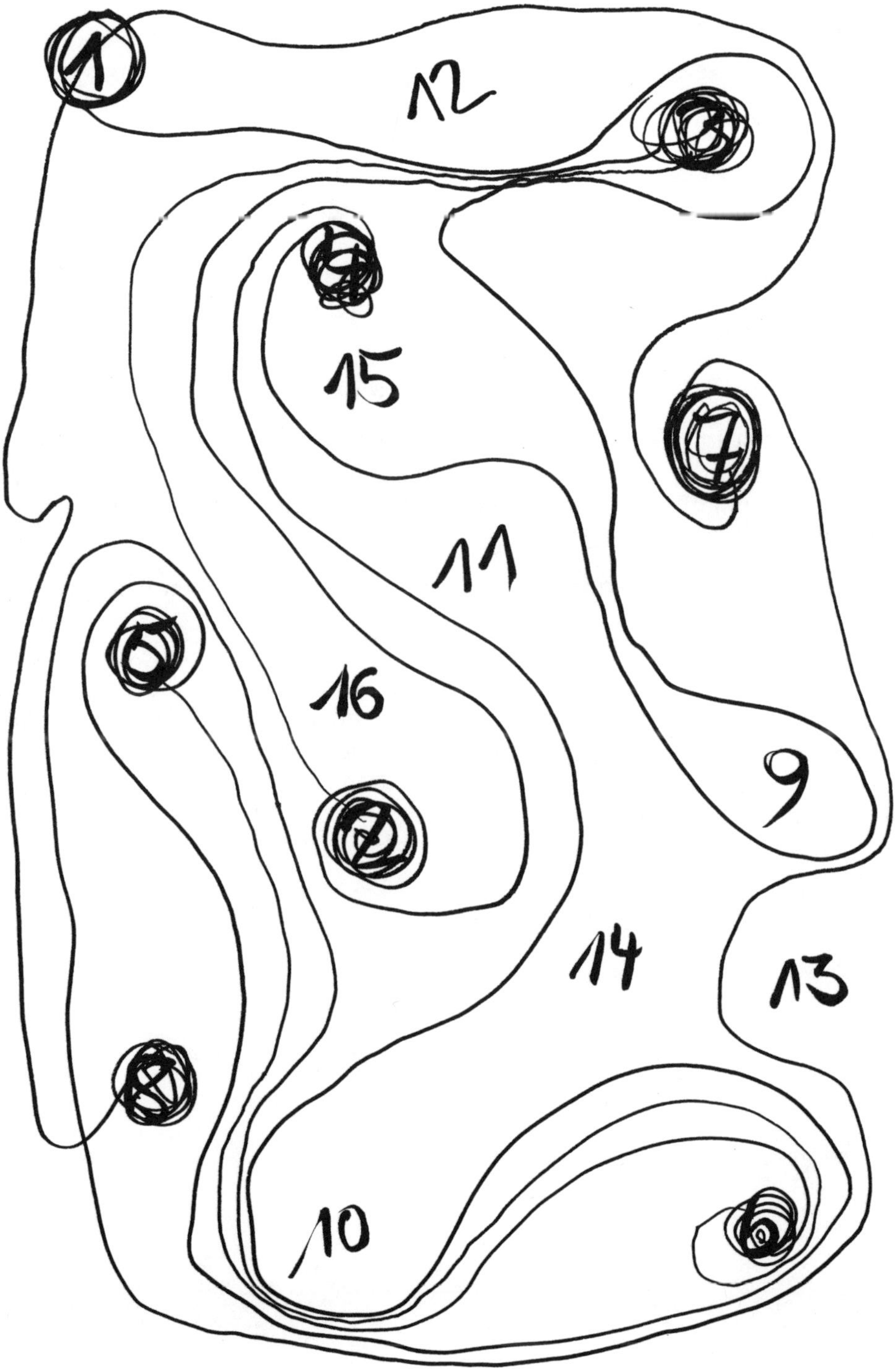
12
15
11
16
9
14
13
10

Pyramide

Spieler: 2
Spielmittel: Papier und zwei verschiedenfarbige Stifte
Spielziel: möglichst eine ganze Reihe mit eigenen Zeichen markieren

Wie so viele Spiele beruht auch dieses auf der magischen Zahl 7 und deren Bezug zur Zahl 28, zumindest in der graphischen Darstellung.

Zeichnen Sie eine Pyramide, deren Basis aus 7 Kreisen besteht und die sich Reihe um Reihe um einen Kreis weniger nach oben verjüngt.

Ihre Aufgabe ist es, mittels einer geschlossenen Reihe – gleichgültig aus wieviel Zeichen sie besteht – zwei Seiten zu verbinden. Gültige Reihen verlaufen waagerecht oder diagonal. Sie ziehen abwechselnd, indem Sie immer einen Kreis für sich markieren.

Das Spiel endet entweder durch Sieg oder Abbruch. Gewonnen hat, wem es gelungen ist, zwei Seiten durch eine gerade Linie zu verbinden. Abgebrochen wird das Spiel, sobald es offensichtlich ist, daß keine geschlossene Linie zwischen zwei Seiten mehr markiert werden kann. Das Spiel wird dann nach Punkten entschieden. Für eine Linie aus zwei nebeneinanderliegenden Kreisen gibt es einen Punkt. Für jeden Kreis, um den sich solch eine Reihe verlängert, gibt es einen weiteren Punkt. Da in alle drei Richtungen gewertet wird, können einzelne Kreise mehrmals mitgezählt werden.

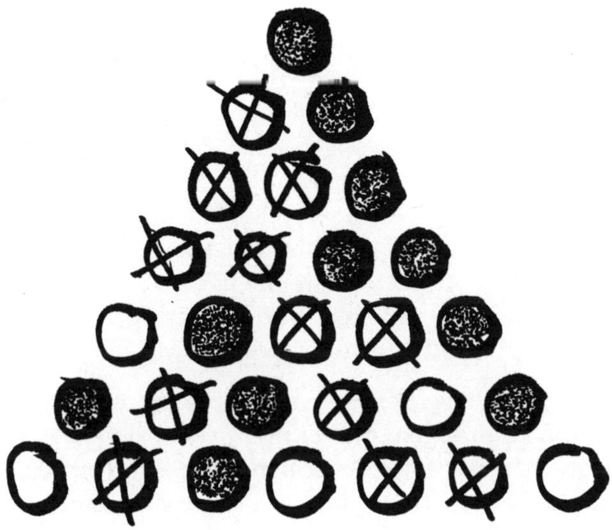

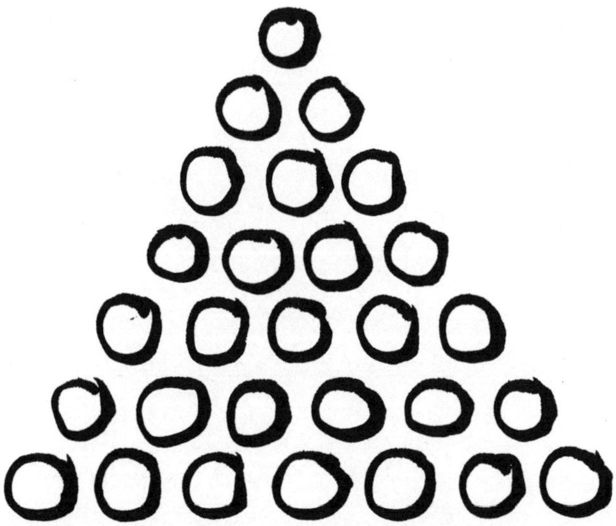

Fang a Mand'l

Spieler: 2
Spielmittel: kariertes Papier und zwei Stifte
Spielziel: sich nicht fangen lassen

Ein Feld von 15 × 15 Kästchen wird abgegrenzt. Zwei sich diagonal gegenüberliegende Startpunkte werden in die Ecken gesetzt. Ein Spieler ist Jäger, der andere Gejagter. Der Gejagte beginnt; er kann stets drei Kästchen in gerader Linie entlang ziehen oder schräg oder diagonal durchfahren. Der Jäger kann zwei oder drei Kästchen weit ziehen. Jeder Zug wird mit einem Kringel beendet. Linien können gekreuzt, aber nicht zweifach gefahren werden. Kringel können nicht auf eine Linie gesetzt werden. Der Rand darf nicht bespielt werden.

Der Jäger versucht, den jeweils letzten Kringel des Gejagten zu erreichen oder ihn in eine solche Position zu drängen, daß er nicht mehr ziehen kann. Dann werden die Züge des Gejagten gezählt und die Rollen wechseln. Der Gejagte kann durch taktisches Geschick auch den Jäger in eine Position locken, von der aus dieser nicht mehr ziehen kann. Dann hat er diese Runde sofort gewonnen.

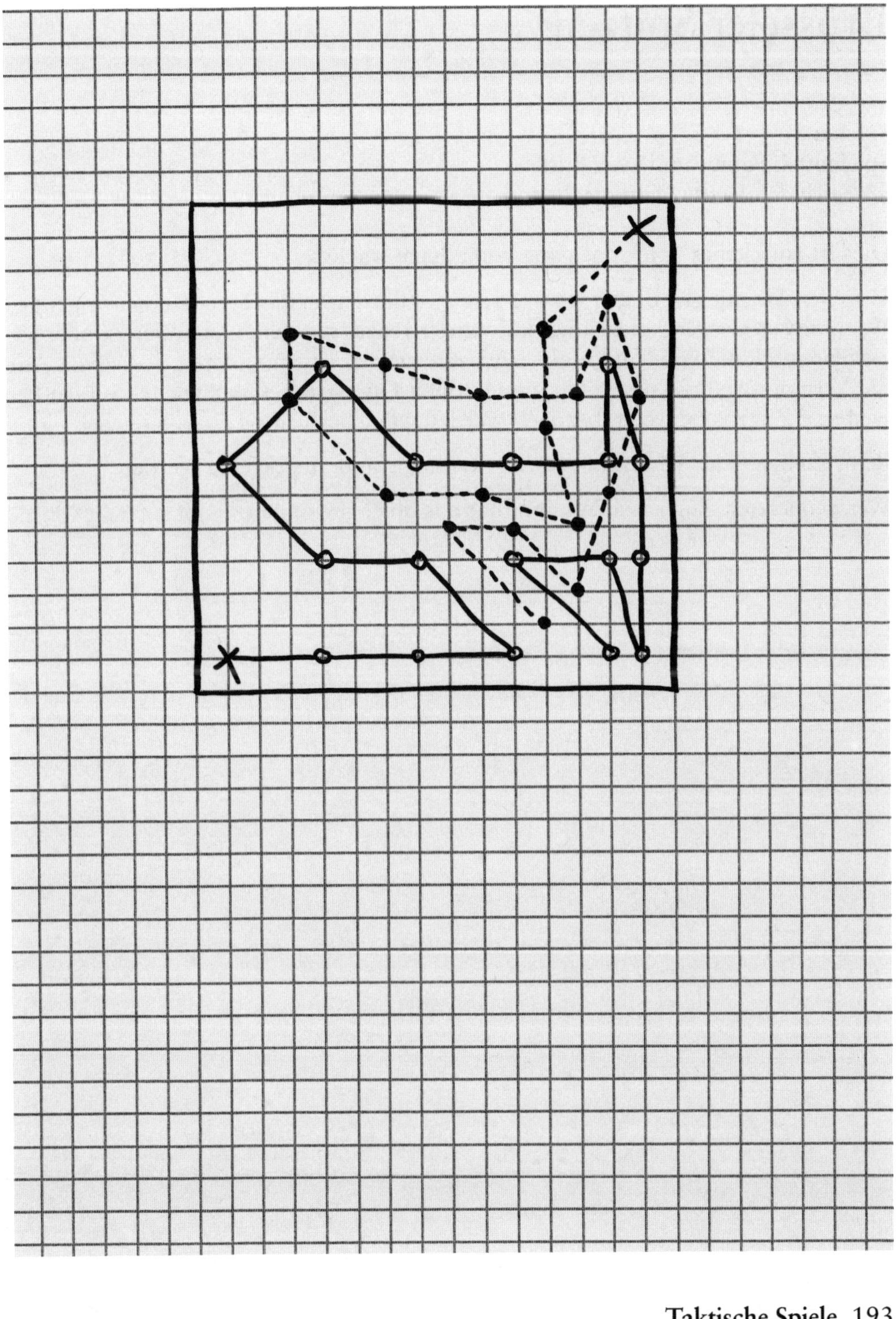

Brüsseler Spitzen

Spieler: 2
Spielmittel: Papier und zwei Stifte
Spielziel: den letzten Zug machen

Dies ist ein kleines Spiel, das ganz von alleine wächst!

Verteilen Sie auf ein Blatt mehrere Kreuze. Für ein erstes Spiel sind fünf genug. Wechselweise verbinden Sie die Linie eines Kreuzes mit der eines anderen, oder Sie ziehen eine Linie vom Endpunkt eines Kreuzes zu einem anderen desselben. Auf die Verbindungslinie setzen Sie immer einen Querstrich. Querstriche können bei weiteren Zügen ebenso einbezogen werden wie Überbleibsel eines Kreuzes.

Beim Ziehen einer Verbindungslinie darf keine andere gekreuzt werden.

Wer den letzten Zug machen kann, hat das Spiel gewonnen.

Schräge Dinger

Spieler: 2 oder 3
Spielmittel: kariertes Papier und ein Stift für jeden Spieler
Spielziel: vor dem Mitspieler eine Diagonale aus vier eigenen Zeichen bilden

Daß immer nur die schrägen Vögel erfolgreich sind, ist gewiß eine Mär. Eher leistet sich mancher Aufrechte ein schräges Ding, um Sieger zu bleiben; und nichts anderes wird von Ihnen in diesem Spiel erwartet.

Sie setzen Zug um Zug stets ein gleichmäßiges Kreuz auf die Kästchengitter. Jedes Kreuz ist zwei Karo hoch und breit. Doch dürfen Sie Ihre Kreuze nicht willkürlich verteilen. Jedes Kreuz muß mit mindestens einem Endpunkt ein anderes Kreuz berühren. Jedes Kästchen, das Sie auf diese Weise nach Ihrem Zug allseitig umrahmen konnten, dürfen Sie für sich markieren.

Ihr Bestreben sollte sein, eine aus vier Kästchen Ihres Zeichens bestehende diagonale, geschlossene Reihe zu bilden. Wem dies zuerst gelingt, hat das Spiel gewonnen.

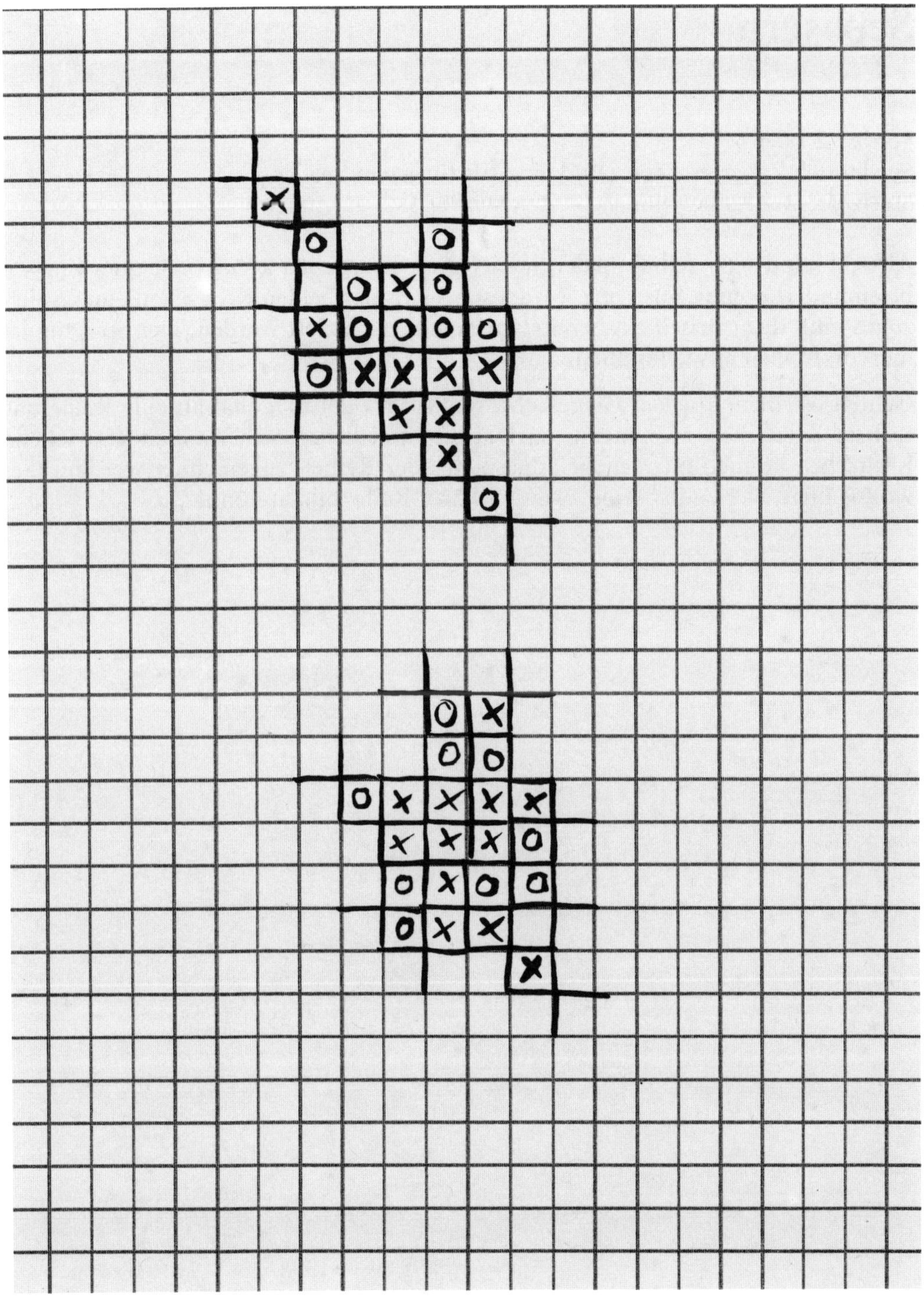

Sechsern

Spieler: 2 oder 3
Spielmittel: kariertes Papier und ein Stift für jeden Spieler
Spielziel: zwei Reihen mit sechs Zeichen für sich gewinnen

Abwechselnd setzt reihum jeder Spieler zwei Kreuzchen kreuz oder quer in zwei beieinanderliegende Kästchen. Mindestens eins der beiden Kreuzchen eines Spielzuges muß dicht neben ein bereits vorhandenes plaziert werden. Der Startzug ist hiervon freilich ausgenommen.

Gelingt es einem Spieler, waagerecht, senkrecht oder diagonal an eine Reihe das sechste Kreuzchen zu hängen, darf er sie streichen. Solchermaßen gestrichene Kreuzchen können nicht mehr angespielt oder Reihen zugerechnet werden. Gewonnen hat, wer zuerst seine zweite Sechser-Reihe bilden konnte.

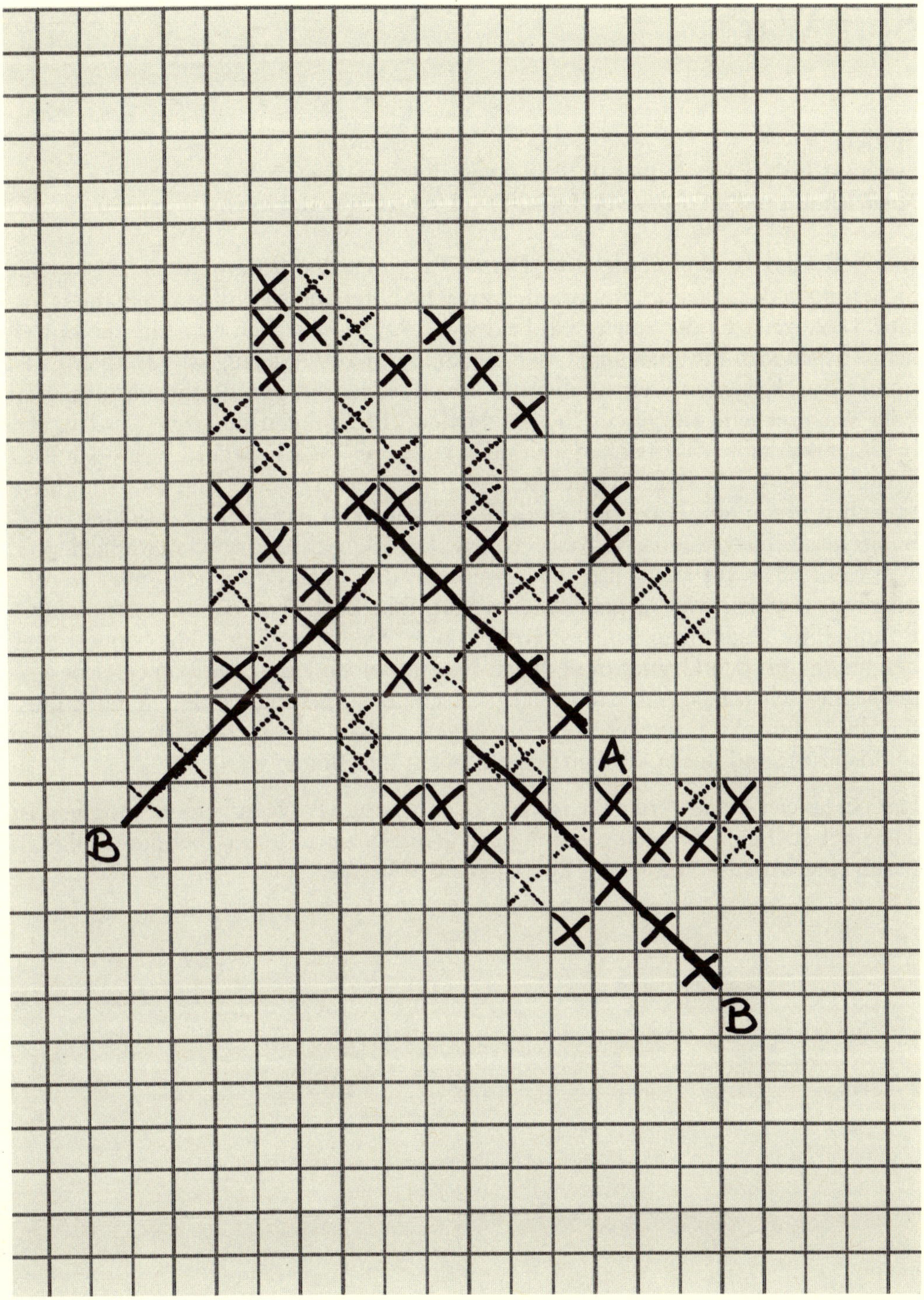
A
B
B

Star War

Spieler: 2
Spielmittel: kariertes Papier und zwei verschiedenfarbige Stifte
Spielziel: mit möglichst wenig Einsatz viel Schrott produzieren

Im Weltraum ist der Teufel los. Dem Computer der Raumpatrouille sind die Sicherungen durchgeknallt, worauf er zwei Roboter-Raumschiffe aufeinander losläßt. Dazu grenzen die Spieler ein Feld von 14 × 14 Kästchen ein. Auf der Mittelachse liegen sich die Ausgangsbasen gegenüber. Jeder Spielzug ist variabel: Er ist immer drei Kästchen weit, wobei die drei Kästchen in eine Richtung insgesamt oder entsprechend aufgeteilt in verschiedene Richtungen gezogen werden, das heißt, entweder 1 × 3 Kästchen weit oder 1 × 2 und 1 × 1 Kästchen weit oder 3 × 1 Kästchen weit. Die Züge können senkrecht, waagerecht oder diagonal durch ein Kästchen verlaufen. Am Ende eines Zuges wird eine neue Basis errichtet beziehungsweise eine gegnerische Basis erobert. Die Zugrichtung wird nur angedeutet. Von einer Basis aus können so ein, zwei oder drei neue Basen gegründet werden oder entsprechend viele gegnerische erobert. Eine Basis, von der ein oder mehrere Raumschiffe abgeflogen sind, ist ausgebrannt. Sie kann nicht mehr benutzt werden und ist für den Gegner ohne Wert. Nur im selben Zug kann von einer besetzten gegnerischen Basis die nächste gegnerische Basis besetzt werden, danach müssen die Raumschiffe wieder von einer eigenen Basis aus starten. Besetzte Basen sind Schrott, und Basen können generell nicht überflogen werden.

Hat ein Spieler keine aktive Basis mehr oder ist keine Bewegung mehr möglich, ist das Spiel aus. Der, der den meisten Schrott produzierte und dabei die wenigsten Basen eingesetzt hat, hatte das überlegenere System.

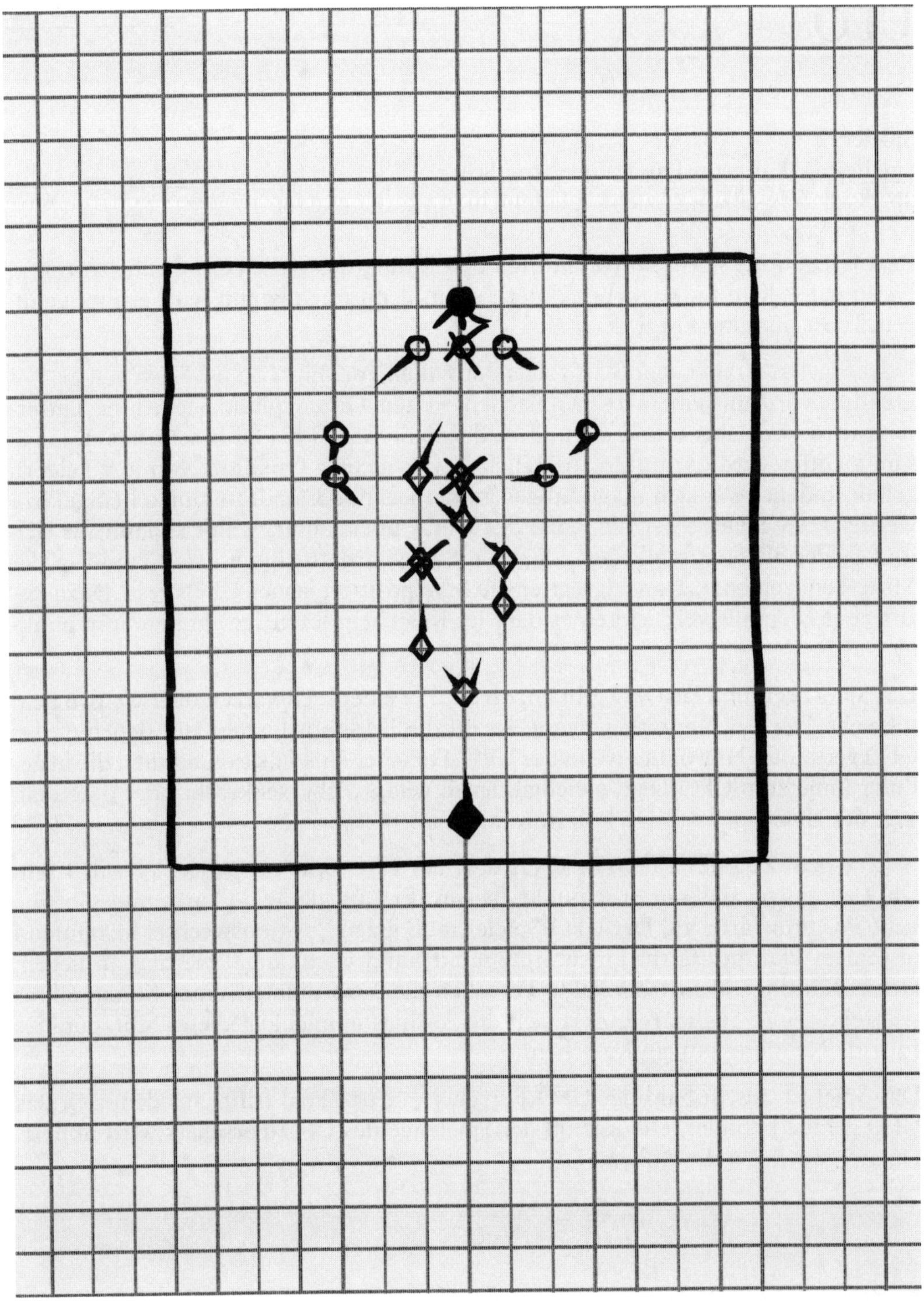

UFO

Spieler: 2
Spielmittel: kariertes Papier und zwei Stifte
Spielziel: sich so lange wie möglich nicht entdecken lassen

Bei diesem Spiel saust ein UFO durch den Raum, das ein UFO-Forscher fotografieren will – kein unmögliches Unterfangen, denn irgendwann wird es ihm gelingen. Es ist nur eine Frage der Zeit.

Jeder Spieler bereitet sein Blatt folgendermaßen vor: Ein 12 × 12 Kästchen großes Quadrat wird mit einem zwei Kästchen weiten Gitter durchzogen. Eine Gitterseite wird von 1 bis 6 und die andere dezimal von 10 bis 60 beschriftet. Das gesamte Gitter wird daraufhin zusätzlich in vier gleiche Quadrate von je 9 Feldern geteilt, indem zwei sich diagonal gegenüberliegende Quadrate dunkel eingefärbt werden. Der Spieler, der die Rolle des UFOs übernimmt, wählt sodann für sich fünf Felder als Stützpunkt aus, die er auf seinem Blatt durch einen Punkt in der Mitte kennzeichnet. Danach legt er die Startposition seines UFOs fest. Dazu beziffert er ebenfalls verdeckt eines der vier Kästchen des ausgewählten Stützpunktes mit 1.

Das Spiel beginnt. Das UFO gibt an, ob es über einem schwarzen oder weißen Feld schwebt. Der UFO-Forscher nennt darauf die Feldkoordinaten, auf denen er das UFO vermutet. Nur dann, wenn der UFO-Forscher eine Position nannte, die in gerader Linie zum UFO liegt, gleichgültig ob waagerecht, senkrecht oder diagonal, sagt der UFO-Spieler: »Du könntest mich sehen.«

Nach jedem Zug des UFO-Forschers darf der UFO-Spieler – sofern er will – sein UFO zu einem anderen Stützpunkt fliegen. Er sagt dann: »Flup!« und gibt die neue Positionsfarbe an. Der UFO-Spieler muß jeden Positionswechsel fortlaufend in seinem Plan beziffern. Einen Stützpunkt kann er maximal viermal anfliegen. Doch Achtung: Nennt der UFO-Forscher die Koordinaten eines Stützpunktes während seiner Suche, reduziert sich die Anflugsmöglichkeit dieses Stützpunktes für jede Nennung um ein Kästchen.

Das Spiel ist aus, sobald der UFO-Forscher auf das Feld trifft, auf dem sich das UFO gerade befindet. Die Anzahl der Spielzüge des UFO-Forschers wird notiert. Danach wechseln die Rollen.

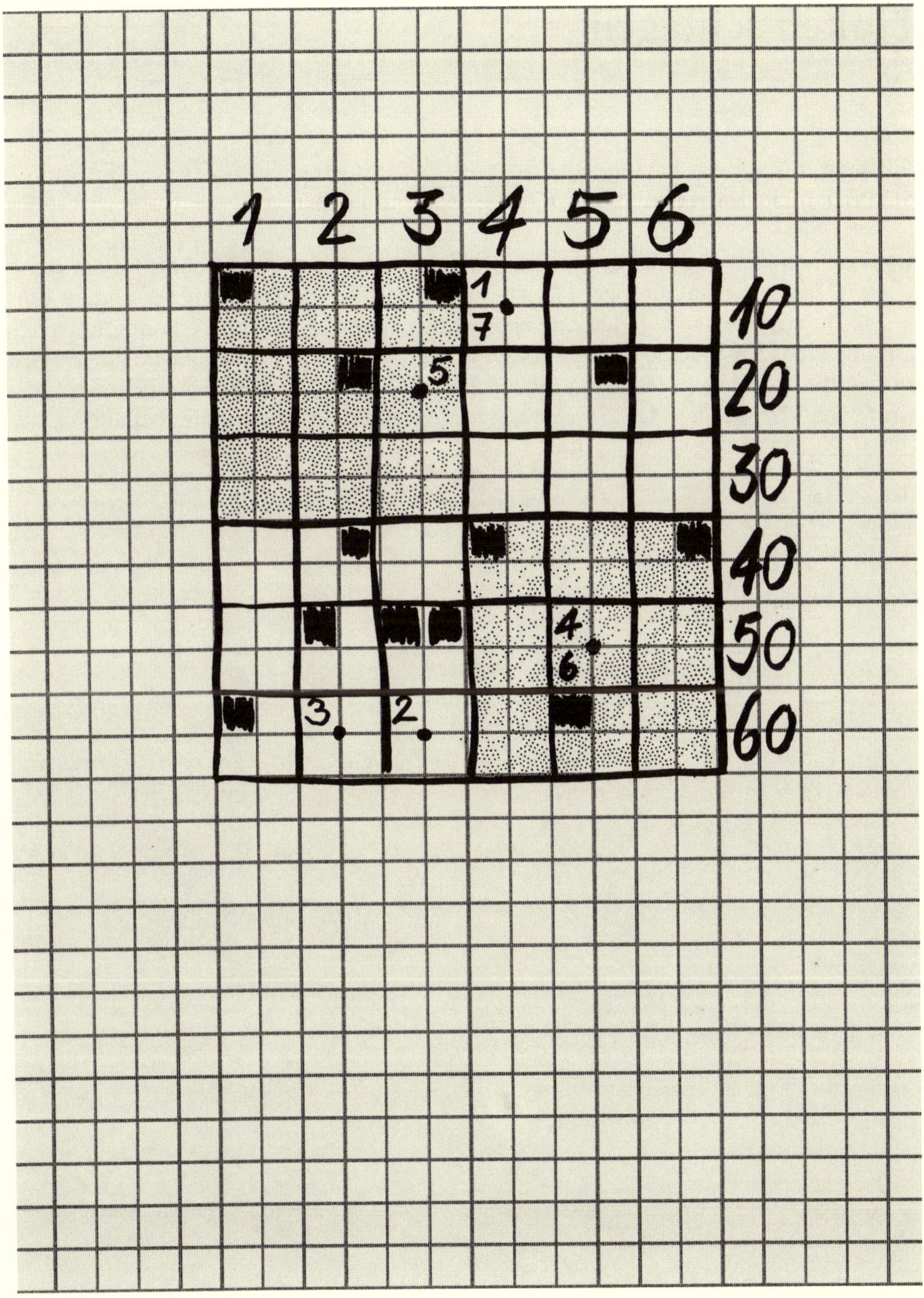
1 2 3 4 5 6
10
20
30
40
50
60
1
7
5
4
6
3
2

Haken schlagen

Spieler: 2
Spielmittel: kariertes Papier und zwei verschiedenfarbige Stifte
Spielziel: mehr Kästchen als der Gegenspieler umranden

Ein Feld von 10 × 10 Kästchen wird markiert. Ein Spieler versucht nun, ein Kästchen in seiner Farbe mit zwei Haken zu umranden, während ihn der andere daran zu hindern versucht. Jeder Zug besteht aus einem Längs- und einem Querstrich entlang eines Kästchens, einem Haken. Haken unterschiedlicher Farbe dürfen sich nirgendwo berühren. Am Rand dürfen zwar Haken sein, aber keine gültigen Quadrate gebildet werden. Die Spieler wechseln nach einer Runde die Rollen.

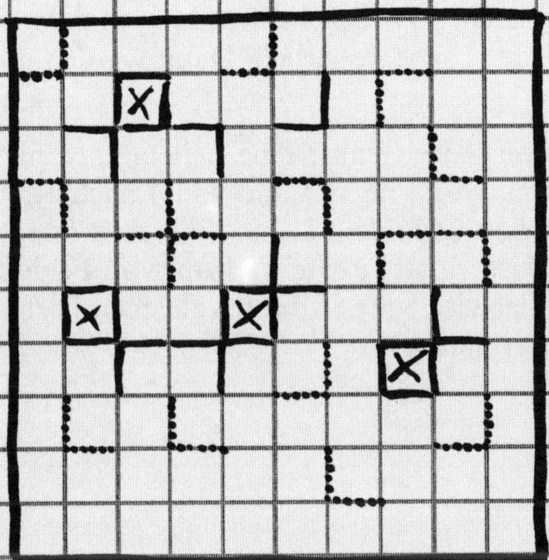

Vier Seiten

Spieler: 2
Spielmittel: kariertes Papier und zwei verschiedenfarbige Stifte
Spielziel: mehr Kästchen als sein Gegenspieler markieren

Von einem 10 × 10 Kästchen großen Feld wählt sich jeder Spieler zwei Seiten aus und macht sie mit seiner Farbe kenntlich. Dann werden die Seiten im Uhrzeigersinn numeriert.

Abwechselnd zieht nun jeder Spieler eine beliebige einmal geknickte Linie von 1 nach 2, von 2 nach 3, von 3 nach 4 und von 4 nach 1. Die Linien müssen seitlich entlang der Kästchen verlaufen. Keine Linie darf doppelt gezeichnet werden. Auf diese Art und Weise entsteht eine Vielzahl von Feldern. Die Kästchen jedes Feldes, in dem drei oder vier Seiten von der gleichen Farbe sind, kann der jeweilige Spieler für sich markieren.

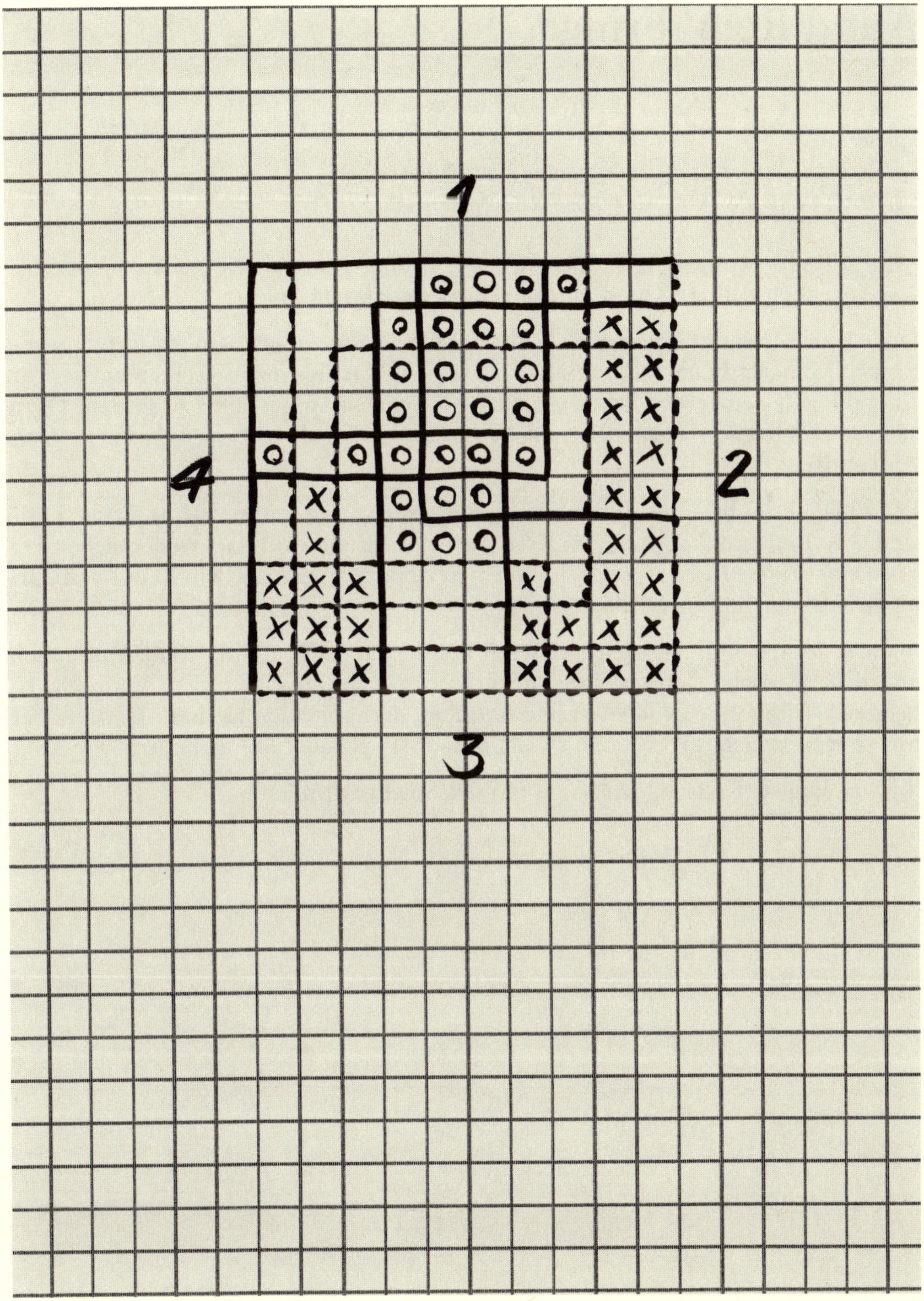
1
2
3
4

Auf d'Reih' bringa

Spieler: 3
Spielmittel: Papier und drei verschiedenfarbige Stifte
Spielziel: mehr Punkte mit einer Linie verbinden

»Auf d'Reih' bringa« ist süddeutsch und bedeutet soviel wie »eine verworrene Angelegenheit ordnen«, und darum geht es bei diesem Spiel.

Jeder Spieler setzt auf eine vorher abgesteckte Fläche neun ziemlich gleich große Ringe. Danach gibt ein jeder seinen Stift seinem Nachbarn zur Rechten weiter. Die Aufgabe jedes einzelnen ist es jetzt, eine möglichst lange Kette zu bilden. Dazu zieht wechselweise Zug um Zug jeder eine ununterbrochene Linie von einem Kreis zum anderen.

Es ist nicht erlaubt, Kreise anzufahren, die von gleicher Farbe wie die eigene Linie sind. Die Linie muß gerade von Kreis zu Kreis führen und darf weder sich selbst noch eine andere kreuzen oder durch einen Kreis gezogen werden. Kein Kreis darf mehrmals angefahren werden.

Nicht jeder der umliegenden Kreise an den beiden Enden einer Kette kann auch angepeilt werden. Denn zieht ein Spieler zwischen zwei Kreisen hindurch, so kreuzt er damit eine gedachte Linie zwischen diesen beiden Kreisen. Er darf aber nur so weit ziehen, als er keine zweite dieser Art gedachte Linie kreuzt.

Wer die längste Kette bilden kann, hat das Spiel gewonnen.

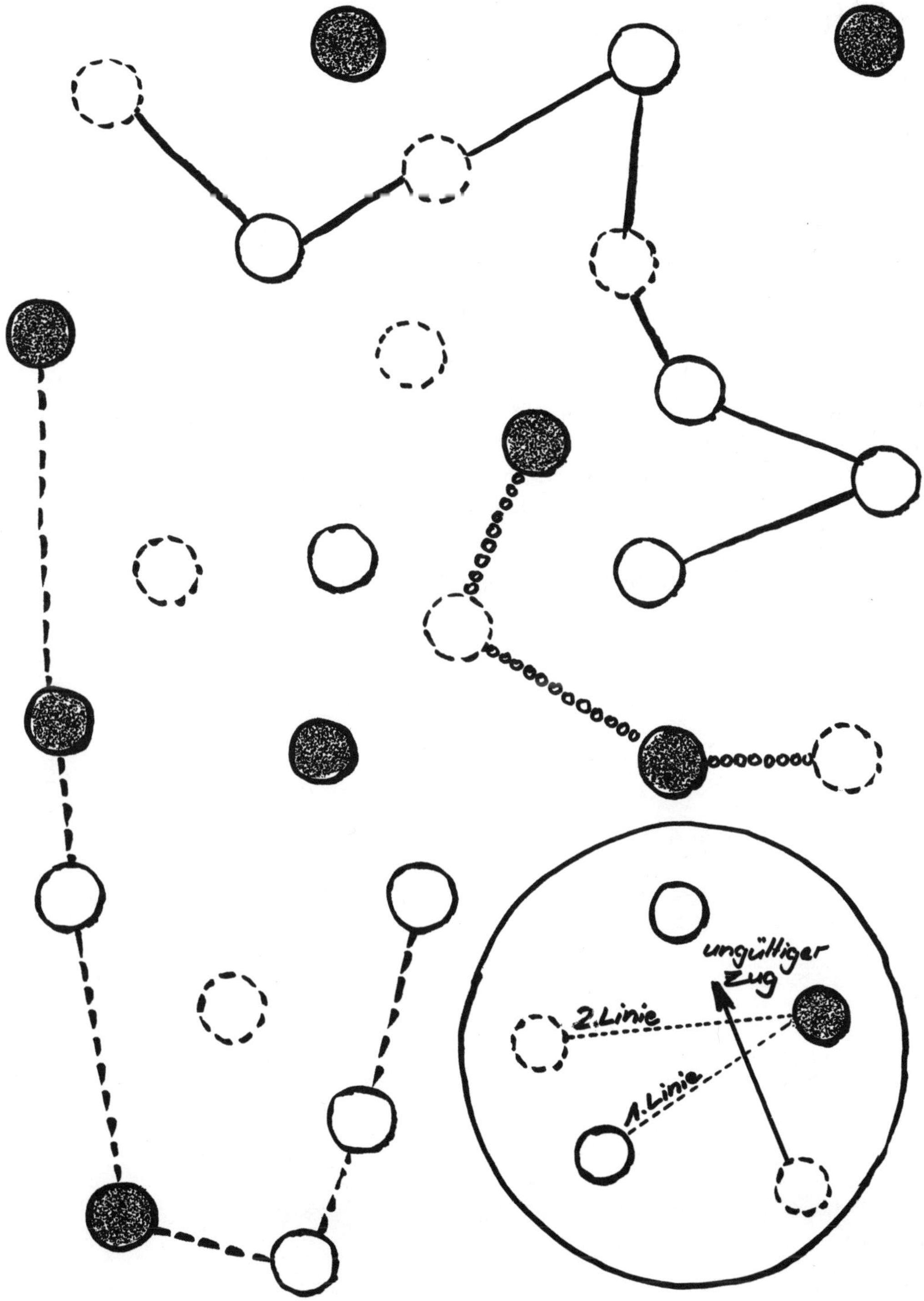
ungültiger Zug
2. Linie
1. Linie

Höhenlinien

Spieler: 2
Spielmittel: Papier und ein Stift
Spielziel: den letzten Zug machen

Die Zeichnung, die während des Spiels entsteht, gleicht am Ende einer Landkarte, die eine Hügellandschaft darstellt – daher der Name des Spiels.

Verteilen Sie 28 Punkte auf einem Blatt.

Ihre Aufgabe ist es, wechselseitig eine geschlossene Linie zu ziehen, die durch exakt einen Punkt führt und beliebig weitere, mindestens aber einen Punkt, einschließt. Die Linien dürfen sich nicht kreuzen. Linien können sowohl innerhalb bestehender Höhenlinien gezogen werden als auch eine oder mehrere umfassen. Im letzteren Fall muß sie aber selbstverständlich einen Punkt umgrenzen, der außerhalb der umkreisten anderen Linien liegt.

Wer den letzten Zug machen konnte, hat das Spiel gewonnen.

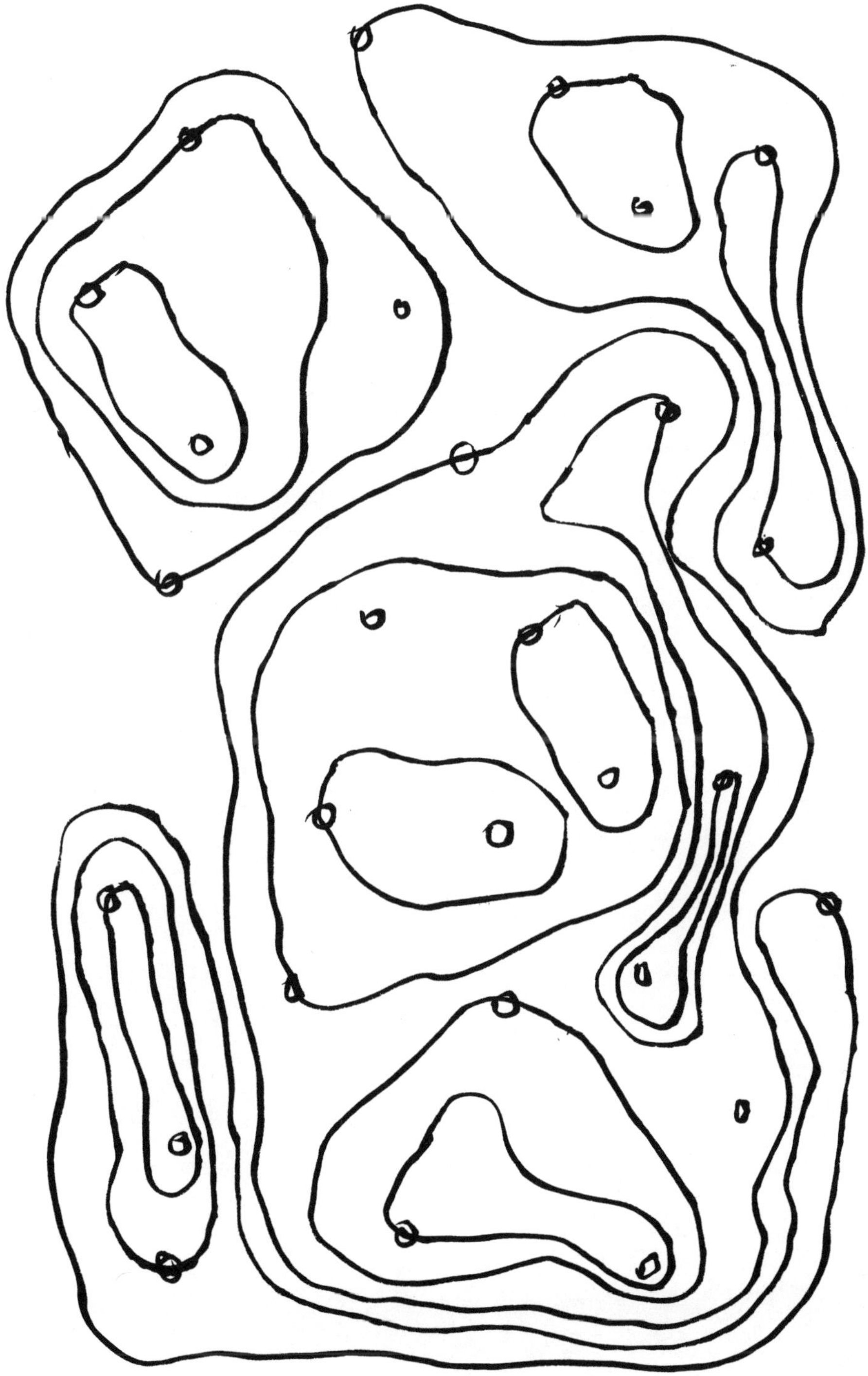

Wörter verketten

Spieler: 2
Spielmittel: Zeitung und ein Stift
Spielziel: dem Gegenspieler den Weg versperren

Das Spiel kann über eine ganze Zeitungsseite gespielt werden. Jeder Spieler kreist zehn Wörter ein. Einer dunkelt seine Kreise ein. Nun muß jeder Spieler die vom Gegner markierten Wörter in beliebiger Reihenfolge durch gerade Linien verbinden. Dies geschieht abwechselnd Zug um Zug. Auf seinem Weg darf man durch gegnerische Wörter hindurchziehen. Eigene Wörter dürfen höchstens mit zwei weiteren verbunden sein.

Für das Kreuzen einer gegnerischen Linie gibt es einen Minuspunkt. Zwei Minuspunkte gibt es für das Kreuzen einer eigenen Linie oder wenn man ein Wort anfährt, von dem bereits zwei Linien, egal welcher Partei, wegführen.

Das Spiel ist übersichtlicher, wenn man zwei Farben verwendet.

eine ganze Zeitungsseite gespielt werden. Jeder Spieler kreist zehn [redacted] ein. Einer dunkelt seine Kreise ein. Nun muß jeder Spieler die vom Gegner markierten Wörter in beliebiger Reihenfolge durch gerade Linien verbinden. Dies geschieht abwechselnd Zug um Zug. Auf seinem Weg darf man durch gegnerische Wörter hindurchziehen. Eigene Wörter dürfen höchstens mit zwei weiteren verbunden sein.

Das Spiel kann über eine ganze Zeitungsseite [redacted] werden. Jeder Spieler kreist zehn Wörter ein. Einer dunkelt seine Kreise ein. Nun muß jeder Spieler die vom Gegner markierten Wörter in beliebiger Reihenfolge durch gerade Linien verbinden. Dies geschieht abwechselnd Zug um Zug. Auf seinem Weg darf man durch gegnerische Wörter hindurchziehen. Eigene Wörter dürfen höchstens mit zwei weiteren verbunden sein. Das Spiel kann über eine ganze Zeitungsseite gespielt werden. Jeder Spieler kreist zehn Wörter ein. Einer dunkelt seine Kreise ein. Nun muß jeder Spieler die vom Gegner markierten Wörter in beliebiger [redacted] durch gerade Linien verbinden. Dies geschieht abwechselnd Zug um Zug. Auf seinem Weg darf man durch gegnerische Wörter hindurchziehen. Eigene Wörter dürfen höchstens mit zwei weiteren verbunden sein. Das Spiel kann über eine ganze Zeitungsseite gespielt werden. Jeder Spieler kreist zehn Wörter ein. Einer [redacted] seine Kreise ein. Nun muß jeder Spieler die vom Gegner markierten Wörter in beliebiger Reihenfolge durch gerade Linien verbinden. Dies geschieht abwechselnd Zug um Zug. Auf seinem Weg darf man durch gegnerische Wörter hindurchziehen. Eigene Wörter dürfen höchstens mit zwei weiteren verbunden sein. Das Spiel kann über eine ganze Zeitungsseite gespielt werden. Jeder Spieler kreist zehn Wörter ein. Einer dunkelt seine Kreise ein. Nun muß jeder Spieler die vom Gegner markierten Wörter in beliebiger Reihenfolge [redacted] gerade Linien verbinden. Dies geschieht abwechselnd Zug um Zug. Auf seinem Weg darf man durch gegnerische Wörter hindurchziehen. Eigene Wörter dürfen höchstens mit zwei weiteren verbunden sein. Das [redacted] kann über eine ganze Zeitungsseite gespielt werden. Jeder Spieler kreist zehn Wörter ein. Einer dunkelt seine Kreise ein. Nun muß jeder Spieler die vom Gegner markierten Wörter in beliebiger Reihenfolge durch gerade Linien verbinden. Dies geschieht abwechselnd Zug um [redacted] Auf seinem Weg darf man durch gegnerische Wörter hindurchziehen. Eigene Wörter dürfen höchstens mit zwei weiteren verbunden sein. Das Spiel kann über eine ganze Zeitungsseite gespielt werden. Jeder Spieler kreist zehn Wörter ein. Einer dunkelt seine Kreise ein. Nun muß jeder Spieler die vom Gegner markierten Wörter in beliebiger Reihenfolge durch gerade Linien verbinden. [redacted] geschieht abwechselnd Zug um Zug. Auf seinem Weg darf man durch gegnerische Wörter hindurchziehen. Eigene Wörter dürfen höchstens mit zwei weiteren verbunden sein. Das Spiel kann über eine ganze Zeitungsseite gespielt werden. Jeder Spieler kreist zehn Wörter ein. Einer dunkelt seine Kreise ein. Nun muß jeder Spieler die vom Gegner markierten Wörter in beliebiger Reihenfolge durch [redacted] Linien verbinden. Dies geschieht abwechselnd Zug um Zug. Auf seinem Weg darf man durch gegnerische Wörter hindurchziehen. Eigene Wörter dürfen höchstens mit zwei weiteren verbunden sein. Das Spiel kann über eine ganze Zeitungsseite gespielt werden. Jeder Spieler kreist [redacted] Wörter ein. einer dunkelt seine Kreise ein.

Familie

Spieler: 2
Spielmittel: kariertes Papier und zwei Stifte
Spielziel: eine möglichst ausgedehnte Fläche eigener Zeichen setzen

Einer großen Familie anzugehören bedeutet auch heute noch für viele Macht, Sicherheit und Wohlstand. In diesem Spiel ist eine Fehde zwischen zwei Familien ausgebrochen. Mal sehen, welche als die mächtigere aus der Auseinandersetzung hervorgeht!

Rahmen Sie ein 6 × 6 Kästchen großes Feld ein.

Das Spiel besteht aus zwei Durchgängen. In jeweils einem Durchgang versucht ein Spieler, eine möglichst große zusammenhängende Fläche mit seinen Zeichen zu bedecken, während der andere ihn darin behindert.

Wechselweise wird gezogen. Sie können Ihre Zeichen beliebig auf freie Karos setzen. Bewertet wird nur das größte zusammenhängende Feld des jeweiligen Spielers. Alle Karos, die über Kreuz oder Spitz zusammenhängen, werden gezählt.

Wer das größte Feld zeichnen konnte, ist Herr über den mächtigeren Clan.

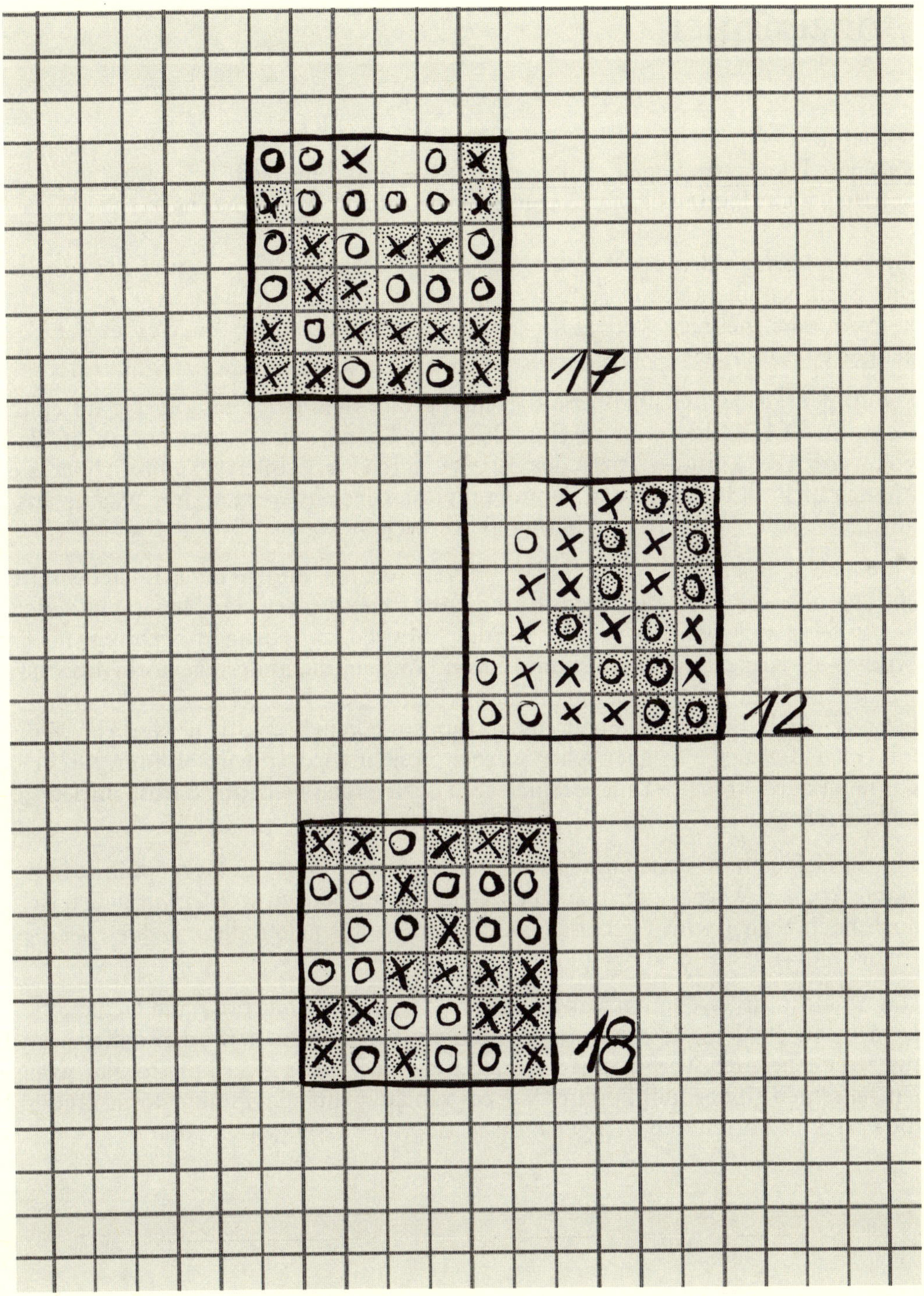
17
12
18

Bonzenspiel

Spieler: 2
Spielmittel: kariertes Papier und zwei verschiedenfarbige Stifte
Spielziel: mehr Punkte als der Gegenspieler sammeln

Zwei Parteien senden ihre Werber aus, Mitglieder zu werben. Damit die Werber sich auch bemühen, wurde jedem versprochen, daß er zum Bonzen wird, sobald er einen oder mehrere Werber für die Partei gewinnt oder einen Werber der Gegenpartei »umdreht«.

Die beiden Spieler zeichnen ihre Parteihauptquartiere ein. Diese liegen auf einer Achse zwölf Kästchen weit auseinander. Acht Kästchen weit links und rechts davon werden die Einflußgrenzen der Parteien durch zwei Linien gekennzeichnet. Sie können nicht bespielt werden. Vom Hauptquartier aus werden drei Werber ausgeschickt. Jeder Werber kann maximal drei weitere werben.

Ein Spielzug besteht aus sechs Teilzügen. Ein Teilzug kann an einer Kästchenseite entlang oder diagonal durch ein Kästchen geführt werden. Die Teilzüge können auf beliebig viele Werber verteilt werden. Mit jedem Teilzug entsteht ein neuer Werber als Kringel auf den Gitterkreuzen. Werber, die andere geworben haben, werden am Ende eines jeden Spielzuges zu Bonzen; die Kringel werden dabei deutlich ausgemalt. Bonzen sind behäbig, darum kann kein Bonze mehr werben. Wenn mit einem Teilzug ein gegnerischer Werber erreicht wird, so wird er »umgedreht«, das heißt durchkreuzt. »Umgedrehte« sind unzuverlässige Leute, darum dürfen sie nicht werben.

Nur in Gebieten, in denen auch der Gegner aktiv ist, hat die Werbeprämie Sinn. Daher können Werber nur in solchen Gebieten zu Bonzen werden, in denen sich auch noch gegnerische Werber befinden, andernfalls gelten diese Gebiete als befriedet und sind aus dem Spiel.

Das Spiel ist aus, wenn ein Spieler keine Werber mehr hat oder alle Gebiete befriedet sind. Punkte gibt es nur für Bonzen, die mehr als einen Werber anheuerten: für zwei geheuerte Werber einen Punkt, für drei Werber zwei Punkte. Für jeden Umgedrehten gibt es fünf Punkte. Werber zählen nichts. Bei Punktegleichstand ist die Partei im Vorteil, die weniger Bonzen, aber mehr Umgedrehte hat.

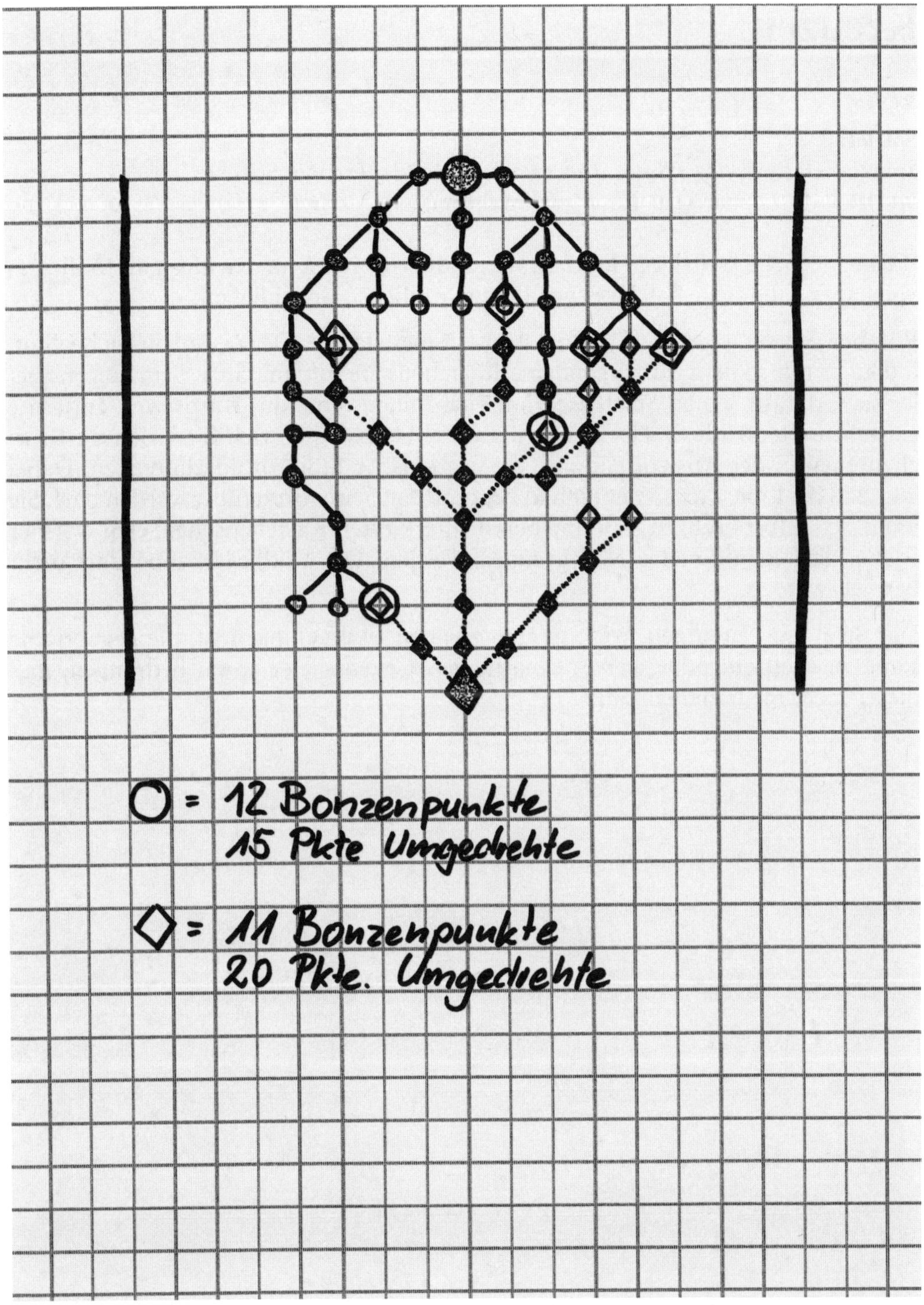
○ = 12 Bonzenpunkte
15 Pkte Umgedrehte
◇ = 11 Bonzenpunkte
20 Pkte. Umgedrehte

Kreuzen

Spieler: 2
Spielmittel: kariertes Papier und zwei verschiedenfarbige Stifte
Spielziel: die gegnerische Linie zweimal kreuzen

Wenn sich Schicksalswege kreuzen, kann dies oft recht angenehm sein. In diesem Spiel aber sollten Sie solche Begegnungen tunlichst ausschließen.

Rahmen Sie ein 11×11 Kästchen großes Spielfeld ein. Der erste Spieler beginnt, indem er mit seinem Stift irgendeine Kästchenseite entlangfährt. Sein Gegenspieler setzt darauf seinen Startstrich auf eine mindestens fünf Karos weit entfernte Kästchenseite. Beide Spieler ziehen darauf abwechselnd Strich für Strich die Kästchenseiten in der Absicht entlang, die gegnerische Linie zu durchkreuzen. Dabei gilt, daß die Linie nur an der einmal begonnenen Seite fortgeführt werden darf. Sie kann sich selbst kreuzen. Entlang bereits markierten Kästchenseiten, egal welcher Farbe, darf kein zweites Mal gezogen werden. Die Feldbegrenzung darf nicht bespielt werden.

Das Spiel hat gewonnen, wem es zum zweiten Mal gelungen ist, die gegnerische Linie zu kreuzen, oder wer es schafft, den Gegenspieler so zu bedrängen, daß dieser nicht mehr ziehen kann.

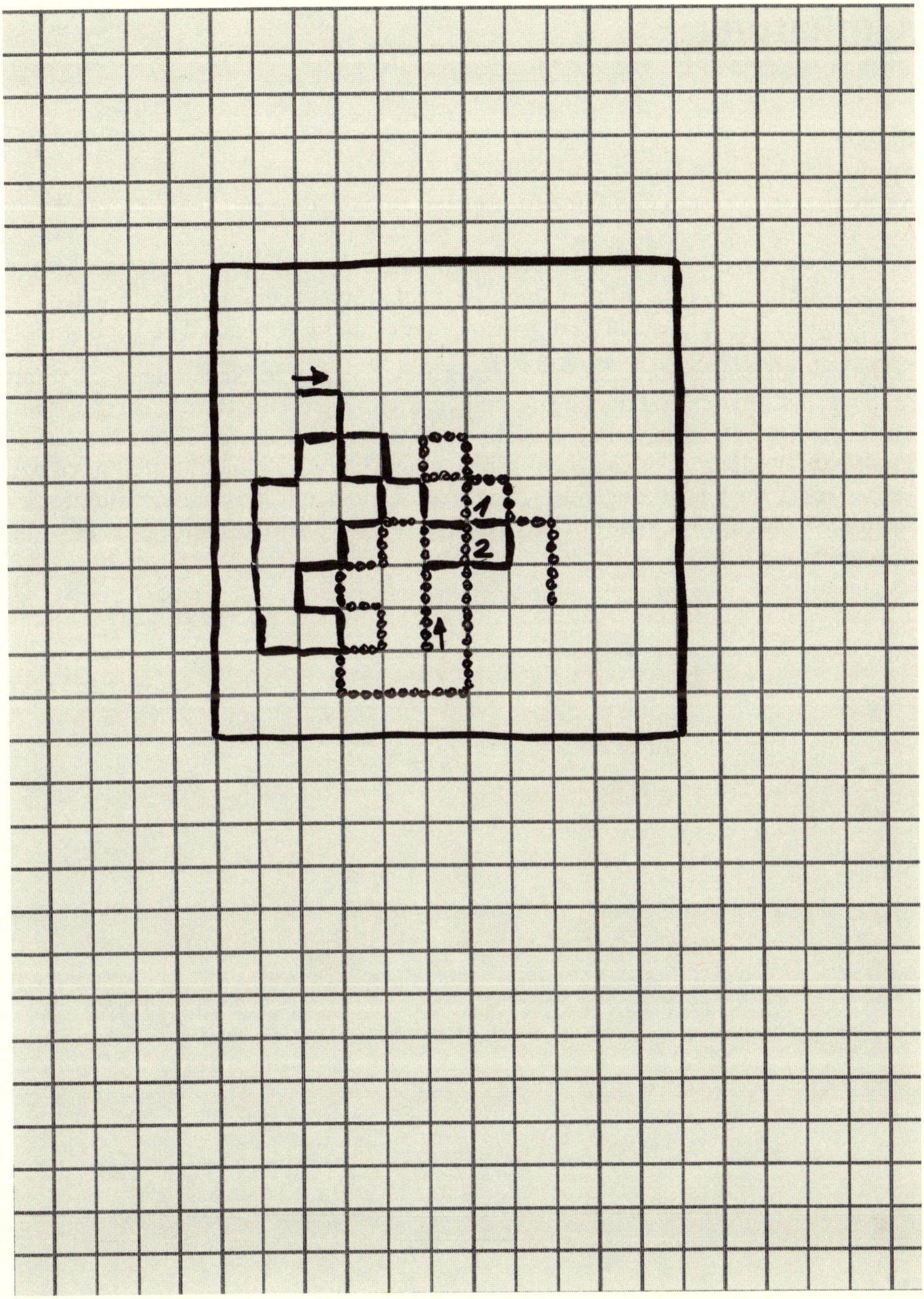
1
2

Umleitung

Spieler: 2
Spielmittel: kariertes Papier und Stift
Spielziel: sein notiertes Ziel vor dem Gegner erreichen

Ein Feld von ca. 30 × 20 Kästchen wird abgesteckt, der Mittelpunkt festgelegt und die Eckpunkte mit 1 bis 4 bezeichnet. Bevor das Spiel beginnt, schreibt jeder verdeckt seine Zielecke auf ein Zettelchen, faltet es und legt es auf den Tisch.

Sodann beginnt das Spiel. Es wird abwechselnd gezogen. Nach jedem Zug darf man vor den letzten Zug des Gegners einen Richtungspfeil setzen. Jeder Zug läuft an fünf Kästchen entlang und besteht aus zwei Teilen: zuerst zwei Kästchen in Pfeilrichtung, dann drei Kästchen in beliebige Richtung. Linien dürfen gekreuzt, jedoch nicht zweifach gezogen werden. Pfeile können nur in gangbare Richtungen weisen. Die Richtungspfeile dürfen den Gegner auch über die Feldbegrenzung hinausweisen.

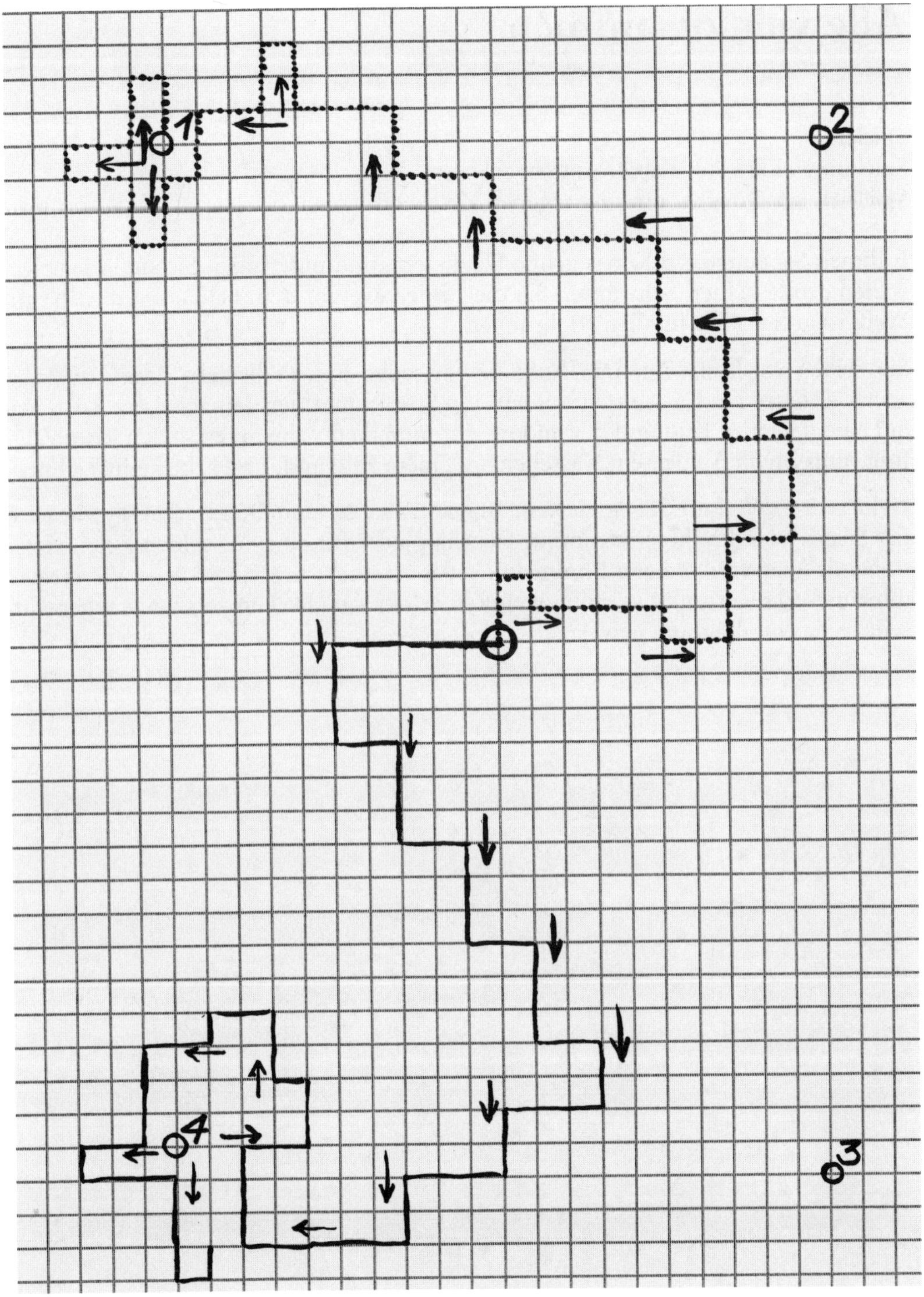
1
2
3
4

Alle vier zusammen

Spieler: 2
Spielmittel: kariertes Papier und zwei Stifte
Spielziel: ein Quadrat aus vier eigenen Zeichen bilden

Rahmen Sie eine 6×6 Karos große Fläche ein, und unterteilen Sie sie in vier Kästchen große Felder. Schwärzen Sie die Felder wie auf dem Schachbrett, d.h. auf Weiß folgt Schwarz in allen Richtungen.

Sie ziehen wechselseitig. Die Aufgabe für jeden Spieler besteht darin, aus vier seiner Zeichen ein Quadrat zu bilden. Ein Spieler markiert zunächst ein Kästchen auf einem weißen Feld und der andere eins auf einem schwarzen. Nach jeder Zugfolge müssen die Spieler ein Kästchen auf einem Feld anderer Farbe kennzeichnen.

Gelingt es im Verlauf des Spiels keinem, vier Zeichen zum Quadrat zu setzen, wird der Sieger nach Punkten bestimmt. Es erhält jeder für eine aus seinen Zeichen bestehende Viererreihe einen Punkt. Für jedes Zeichen, das eine solche Viererreihe um eins verlängert, gibt es einen weiteren Punkt. Die Reihen werden waagerecht, senkrecht und diagonal gewertet.

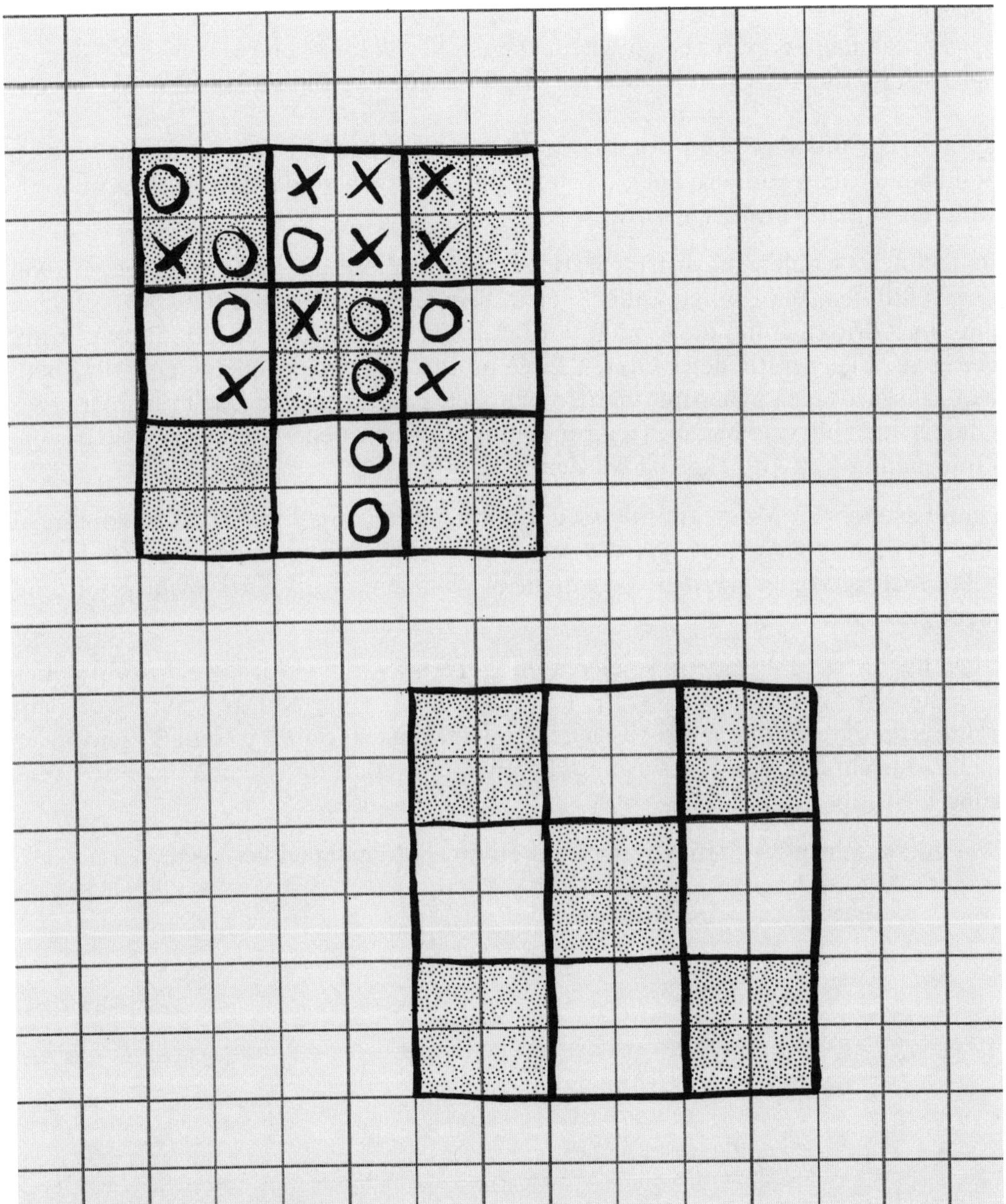

Lineal

Spieler: 2
Spielmittel: Papier, zwei verschiedenfarbige Stifte und ein Lineal
Spielziel: häufiger als sein Mitspieler eine Vielzahl von Linien kreuzen

Es ist nicht nur das beim Spiel entstehende Bild, das am Schluß einem Haufen Stäbchen gleicht, sondern auch das feinfühlige Vorgehen, das Sie bei diesem Wettstreit an Mikado erinnern wird.

Jeder Spieler wählt seine Stiftfarbe aus. Darauf beginnt der jüngere, indem er zwei Linien auf dem Blatt miteinander kreuzt. Sein Gegenspieler hat nun zur Aufgabe, mit einer dritten Linie die beiden vorhandenen Linien zu kreuzen. Hierauf muß der erste Spieler mit einer weiteren Linie mindestens drei Kreuzungen vollziehen; worauf sein Widersacher mit vier Kreuzungen kontert. So wechselt das Blatt zwischen beiden hin und her, und jedesmal muß mit einer neuen Linie mindestens eine Linie mehr als zuvor gekreuzt werden.

Damit es nicht zu Mißverständnissen kommt, sollten alle Linien mit einem Lineal über das ganze Blatt gezogen werden. Durch Schnittpunkte bestehender Linien sollte nicht gezogen werden. Geschieht es trotzdem, wird eine solche Kreuzung nicht gewertet.

Irgendwann wird es einem Spieler unmöglich sein, die geforderte Anzahl neuer Kreuzungen aufs Blatt zu setzen. Er erhält dann einen Minuspunkt. Trotzdem sollte er in diesem Zug möglichst viele Linien kreuzen, damit es sein Gegenspieler nicht zu leicht hat; denn dieser muß diesen Zug wiederum lediglich um eine Kreuzung mehr übertreffen.

Wer zuerst seinen zweiten Minuspunkt erhält, hat das Spiel verloren.

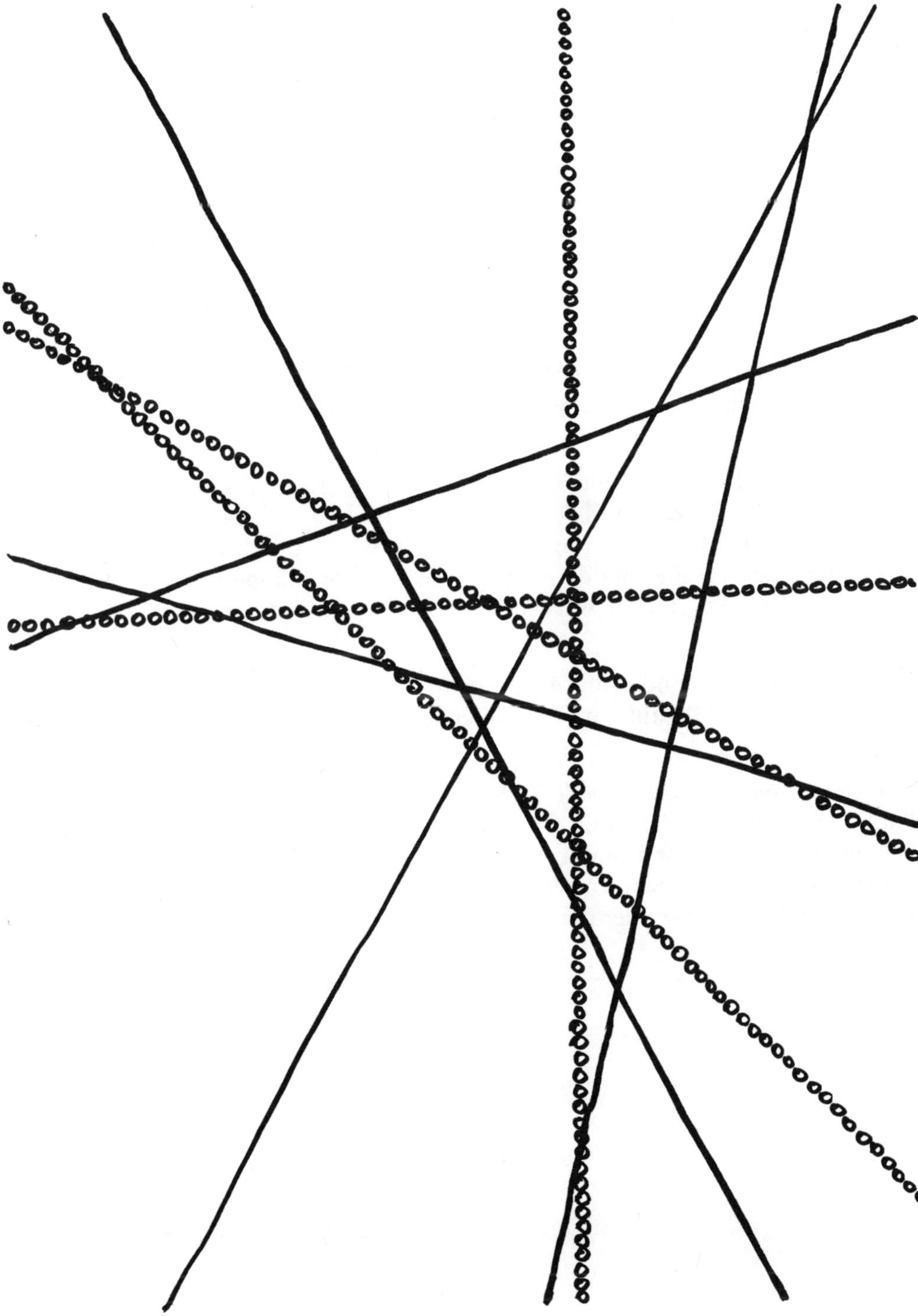

Vier gegen Drei

Spieler: 2
Spielmittel: kariertes Papier und ein Stift
Spielziel: ein Spieler versucht, möglichst viele Reihen zu bilden, der andere möchte dies verhindern

Rahmen Sie ein Feld von 7×7 Kästchen Größe ein, und einigen Sie sich, wer zunächst die Viererreihen und wer die Dreierreihen spielt.

Die Aufgabe des »Vierer«-Spielers ist es, möglichst viele Reihen aus vier eigenen Zeichen zu bilden. Die Aufgabe des »Dreier«-Spielers ist es, dies tunlichst einzuschränken.

Der eine spielt Kreuz, der andere Kreis. Der Vierer beginnt. Gezogen wird wechselweise. Mit jedem Zug muß der Vierer vier und der Dreier drei Kästchen in einer Reihe nebeneinander markieren. Dies kann entweder durch Zeichnen einer vollständigen Reihe geschehen oder dadurch, daß nebeneinanderliegende Zeichen zu kompletten Reihen ergänzt werden. Eine Reihe gilt waagerecht, senkrecht oder diagonal.

Das Spiel geht dem Ende entgegen, indem der Dreier-Spieler erklärt, nicht mehr setzen zu wollen. Hierauf darf der Vierer-Spieler noch so lange weitersetzen, wie er kann.

Der Vierer-Spieler erhält für jede Reihe aus vier oder mehr gleichen Zeichen einen Punkt. Dabei ist es gleichgültig, ob es eigene oder fremde Zeichen sind. Hingegen bekommt er einen Minuspunkt für jede Dreierreihe, die aus seinen Zeichen gebildet wurde. Bei der Bewertung können einzelne Zeichen mehrmals mitgezählt werden, da über Kreuz oder diagonal alle möglichen Reihen gültig sind.

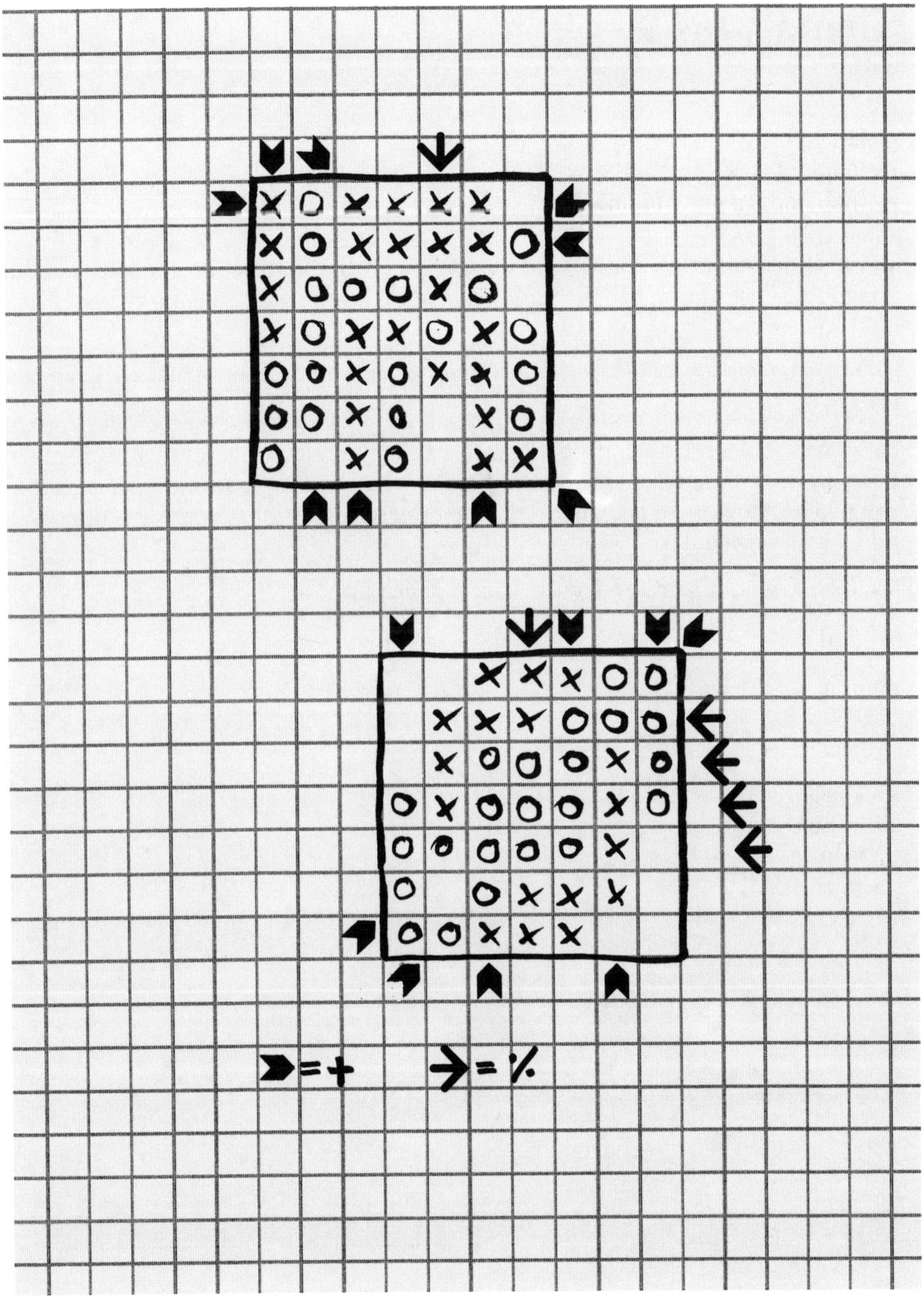

Niemals bis Z

Spieler: 2
Spielmittel: Papier und ein Stift
Spielziel: den letzten Zug machen

Bis zum Buchstaben Z können Sie dieses Spiel mit Garantie nie spielen. Es fehlt einfach der Platz dafür. Ob Sie jemals bis X, Y kommen, erscheint ebenso zweifelhaft.

Zeichnen Sie ein 5×5 Felder großes Quadrat, und einigen Sie sich, wer beginnt.

Sie setzen wechselweise und der Reihe nach die einzelnen Buchstaben des Alphabets in freie Felder. Dabei gilt die Regel, daß Sie den jeweiligen Folgebuchstaben nur in direkter waagerechter oder senkrechter Linie zum vorangegangenen setzen dürfen. Mit »direkt« ist gemeint, daß kein anderer Buchstabe zwischen vorletztem und letztem stehen darf.

Das Spiel gewinnt, wer den letzten Zug machen konnte.

			D	C
		A		B
	I		H	G
	J	K	E	F
		L		M

A				B
E	O		N	F
i	P	K		J
H		L	M	G
D				C

Felder

Spieler: 2
Spielmittel: Papier und zwei verschiedenfarbige Stifte
Spielziel: die größere Fläche eingrenzen

Eine alte Regel der Landverteilung sprach den Landnehmern soviel Land zu, wie sie an einem Tag umschreiten konnten. Zeichnen Sie ein Quadrat, dessen Seitenlänge sieben Punkte in gleichmäßigem Abstand mißt. Verteilen Sie die Punkte regelmäßig über die ganze Fläche, so daß sich 49 Felder ergeben.

Ihre Aufgabe ist es nun, ein möglichst großes Stück zusammenhängendes Land einzuzäunen. Dazu ziehen Sie Ihren Zaun mit einem Bleistift wechselweise von einem Punkt zum anderen. Sie beginnen beide am Mittelpunkt. Sie können waagerecht und senkrecht ziehen und dürfen eigene und fremde Linien kreuzen, jedoch darf keine Linie doppelt gezogen werden. Hat ein Spieler ein Stück Land eingezäunt, darf er an einer beliebigen anderen Stelle erneut anfangen. Die eingezäunten Ländereien dürfen sich überlappen.

Ergeben sich keine sinnvollen Züge mehr, endet das Spiel. Gewinner ist derjenige, der die größte zusammenhängende Fläche eingrenzen konnte.

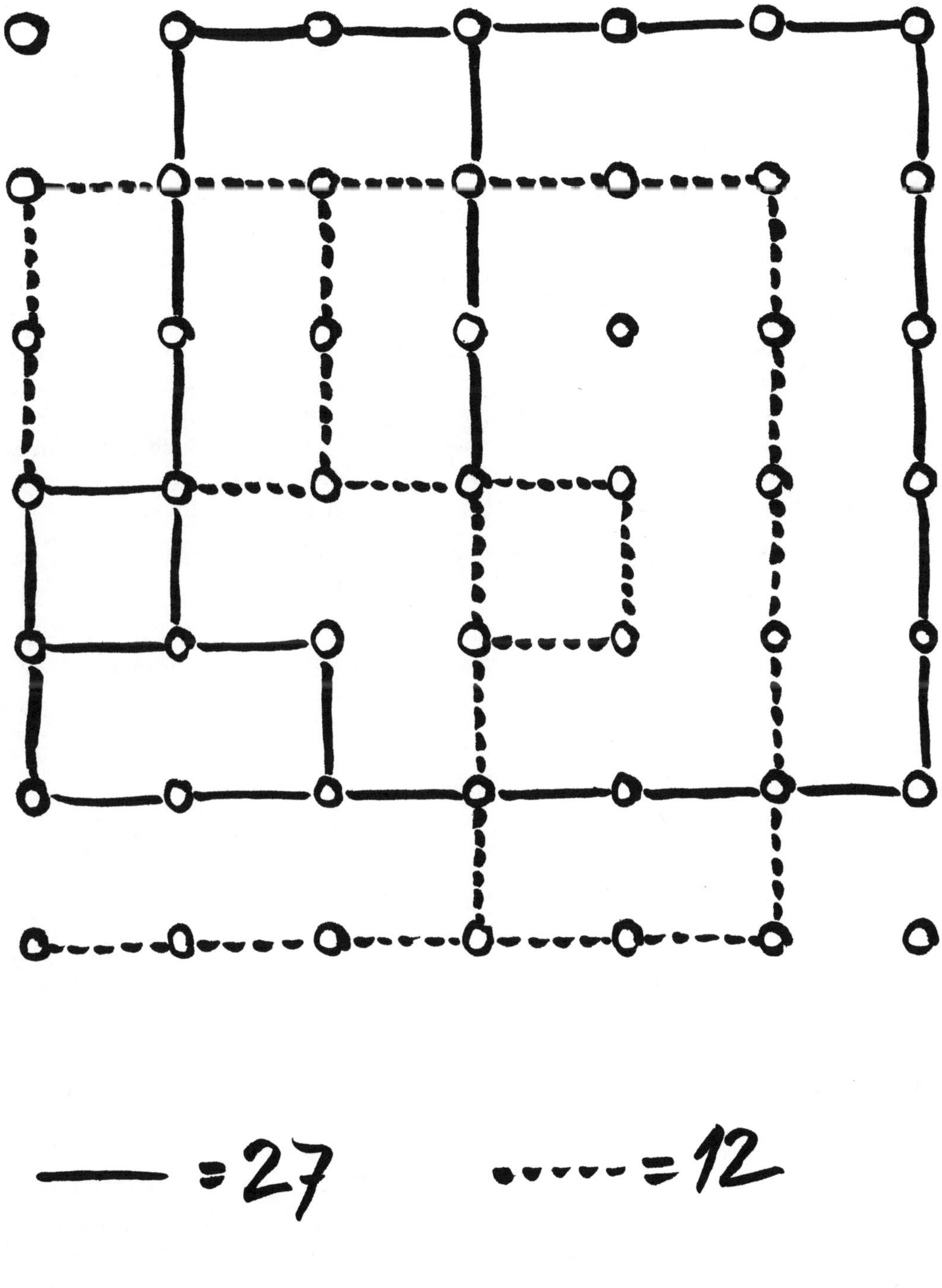
— = 27
····· = 12

Wörterkrakelei

Spieler: 2
Spielmittel: eine Zeitung und zwei verschiedenfarbige Stifte
Spielziel: die richtigen Buchstaben finden und zugleich den Gegenspieler behindern

Aus einer Zeitung wählen die Spieler einen Artikel oder Absatz aus. Wechselweise sagen die Spieler dem anderen ein Wort zwischen fünf und zehn Buchstaben Länge an, dessen einzelne Buchstaben sie dann in richtiger Reihenfolge im Artikel suchen, umkreisen und mit Strichen verbinden. Es wird in einer ununterbrochenen Kette gespielt; wo der eine aufhört, fängt der andere an. Für jede Kreuzung gibt es einen Minuspunkt. Buchstaben, die umkreist oder von einer Linie durchstrichen sind, können nicht mehr verwendet werden. Für jeden Buchstaben eines Wortes, der nicht angespielt werden kann, weil er entweder im Artikel nicht vorhanden oder bereits durchgestrichen ist, gibt es einen weiteren Minuspunkt.

Die Zahl der Durchgänge ist abhängig von der Größe des gewählten Artikels. Wenn mit zwei Farben gespielt wird, ist das Spiel übersichtlicher.

Wörter in diesem Beispiel sind der Reihe nach: Spinnen, Hubwagen, Rubbeln, Griff, Tarnkappe und Bauchladen, wobei unten links begonnen wurde.

Aus einer Zeitung wählen die Spieler einen Artikel oder Absatz aus. Wechselweise sagen die Spieler dem anderen ein Wort zwischen fünf und zehn Buchstaben Länge an, dessen einzelne Buchstaben sie dann in richtiger Reihenfolge im Artikel suchen, umkreisen und mit Strichen verbinden. Es wird in einer ununterbrochenen Kette gespielt; wo der eine aufhört, fängt der andere an. Für jede Kreuzung gibt es einen Minuspunkt. Buchstaben, die umkreist oder von einer Linie durchstrichen sind, können nicht mehr verwendet werden. Für jeden Buchstaben eines Wortes, der nicht angespielt werden kann, weil er entweder im Artikel nicht vorhanden oder bereits durchgestrichen ist, gibt es einen weiteren Minuspunkt.
Die Zahl der Durchgänge ist abhängig von der Größe des gewählten Artikels. Wenn mit zwei Farben gespielt wird, ist das Spiel übersichtlicher.

A III B I

In die Enge treiben

Spieler: 2
Spielmittel: Papier und ein Bleistift
Spielziel: dem Mitspieler die Möglichkeit zu ziehen nehmen

Sich gegenseitig nicht in die Quere kommen – an dieses Gebot halten sich manche ein Leben lang, was einem zum Vorteil, aber auch zum Nachteil gereichen kann. In diesem Spiel sollte man dies auch versuchen.

Zunächst zeichnen Sie auf ein Blatt ein Feld aus fünf mal fünf Kästchen. Danach wählt jeder Spieler ein Zeichen; einer spielt Kreis, der andere Kreuz. Als Hauptregel gilt: Die Zeichen des jeweils letzten Zuges beider Spieler dürfen sich während des gesamten Spiels nie in einer Linie, weder waagerecht noch senkrecht noch diagonal, gegenüberstehen.

Sie starten, indem jeder sein Zeichen auf ein ihm genehmes Feld setzt. Wechselweise setzen Sie nun neue Zeichen. Das alte kreisen Sie ein oder kreuzen es durch, so daß das zuletzt markierte Feld stets erkenntlich ist. Ihr neues Zeichen dürfen Sie ein, zwei oder drei Felder vom alten entfernt setzen. Die Zugrichtung ist gerade oder schräg, aber nie über Eck. Selbstverständlich können Sie nur auf leere Felder ziehen.

Das Spiel verliert, wer keinen Zug mehr machen kann.

Dreiecke

Spieler: 2
Spielmittel: Papier und zwei verschiedenfarbige Stifte
Spielziel: mehr Punkte als der Gegner gewinnen

Jeder Spieler verteilt 20 Punkte bzw. Kreuze über das Blatt. Nun versuchen die Spieler Dreiecke zu bilden, indem sie wechselseitig mit jedem Zug einen Strich zwischen zwei Zeichen ziehen. Dabei darf keine Linie gekreuzt werden und sich nur Linien gleicher Farbe berühren. Es zählen nur Dreiecke einer Farbe. Dreiecke, die ausschließlich mit Zeichen des Gegners gebildet wurden, zählen doppelt. Dreiecke dürfen sich nicht untereinander berühren.

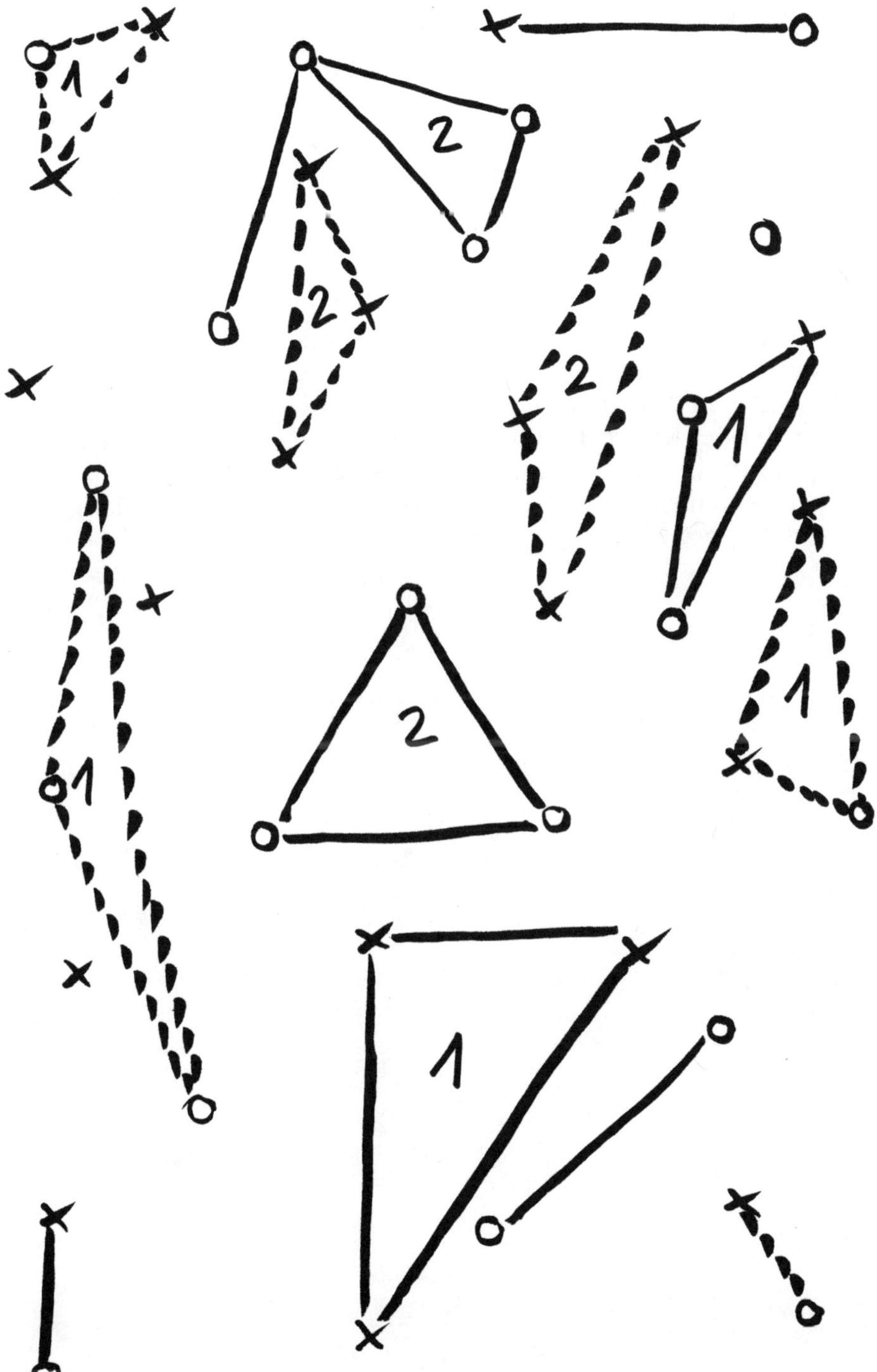
1
2
2
2
1
1
2
1
1

Sackgasse

Spieler: 2
Spielmittel: kariertes Papier und zwei verschiedenfarbige Stifte
Spielziel: den letzten Zug machen

Rahmen Sie ein 10 × 10 Kästchen großes Feld ein und einigen Sie sich, wer in einer der Ecken beginnen darf. Sie zeichnen abwechselnd an einer ununterbrochenen Linie. Zwei Möglichkeiten stehen Ihnen dabei zur Wahl. Entweder Sie ziehen diagonal durch zwei Kästchen, oder Sie führen die Linie schräg durch zwei Kästchen einer Reihe. In den Kreuzpunkten des Feldes darf sich die Linie überschneiden. Innerhalb eines Kästchens dürfen jedoch keinesfalls Teilstriche eines zweiten Zuges sein. Darin liegt auch die Taktik des Spieles begründet. Denn um zu gewinnen, muß man die Linie zu einem Punkt führen, von dem aus der Gegenspieler nicht weiterziehen kann.

= ungültiger Zug
2 Linien in einem Karo

Schlangenweg

Spieler: 2
Spielmittel: Papier und ein Stift
Spielziel: dem Ziel so nahe wie möglich kommen

Lassen Sie sich nicht auf die falsche Fährte locken, tun Sie dies besser selbst!

Zeichnen Sie ein 8 × 8 Felder großes Quadrat, und kennzeichnen Sie eine Ecke als Zielfeld. Das Startfeld liegt in der diagonal gegenüberliegenden Ecke.

Gezogen wird Zug um Zug, indem Sie eine von drei Zugmöglichkeiten in ein freies Feld eintragen und dabei den am Start begonnenen Weg fortsetzen.

Folgende Züge stehen zur Wahl: Entweder Sie zeichnen einen Kreuzweg, oder Sie setzen in die linke obere und rechte untere Ecke eine Kurve. Letzteren Zug können Sie auch spiegelverkehrt ausführen.

Sie haben das Spiel gewonnen, wenn es Ihnen gelingt, den im Startfeld begonnenen Weg an das Zielfeld zu führen. Da Sie und Ihr Mitspieler sich jedoch den Erfolg gegenseitig streitig machen, dürfte das Spiel selten so enden. Darum hat meist der verloren, der den Weg so führen muß, daß er an einer Außenseite endet.

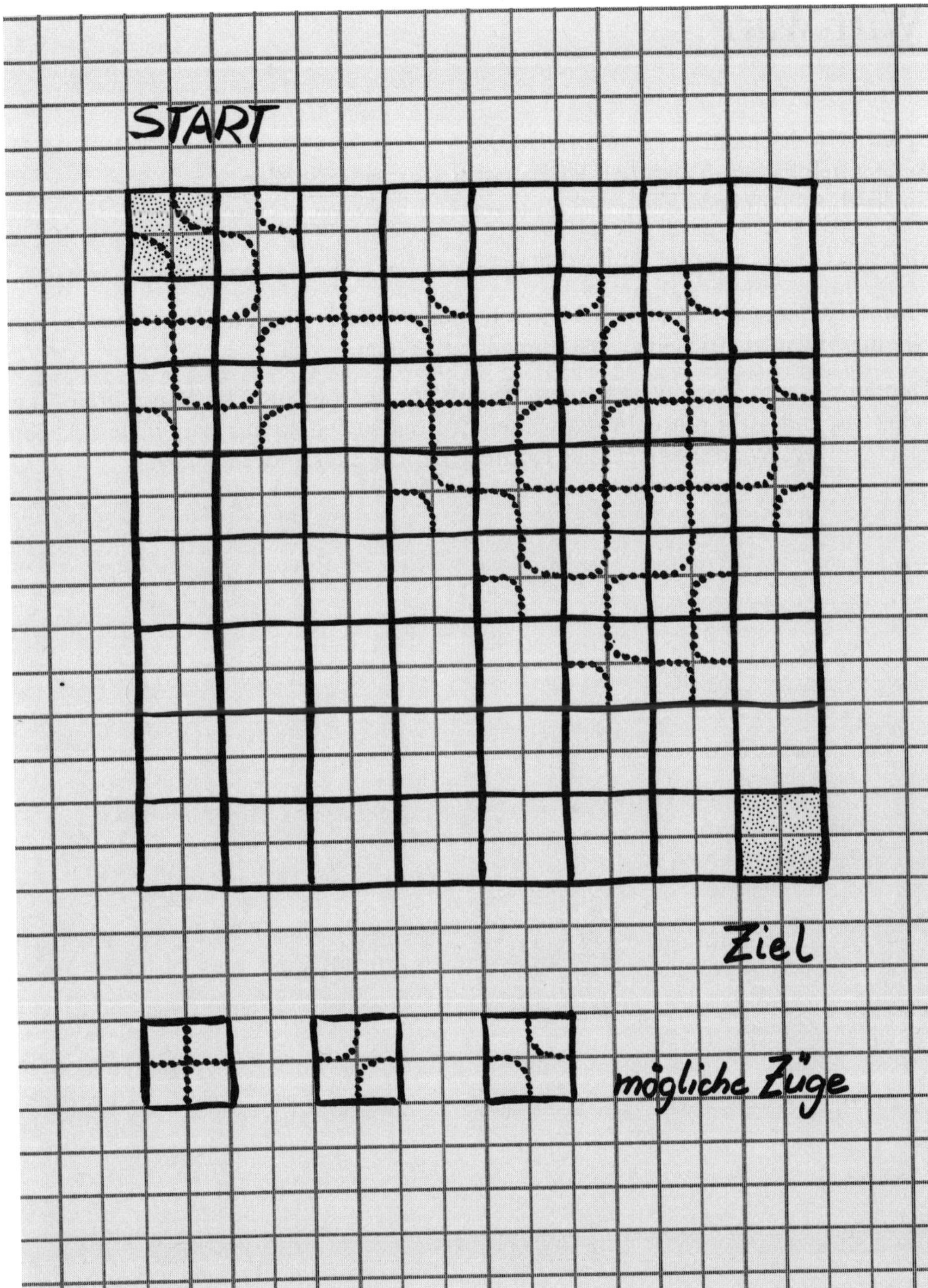
START
Ziel
mögliche Züge

Wirr-Warr

Spieler: 1 oder mehr
Spielmittel: Papier, Bleistifte oder Buntstifte für jeden Spieler
Spielziel: Bilder entdecken

Wer ahnt schon, welche Bilder sich hinter einem Gekritzel verstecken können?

Probieren Sie es aus. Ziehen Sie einen Rahmen auf das Blatt, und zeichnen Sie mit einem schwarzen Stift eine verschlungene Krakelei.

Deuten Sie nun den entstandenen Wirr-Warr der Linien. Mit Buntstiften oder scherenschnittartig mit dem schwarzen Stift entstehen so aus den vielen kleinen Flächen Ihrer Vorstellung gemäß Figuren, Bäume oder andere Dinge.

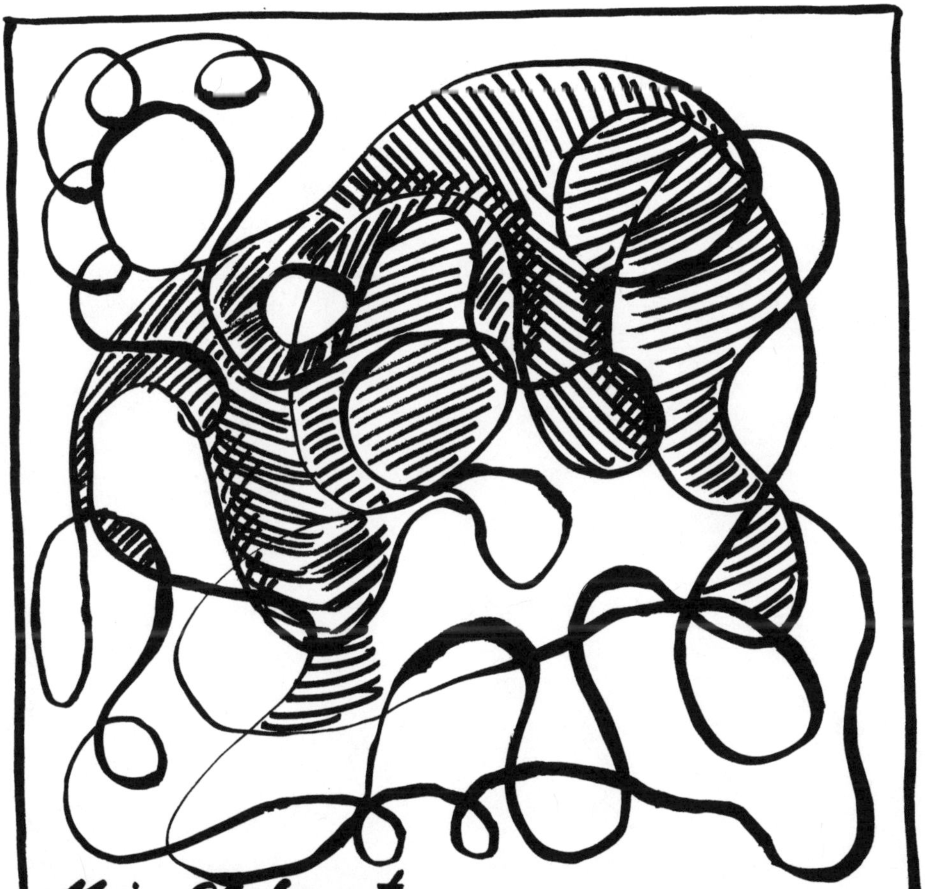
Mein Elefant

Knäuel

Spieler: mehrere
Spielmittel: Papier und ein Stift
Spielziel: entdecken, wer mit wem

Ein Spieler verbindet sechs Punkte durch drei in sich verschlungene Linien zu drei Paaren. Die anderen versuchen die Zusammengehörigkeit der Paare aufzudecken. In dem gezeigten Beispiel hält jeder Mensch einen Hund an der Leine.

Damit der Spieler, der die Linien zieht, nicht dem Knäuelwahn verfällt, verteilen die anderen Spieler 30 Punkte auf dem Blatt. Für die Verbindung zwischen jedem Paar müssen zehn dieser Punkte angefahren werden.

Pünktchenmaler

Spieler: 2 oder mehr
Spielmittel: Papier und ein Stift für jeden Spieler
Spielziel: vorgegebene Punkte in ein Bild fügen

Jeder Spieler verteilt auf sein Blatt zwölf Punkte und reicht es seinem Mitspieler.

Danach einigen sich alle gemeinsam auf eine Sache, die jeder für sich zeichnen soll. Die auf dem Blatt vorgefundenen Punkte müssen allesamt in die Zeichnung einbezogen werden.

Eine Abwandlung dieses Spiels ergibt sich, wenn man jedem Spieler gleiche Bögen mit Punkten, Linien und Kreisen gibt. Ein jeder muß dann alle vorgegebenen Zeichen zu einem Bild seiner Deutung verbinden.

Dauermaler

Spieler: 1 oder mehr
Spielmittel: Papier und ein Stift für jeden Spieler
Spielziel: Bilder in einem Zug malen

Man wählt ein Motiv, das dann in einem Zug gezeichnet wird, ohne einmal den Stift vom Blatt zu nehmen.

Oder man versucht, zum Beispiel den abgebildeten Stern in einem Zug zu zeichnen, ohne eine Linie doppelt zu fahren.

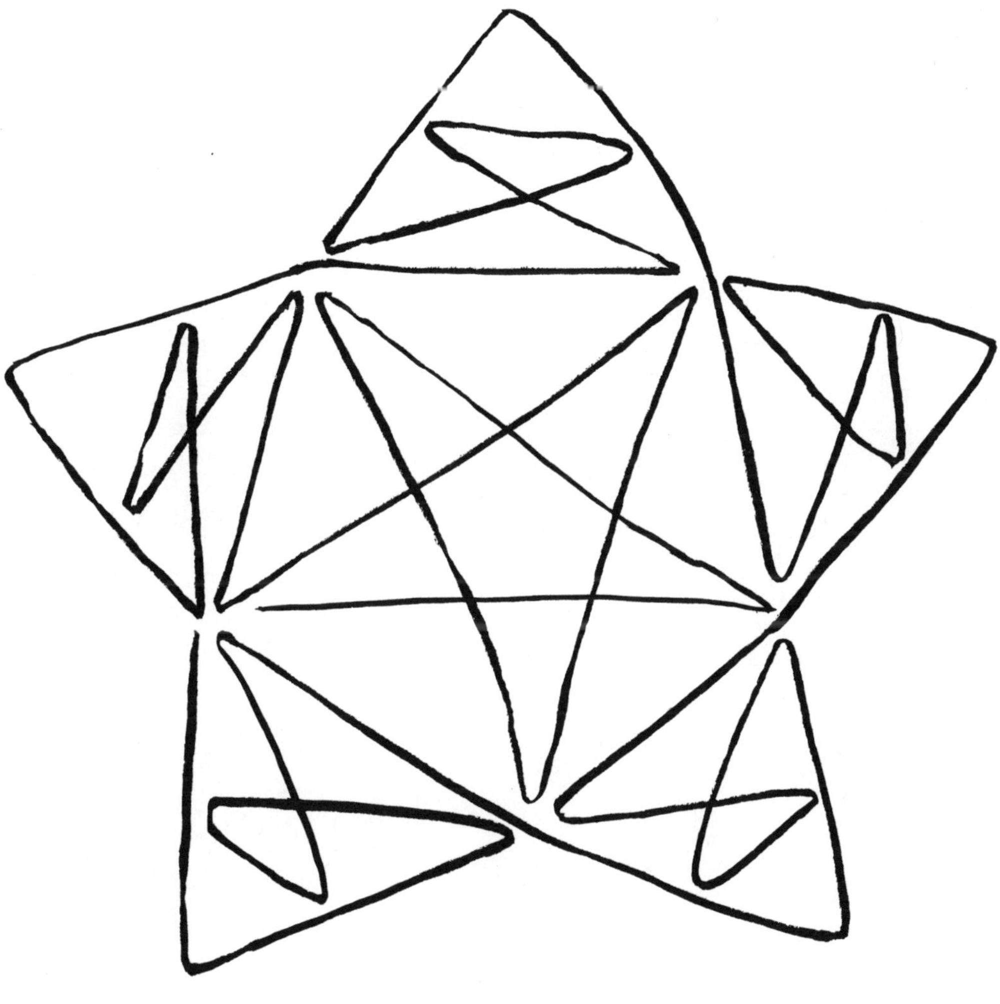

Zahlenmaler

Spieler: 1 oder mehr
Spielmittel: Papier und ein Stift für jeden Spieler
Spielziel: Zahlen zu Figuren verbinden

Die Zahlen von 1 bis 12 werden beliebig über das Blatt verteilt und anschließend in richtiger Reihenfolge durch eine ununterbrochene Linie verbunden. Das Liniennetz wird daraufhin gedeutet, zeichnerisch vervollständigt und ausgemalt.

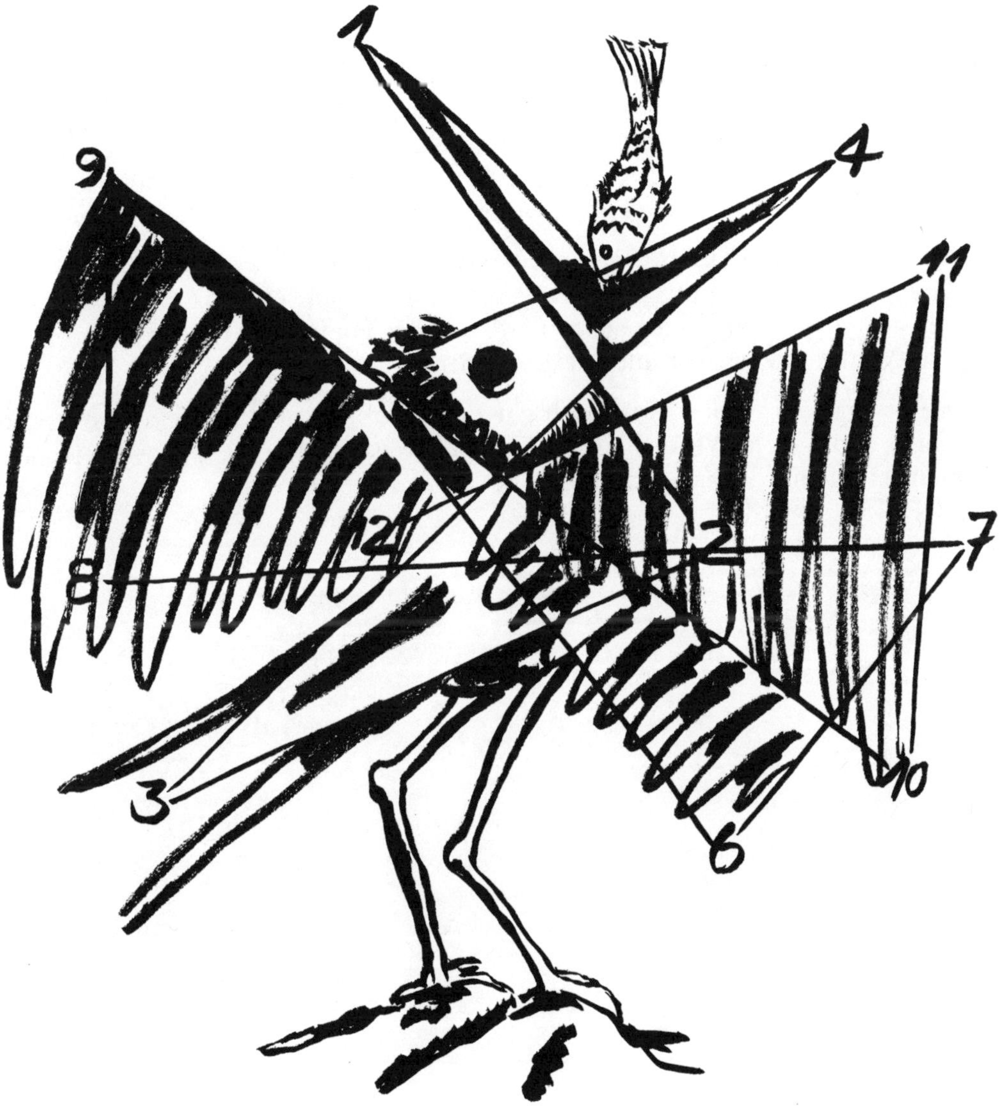
1
4
9
11
2
7
8
3
10
6

Fadenmaler

Spieler: 2 oder mehr
Spielmittel: Papier, ein Filzstift und Bindfaden
Spielziel: zu mehreren und zur selben Zeit mit einem Stift zeichnen

Bei computergesteuerten Zeichenmaschinen hängt die Tuschfeder an gespannten Drahtseilen. Mit scheinbarer Leichtigkeit zeichnen sie faszinierende Bilder. Nimmt der Mensch die Fäden in die Hand, werden die Bilder nicht minder interessant.

Umknoten Sie einen Filzstift mit soviel Fäden, daß jeder Mitspieler ein oder zwei Fadenenden in die Hand bekommt. Nachdem Sie sich über das zu zeichnende Motiv geeinigt haben, setzen Sie den Stift auf das Papier und führen ihn von nun an wie Marionettenspieler nur mit den Fäden.

Sollte es mit dem Malen anfänglich gar nicht klappen, sollten Sie sich erst aufeinander einspielen. Versuchen Sie beispielsweise hierzu, eine vorgezeichnete Schlangenlinie nachzuziehen.

Links, rechts

Spieler: 1 oder mehr
Spielmittel: Papier und zwei Stifte für jeden Spieler
Spielziel: möglichst geschickt mit beiden Händen zeichnen

In die linke und in die rechte Hand wird ein Stift genommen. Gleichzeitig wird mit beiden Händen das gleiche Motiv gezeichnet. – Eine Fertigkeit übrigens, in der sich auch der Maler Paul Klee übte.

Sterntaler

Spieler: 1 oder mehr
Spielmittel: Papier und ein Stift für jeden Spieler
Spielzeit: den schönsten Stern zeichnen

Wer zeichnet den schönsten Stern? Nicht irgendeinen, sondern einen aus zwölf Punkten, die über das Papier verteilt wurden. Die zwölf Punkte werden dabei in einem Zug, ohne abzusetzen, mit geraden Linien verbunden. Jeder Punkt darf nur einmal mit dem Stift angefahren werden.

Vielleicht pausen Sie sich Ihre Punktverteilung durch, dann können Sie sich an der gleichen Aufgabe öfters versuchen.

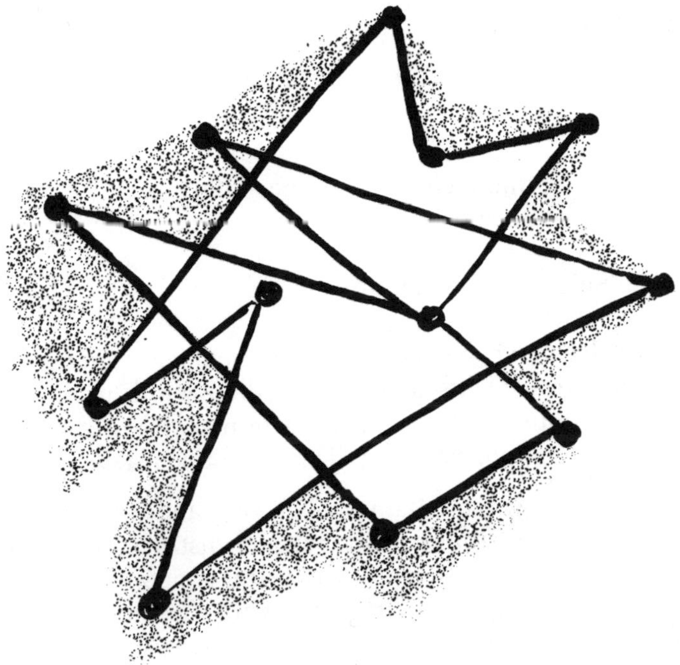

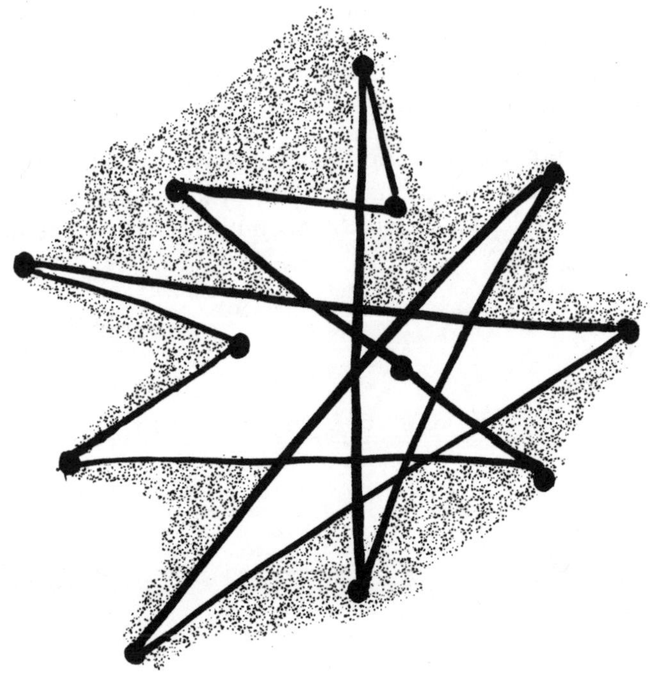

Straßenbau

Spieler: 1 oder 2
Spielmittel: eine Zeitung und mehrere verschiedenfarbige Stifte
Spielziel: sich ein Wegenetz malen

Straßenbau ist ein Spiel »so vor sich hin«.

Dazu wählt man sich einen beliebigen Artikel aus einer Zeitung und zieht mit dem Stift von links oben nach rechts unten durch die Zwischenräume zwischen den einzelnen Wörtern hindurch. Das gleiche macht man von rechts oben nach links unten. Das erste Straßenkreuz ist fertig, denn die Linien stellen Straßen dar.

Ist erst einmal eine Straße gebaut, dann wollen viele andere auch auf dieser Straße fahren. Das bedeutet, die Straße braucht eine Nebenstraße, die etwa wie im abgebildeten Beispiel von »Straßenkreuz« nach »Straßennetz« hinführt und zur Unterscheidung gepunktet wird. Mit Farbstiften wird dies noch deutlicher, so kann die Verbindung von »Straßenkreuz« nach »unnötig« als Autobahn rot sein. Die Bundesstraße ist vielleicht blau und führt von »hier« nach »Artikel«. Die Nebenstraße kann grün sein, zum Beispiel von »hier« nach »Autobahn«.

Straßenbau ist eine wilde Sache und hat deshalb wenig Regeln. Eine Straße kann nicht über zwei Wörter hinweg geführt werden, sondern muß in Zugrichtung durch die nächsten Lücken links oder rechts gezogen werden. Den Rand entlang kann keine Straße gezeichnet werden.

Jedes Wort wird so zu einem Ort, und jeder Ort will seinen Anschluß zur Autobahn. Wenn das Baufieber sich allmählich senkt, kann man sich das Straßennetz betrachten und sich überlegen, welche Straßen nötig und welche unnötig sind.

Straßenbau ist ein Spiel so vor sich hin. Dazu wählt man sich einen beliebigen Artikel aus einer Zeitung und zieht mit dem Stift von links oben nach rechts unten durch die Zwischenräume zwischen den einzelnen Wörtern. Das gleiche macht man von rechts oben nach links unten. Das erste Straßenkreuz ist fertig, denn die Linien stellen Straßen dar.
Ist erst einmal eine Straße gebaut, dann wollen viele andere auch auf dieser Straße fahren. Das bedeutet, die Straße braucht eine Nebenstraße, die etwa wie im abgebildeten Beispiel von »Straßenkreuz« nach »Straßennetz« hinführt und zur Unterscheidung gepunktet wird. Mit Farbstiften wird dies noch deutlicher, so kann die Verbindung von »Straßenkreuz« nach »unnötig« als Autobahn rot sein. Die Bundesstraße ist vielleicht blau und führt von "hier" nach »Artikel«. Die Nebenstraße kann grün sein, zum Beispiel von "hier" nach »Autobahn«.
Straßenbau ist eine wilde Sache und hat deshalb wenig Regeln. Eine Straße kann nicht über zwei Wörter hinweg geführt werden, sondern muß in Zugrichtung durch die nächsten Lücken links oder rechts gezogen werden. Den Rand entlang kann keine Straße gezeichnet werden.
Jedes Wort wird so zu einem Ort, und jeder Ort will seinen Anschluß zur Autobahn. Wenn das Baufieber sich allmählich senkt, kann man sich das Straßennetz betrachten und sich überlegen, welche Straßen nötig und welche unnötig sind.

Schnitzeljagd

Spieler: 1 oder mehr
Spielmittel: Papier und ein Stift für jeden Spieler
Spielziel: sich selbst ein Puzzle schneiden

Das Spiel entspricht einem kleinen selbstgemachten Puzzle. Zwei oder drei Wellenlinien werden ineinander verschlungen auf einen Papierstreifen gezeichnet. Danach wird der Streifen quer zu den Linien in der Mitte gefalzt und wieder aufgeklappt. Die beiden Außenseiten werden nun zum Mittelfalz hin gefaltet und derselbe Vorgang dann noch einmal wiederholt. Wird der Papierstreifen dann wieder aufgefaltet, ist er durch die Falze in acht gleich große Teile geteilt, die mit der Schere auseinandergeschnitten werden.

Die Teile werden gemischt, und der Spieler versucht, die ursprüngliche Wellenlinie wieder zusammenzulegen. Um einen Grad schwieriger wird dieses Spiel, wenn auch auf der Rückseite des Streifens eine gleichartige Wellenlinie gezeichnet wird. Wer will, kann dieses Spiel mit mehreren Spielern um die Wette spielen, wobei jeder Spieler für den anderen solch einen Streifen herrichtet.

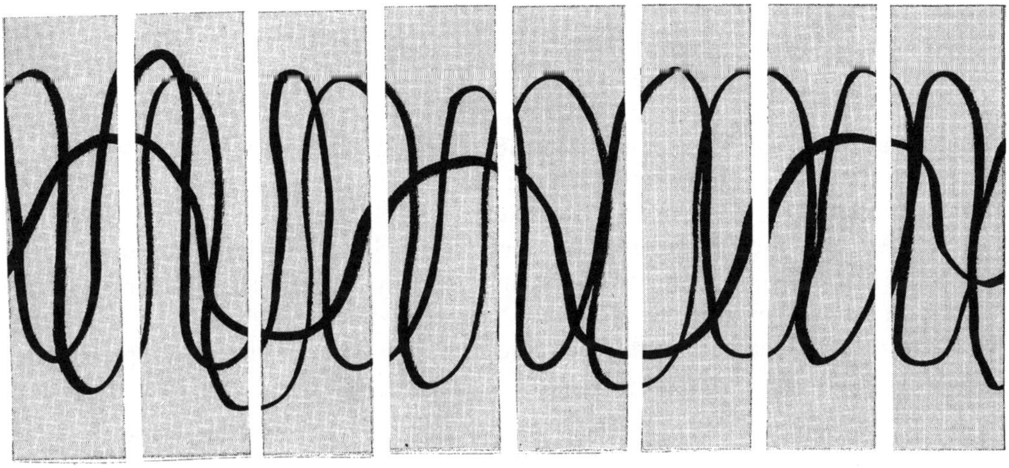

Bauen

Spieler: 2 oder mehr
Spielmittel: kariertes Papier und ein Stift
Spielziel: etwas gemeinsam bauen

Gemeinsam wird ein Haus, eine Stadt aus der Vogelschau oder irgend etwas anderes gebaut. Zu Spielbeginn werden die Bauformen festgelegt und aufgezeichnet. Die Spieler einigen sich auf insgesamt sechs verschiedene Formen. Da der Lastwagen stets vier gleiche Formen von der Fabrik zur Baustelle fährt, muß jeder Spieler pro Spielzug immer vier Stück einer Form verbauen. Der Spieler darf sich die Form aussuchen, mit der er gerade bauen möchte, jedoch kann er mit jeder Form nur einmal bauen. Damit es keine Irrtümer gibt, macht jeder Spieler sein Zeichen an von ihm benützte Formen.

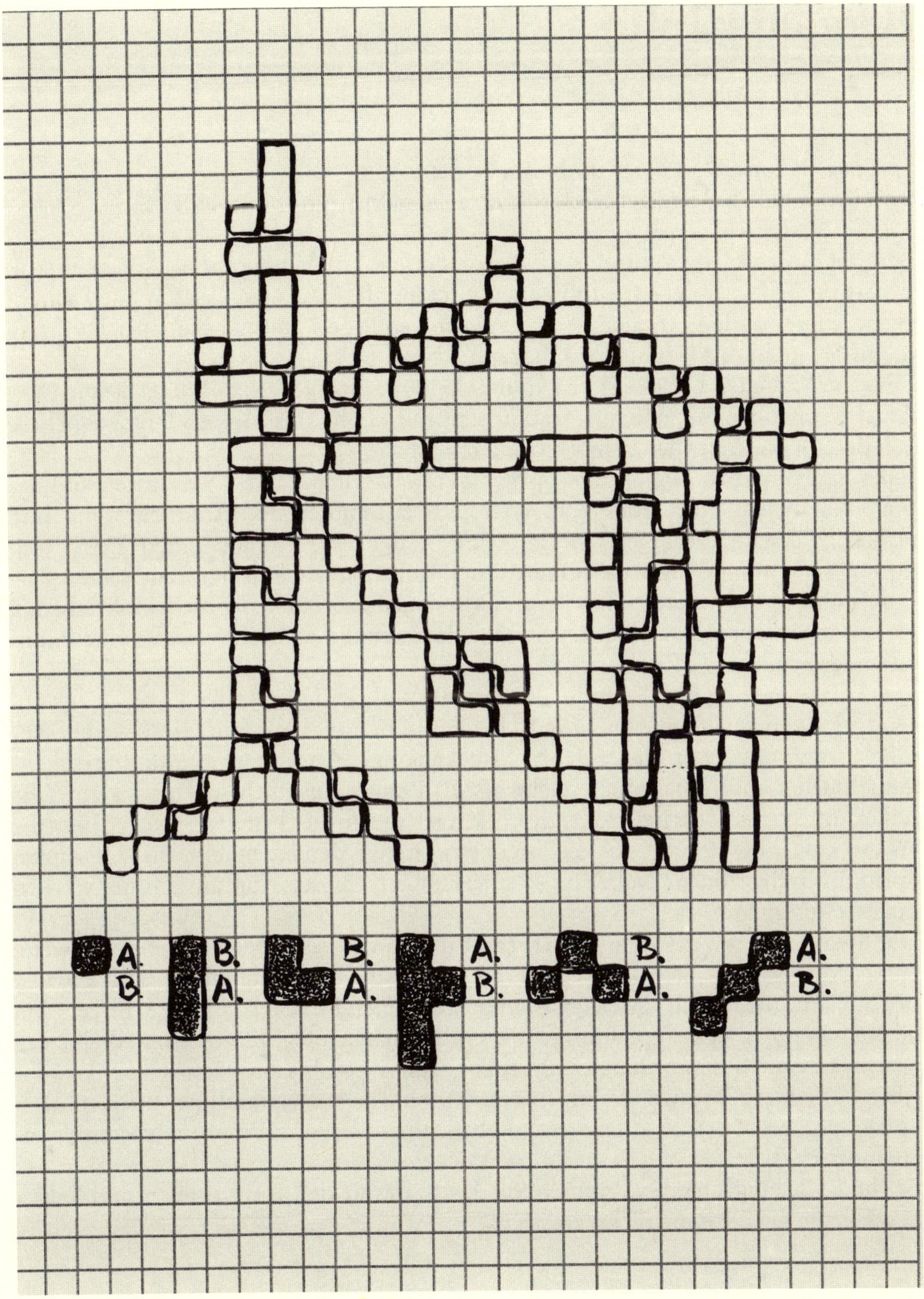
A.
B.
B.
A.
B.
A.
A.
B.
B.
A.
A.
B.

Berg und Tal

Spieler: 2
Spielmittel: kariertes Papier und zwei Stifte
Spielziel: möglichst einen weiteren Weg als der Mitspieler zurücklegen

Bergauf läuft viel Sprit durch den Motor, bergab können Sie Ihren Wagen ausrollen lassen. Dieses Spiel hat Ähnlichkeit mit einer Rallye. Sie müssen schnell durchstarten, um auf den oft engen Straßen vorne zu liegen, und wirtschaftlich fahren, damit Sie nicht mit leerem Tank liegenbleiben.
Ein zehn Kästchen hohes Feld wird quer zum Blatt eingegrenzt. Längs dessen Mittelachse zeichnen Sie eine auf- und absteigende Linie mit kleinen Plateaus. Diese soll den Querschnitt der Fahrstrecke darstellen.
Jeder Spieler hat zu Beginn 60 »Spritpunkte« in seinem Tank. Sie starten von der linken Blattseite aus. Jeder Zug setzt sich zusammen aus Anfahrleistung und Streckenweite. Beide Spieler notieren ihre Züge verdeckt auf einen Zettel und decken sie dann auf. Wer die höhere Anfahrleistung gewählt hat, darf seinen Zug durchführen. Die notierten Punkte des Mitspielers verfallen. Ist die Anfahrleistung gleich, so entscheidet die längere Strecke. Ist auch diese gleich, verfallen die Punkte beider Spieler.
Die Anfahrleistung liegt zwischen 1 und 10. Während der Rallye kann jeder Fahrer die einzelnen Ziffern von 1 bis 10 hierfür nur einmal wählen. Hinter seiner Anfahrleistung notiert er die gewählte Streckenlänge. Anfahrleistung und Streckenlänge dürfen zusammen nicht mehr als 20 Punkte ausmachen. Das bedeutet, je höher die Startgeschwindigkeit, desto kürzer die zurücklegbare Strecke. Nur die jeweils gewählten Punkte für die Streckenweite werden jedem einzeln von seinem Spritkonto abgezogen. Dabei ist es unerheblich, ob der Zug ausgeführt werden durfte oder nicht.
Der Spieler, der jeweils ziehen darf, zählt die Punkte seiner gewählten Fahrtweite kästchenweise am Streckenquerschnitt ab. Nur für Steigungen und Ebenen benötigt er Spritpunkte. Auf nach unten weisenden Strecken rollt der Wagen von alleine, wenn er den Gipfelpunkt um ein Kästchen überwunden hat. Bleibt der Wagen an einer Steigung hängen, so rollt er rückwärts bis zur nächsten Senke oder Ebene. Die hierbei verwendeten Spritpunkte sind selbstverständlich verfallen. Den Spielern ist nicht erlaubt, die Strecke abzuzählen, bevor sie ihren nächsten Spielzug notieren.
Ist die Rallye entschieden, können Sie das Blatt auf den Kopf drehen und haben bereits eine neue Rennstrecke vor sich.

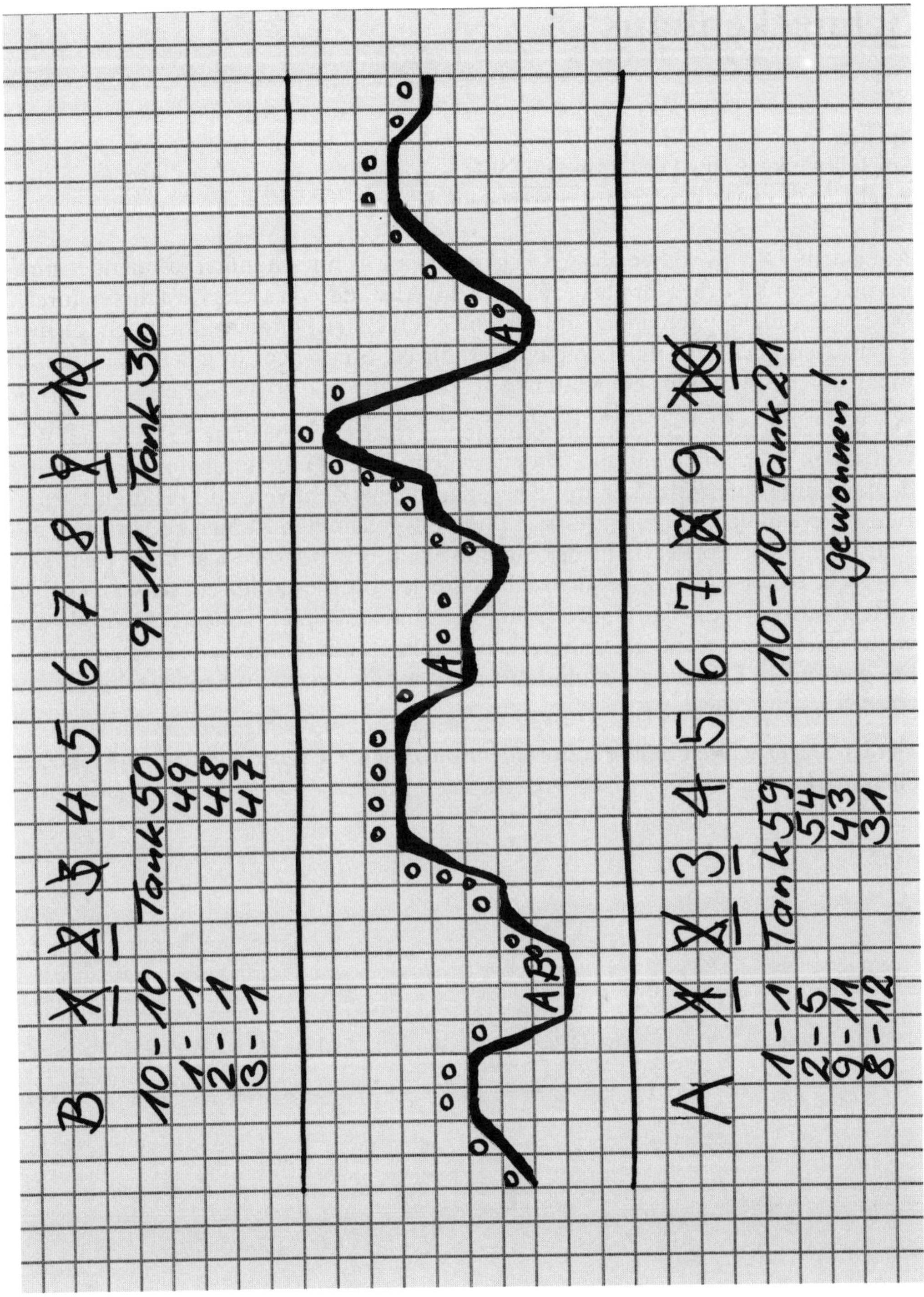
B 1 2 3 4 5 6 7 8 9 10
10-10 Tank 50
1-1 49
2-1 48
3-1 47
9-11
Tank 36
AB
A
A
A 1 2 3 4 5 6 7 8 9 10
1-1 Tank 59
2-5 54
9-11 43
8-12 31
10-10 Tank 21
gewonnen!

Schneckenhaus

Spieler: 2
Spielmittel: kariertes Papier und ein Stift
Spielziel: als erster das Zentrum erreichen

Auf einem 9×9 Kästchen großen Feld wird eine sich nach innen wendende Spirale von einem Kästchen Breite gezeichnet. Im Abstand von sechs Kästchen wird der Weg von außen nach innen durch einen Querstrich unterteilt. Innen bleiben 3 Kästchen über. Das innerste davon erhält ein Sternchen. In jedem 6er- und im inneren 3er-Abteil wird ein Kästchen geschwärzt.

Der Spieler, der das Schneckenhaus nicht gezeichnet hat, beginnt. Er zieht den Weg von außen nach innen entlang. Dies geschieht durch Fingerknobeln. Beide Spieler deuten hinter ihrem Rücken mit den Fingern eine Zahl von null bis drei. Gleichzeitig werden die Hände vorgestreckt und die gedeuteten Zahlen addiert. Der am Zug befindliche Spieler zieht der Summe entsprechend viele Kästchen weit. Das Zugrecht bleibt so lange bei demselben Spieler, bis dieser auf ein schwarzes Feld trifft, dann wechselt das Zugrecht auf den anderen Spieler über, der von da aus weiter nach innen zieht. Derjenige, dem es gelingt, auf das innerste Feld zu ziehen, hat gewonnen. Dieses Feld muß dabei nicht mit der genauen Knobelzahl erreicht werden.

Der Übersichtlichkeit halber sollte jeder Spieler seine Züge mit einem anderen Zeichen markieren.

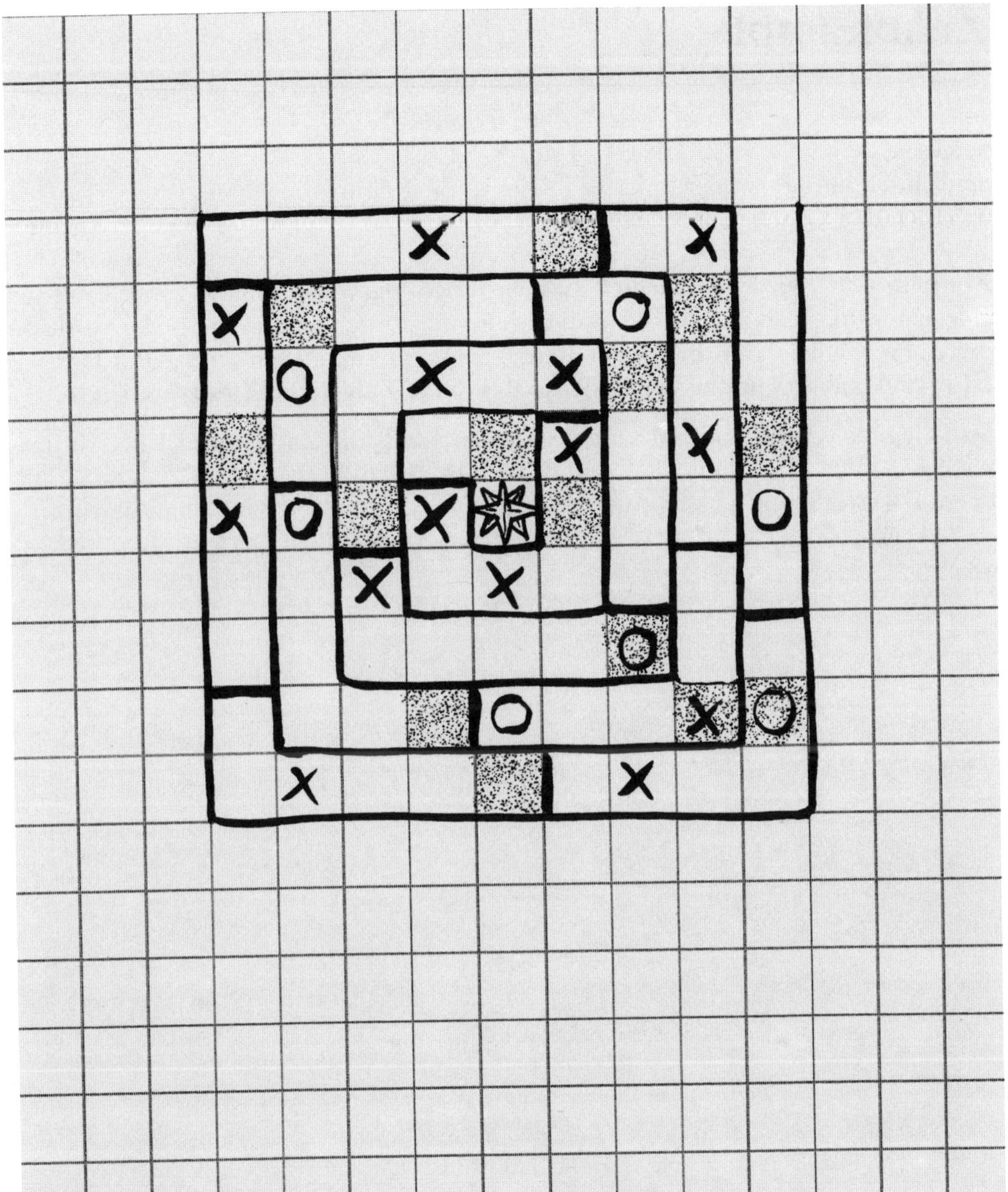

Zehnkampf

Spieler: 2
Spielmittel: kariertes oder liniertes Papier und ein Stift
Spielziel: den Gegner überbieten

Auf dem Blatt wird zwischen elf Linien beziehungsweise entlang zehn Kästchen eine Querlinie gezogen. Auf der einen Seite der Linie verteilt ein Spieler verdeckt die Zahlen 1 bis 10 in beliebiger Reihenfolge, pro Kästchen eine Zahl. Danach faltet er das Blatt entlang der Linie, so daß seine Zahlen nicht sichtbar sind.

Sein Gegner verteilt nun auf seiner Seite gleichfalls die Zahlen von 1 bis 10. Danach wird das Blatt aufgeklappt und die sich gegenüberliegenden Zahlen verglichen. Die größere Zahl sticht die kleinere. Wer die meisten Stiche hat, gewinnt.

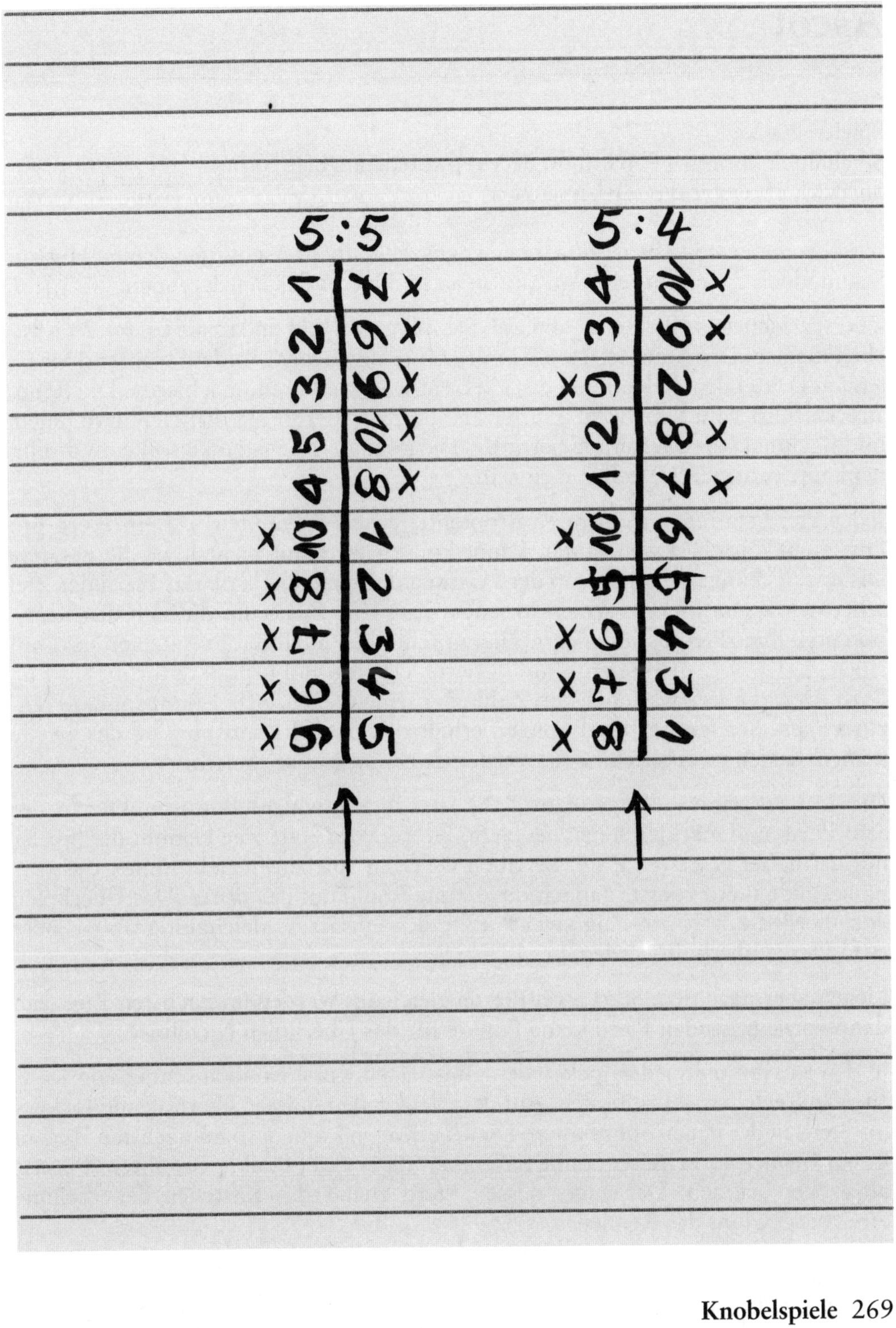
5:5
5:4

Ascot

Spieler: 2 oder 3
Spielmittel: kariertes Papier und drei verschiedenfarbige Stifte
Spielziel: als erster das Ziel erreichen

Jeden Sommer trägt zwar so manche englische Lady in Ascot irgendeinen Hut zur Schau, doch die eigentliche Attraktion ist und bleibt das Pferderennen.

Zuerst zeichnen Sie die Rennbahn auf. Sie sollte oval sein und innen ca. 6×24 Kästchen messen. Den Start setzen Sie in die Mitte der Gegengeraden, während Sie im letzten Drittel der Zielgeraden das Ziel, ein Kästchen breit, markieren. Die Rennstrecke führt vom Start weg, einmal um die Bahn herum, in die Zielkurve hinein und nochmals die Zielgerade herunter. Die gesamte Rennstrecke sollte an der Innenkante exakt 82 Kästchen weit sein.

Jedes Pferd startet mit einem Kraftpotential von 69 Punkten. Da ein Pferd pro Punkt ein Kästchen weit laufen kann, kommt es damit nicht über die gesamte Distanz. Es hängt demnach von der Leistung des Jockeys ab, ob das Pferd das Ziel sehen wird. Die Jockeys setzen in jedem Zug eine Zahl, um die sich das Kraftpotential ihres Pferdes verringert. Hierzu schreiben Sie Ihren Einsatz verdeckt auf einen Zettel. Wer die höhere Zahl notierte, erhält 6 Bonuspunkte für diesen Zug dazu. Der mit der zweithöchsten Zahl darf seinem Zug noch 2 Bonuspunkte hinzurechnen. Spielen nur zwei Spieler, erhält der erste 4 Bonuspunkte, der zweite keinen. Setzen zwei gleich hoch, werden die Bonuspunkte geteilt.

Die Jockeys zählen die gesetzte Zahl zuzüglich etwaiger Bonuspunkte an der Strecke ab und markieren den neuen Standort. Vom Start weg beginnt der Spieler mit der höher gesetzten Zahl. Bei allen weiteren Spielzügen zieht immer das vorne liegende Pferd zuerst, danach das zweite und dann das dritte. Das Überholen von Pferden kostet pro Zug zwei Punkte des Einsatzes, gleichgültig ob ein oder zwei Pferde überholt werden.

Liegen aber nach dem Start zwei Pferde gleichauf, werden im nächsten Zug dem dann vorne liegenden Pferd keine Punkte für das Überholen berechnet.

In den Kurven muß jeder Jockey den günstigsten Kurs, nämlich schräg von Kästchen zu Kästchen, selbst finden. Auf der Zielgeraden müssen überholende Jockeys ihr Pferd in der neuen Spur halten. Die Überholten können so im nächsten Zug an ihrem Gegner vorbeireiten, ohne daß ihnen dafür zwei Punkte von ihrem Einsatz abgezogen werden. Derjenige, dessen Pferd zuerst das Kästchen der Ziellinie erreicht, gewinnt das Rennen.

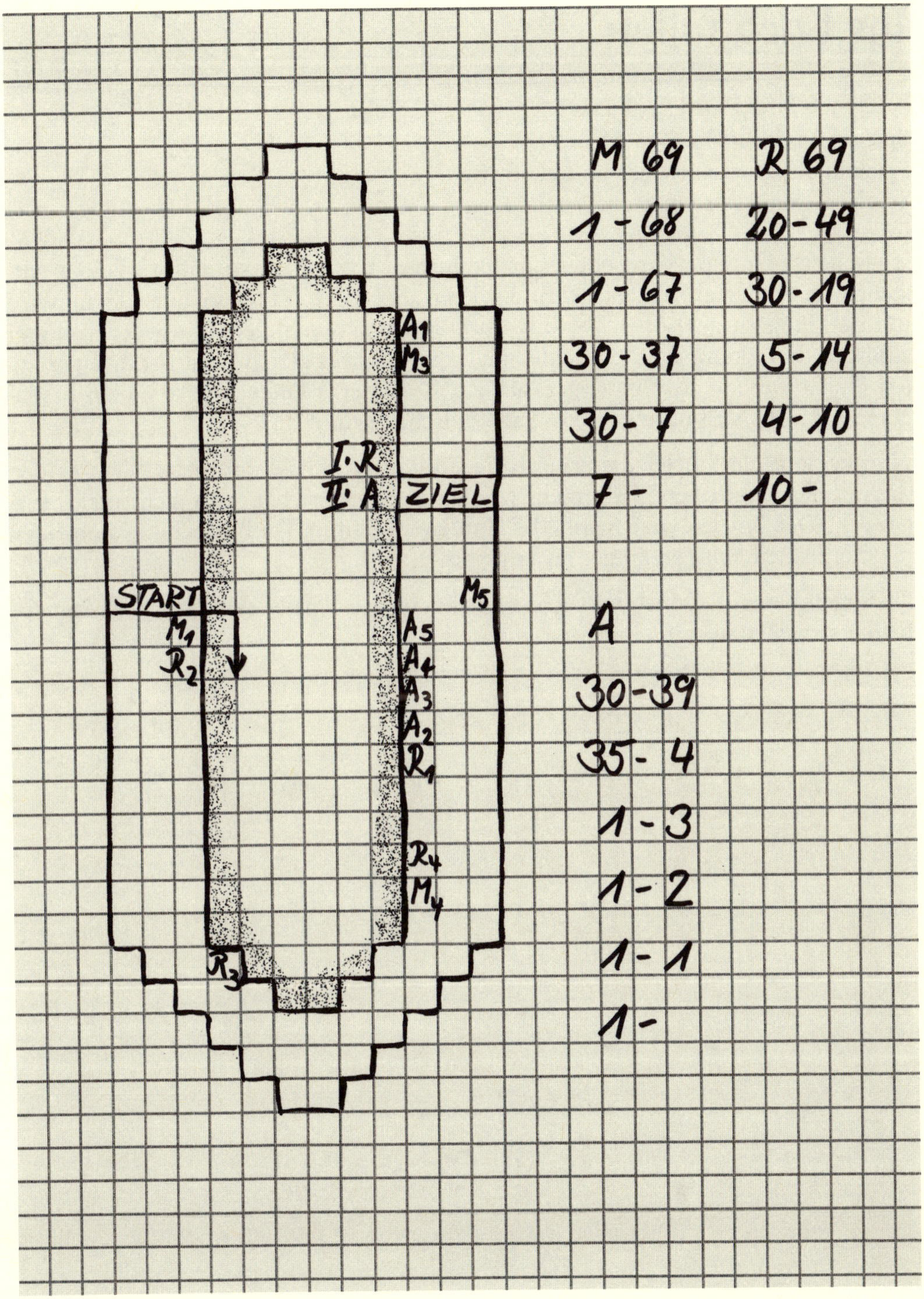
M 69
R 69
1 - 68
20 - 49
1 - 67
30 - 19
30 - 37
5 - 14
30 - 7
4 - 10
7 -
10 -
A1
M3
I. R
II. A
ZIEL
M5
START
M1
R2
A5
A4
A3
A2
R1
R4
M4
R3
A
30 - 39
35 - 4
1 - 3
1 - 2
1 - 1
1 -

Ins Loch fallen

Spieler: 2 oder mehr
Spielmittel: liniertes Papier und ein Stift
Spielziel: nicht zu schnell ins Loch fallen

Zwischen 14 Linien wird ein schmaler Rahmen gezogen, so daß 13 Felder entstehen. In ein beliebiges Feld wird ein Kreis, das Loch, eingezeichnet. Dann wird mit den Fingern geknobelt. Null bis drei Finger können gedeutet werden. Einer zählt bis drei, dann strecken beide Spieler ihre Finger gleichzeitig vor. Die gezeigten Finger werden zusammengezählt. Zu 1, 2 oder 3 Fingern wird eine 6 hinzugerechnet. Bei Null besteht freie Wahl zwischen 4 und 9.

Nun beginnt ein Spieler die erknobelte Zahl an den Feldern abzuzählen. Felder, die mit der Zahl übereinstimmen, werden durchgestrichen und nicht mehr mitgezählt. Der Spieler wiederholt die Zahlenreihe ohne Unterbrechung von oben nach unten zählend, so lange, bis er ins Loch fällt.

An einem neuen Rahmen versucht nun der andere Spieler sein Glück. Wer mehr Felder streichen konnte, hat gewonnen.

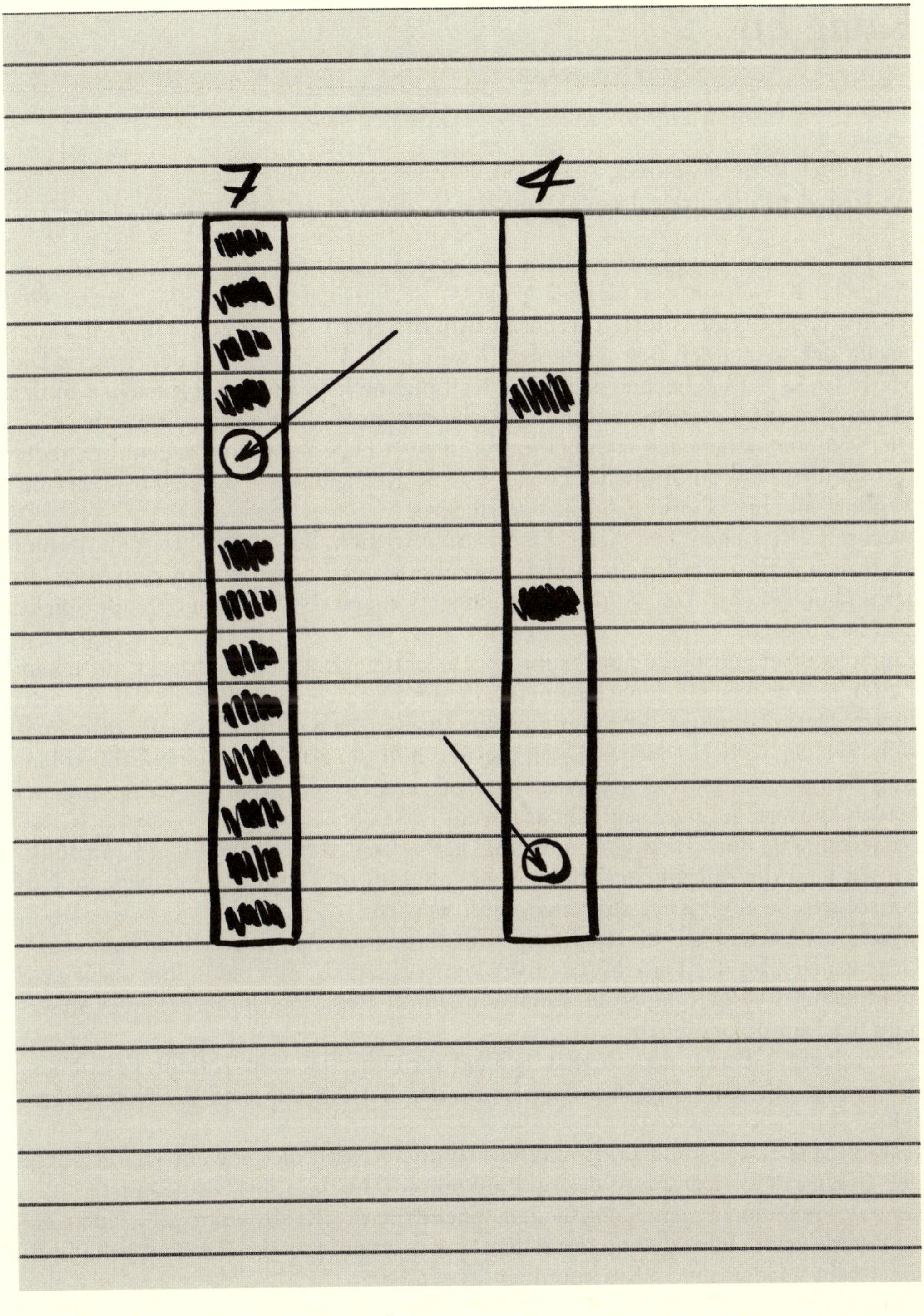
7
4

Kung Fu

Spieler: 2
Spielmittel: kariertes Papier, zwei Bleistifte und ein Radiergummi
Spielziel: den Mitspieler dreimal treffen oder ihn von der Matte drücken

Dieses Spiel hat Parallelen zu dem östlichen Kampfspiel: Zum einen ist die anfängliche Kondition der Gegner gleich – sie haben sozusagen die gleiche Gewichtsklasse –, zum anderen wechseln Angriff und Verteidigung schnell hin und her. In der sparsamen Bewegung liegt letztlich die Überlegenheit des Siegers. Die Matte ist 12 × 12 Kästchen groß. Die Kampfzone liegt mit 6 × 6 Kästchen in der Mitte. Nur auf dieser beschränkten Fläche dürfen Schläge ausgeteilt werden.
Die Kämpfer stehen sich zu Spielbeginn in zwei Ecken diagonal gegenüber. Jeder verfügt über ein konditionelles Polster von 50 Kraftpunkten, die sich bei jeder Bewegung um einen Punkt pro Karo verringern.
Wechselweise ziehen die Spieler. Einer verteidigt sich, der andere greift an. Immer nach zwei Zügen werden die Rollen gewechselt, der Angreifer wird zum Verteidiger und umgekehrt. Der Verteidiger zieht stets zuerst. Nur der angreifende Spieler darf zuschlagen.
Zunächst notieren beide Spieler ihre beabsichtigte Zugweite verdeckt auf einem Zettel, und decken sie danach gemeinsam auf. Der sich verteidigende Spieler zieht zuerst. Darauf kontert der Angreifer. Im zweiten Zug schreiben beide ihre Zugweite wieder verdeckt nieder. Doch diesmal hält der Angreifer seine Zahl so lange verborgen, bis der Verteidiger seinen Zug gemacht hat. Der zweite Zug muß bei beiden Spielern geringer sein als ihr jeweils erster.
Bei jedem Zug darf die Richtung einmal gewechselt werden. Von den Kraftpunkten wird nur die Zugzahl des ersten Zuges abgezogen. Der besseren Übersicht halber sollten die alten Züge stets ausradiert werden.
Weicht der Verteidiger aus der Kampfzone, bleibt das Angriffsrecht so lange beim Gegenspieler, bis der Verteidiger zurückkehrt. Allzuviel Zeit bleibt ihm dafür aber nicht, denn er verliert das Spiel, wenn er mehr als zwei Züge hintereinander außerhalb der Kampfzone bleibt.
Wer seinem Gegner den dritten Schlag verpaßt, hat den Kampf gewonnen. Als Schlag gilt jeder Zug des Angreifers, der ihn auf das Feld des Verteidigers führt.
Hat ein Spieler alle seine Kraftpunkte verbraucht, wird dies wie ein Treffer durch den Gegner bewertet, sofern dessen Punktekonto noch größer als neun ist.
Ist das Spiel noch nicht entschieden, nachdem die Kraftpunkte des einen geschwunden sind, wird um die restlichen Treffer erneut von der Ecke aus gekämpft. Jeder geht wieder mit 50 Kraftpunkten in den Ring.

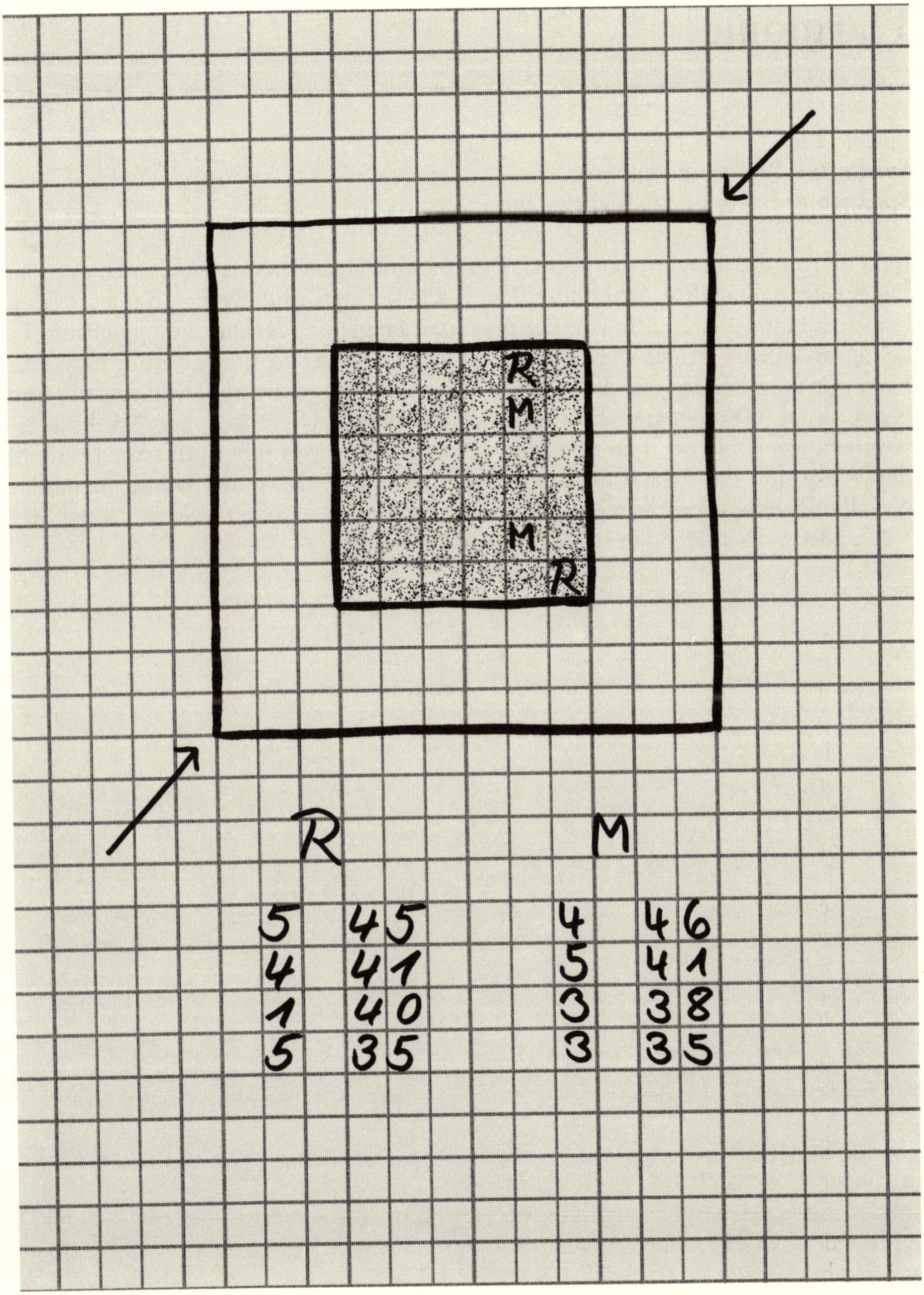
R
M
M
R
R
M
5 45
4 41
1 40
5 35
4 46
5 41
3 38
3 35

Harmonie

Spieler: 2
Spielmittel: Papier und ein Stift
Spielziel: gemeinsam das Richtige tun

Es wird mit den Fingern geknobelt. Ein bis fünf Finger können gedeutet werden. Die Spieler deuten ihre Zahl hinter dem Rücken, einer zählt bis drei, dann strecken beide die Hand gleichzeitig vor. Die gezeigten Finger werden zusammengezählt. Es sollten möglichst immer sechs sein, denn sechs gilt als Harmonie und bringt sechs Harmoniepunkte (Kreise) ein. Alle anderen Zahlen gelten als Disharmonie und geben ihrem Wert entsprechend Disharmoniepunkte (Kreuze). Das Spiel ist gewonnen, wenn 54 Harmoniepunkte erreicht werden. Verloren ist das Spiel, sobald der Vorsprung der Disharmoniepunkte größer als zwanzig ist. Damit nicht nur dieselbe Zahl wiederholt wird, gilt, daß kein Spieler eine der beiden Zahlen der Vorrunde in der laufenden Runde ausspielen darf.

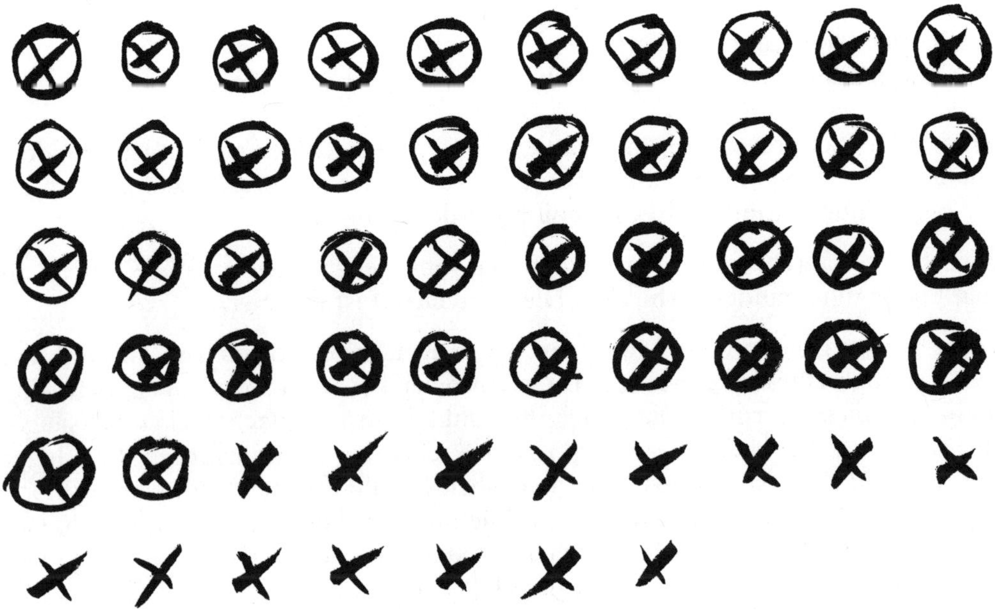

Tennis

Spieler: 2
Spielmittel: Papier und ein Stift
Spielziel: den Ball über die gegnerische Grundlinie hinausschlagen

Ein Match über drei Sätze ist auf Papier weit weniger schweißtreibend als auf dem roten Sand. Die Spannung aber läßt nicht zu wünschen übrig, noch dazu, wenn Sie ohne Übungsstunde zum Champion werden können.

Zeichnen Sie Ihren Tennisplatz, indem Sie fünf gleich lange parallele Striche an den Enden miteinander verbinden. Die Mittelachse ist das Netz.

Beide Spieler gehen in das Match mit einem Konditionspolster von 50 Punkten. Um das Zugrecht wird geknobelt. Dazu schreiben beide verdeckt auf ein Blatt eine Zahl. Um diese verringert sich auch ihr Punktekonto. Danach decken Sie sie gemeinsam auf. Wer die höhere Zahl notierte, darf den Zug ausführen. Er schlägt den Ball auf die erste Linie der gegnerischen Spielhälfte. Jetzt bräuchte er noch zwei Züge, um den Ball auf die Grundlinie und darüber hinaus zu schlagen. Gewinnt jedoch der Gegenspieler die nächste oder übernächste Knobelrunde, so fegt er den Ball mit einem Schlag aus seiner Hälfte und hinüber bis zur vorderen Linie des anderen.

Setzen beide die gleiche Zahl, wird zwar das Konto entsprechend vermindert, doch kommt keiner zum Zug.

Gelingt es keinem, den Ball über des Gegners Grundlinie zu treiben, endet das Spiel, wenn beide keine Punkte mehr haben. Gewinner des Satzes ist, wer den Ball dann nicht in seiner Hälfte liegen hat.

Zur besseren Übersicht wird jeder Zug numeriert.

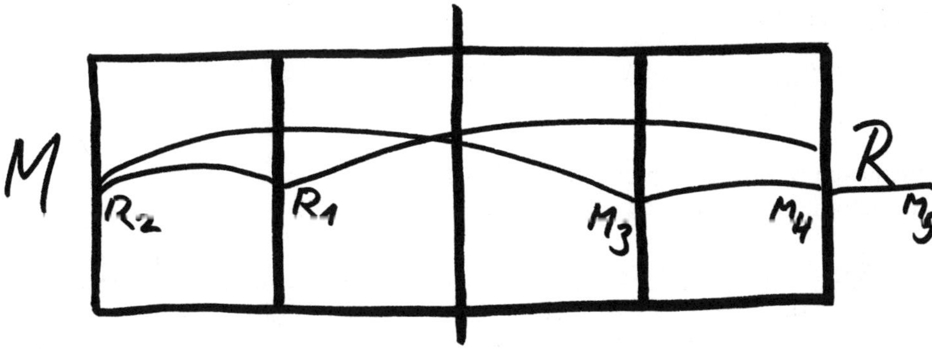

1-49	20-30
1-48	2-28
30-18	1-27
3-15	2-25
15-	2-23

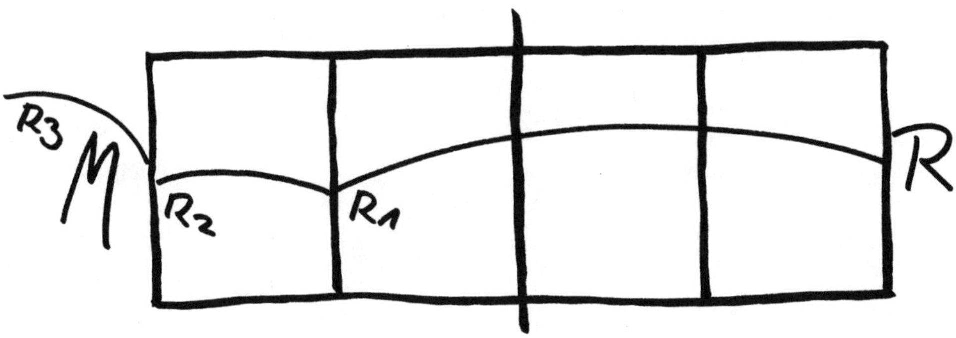

10-40	20-30
3-37	10-20
10-27	20-

Parcours

Spieler: 2
Spielmittel: kariertes Papier und zwei Stifte
Spielziel: mehr Hürden als sein Gegenspieler nehmen

Beide Spieler reiten gemeinsam ein Pferd über die Hürden. Zunächst zeichnet jeder Spieler für sich in ein 10×10 Kästchen großes Feld fünf Striche in beliebiger Verteilung an den Rand. Die Striche werden danach alle auf ein Feld übertragen. Liegen zwei Striche am selben Punkt, ergibt dies eine doppelte Hürde.

Links unten geht's los. Abwechselnd reiten nun die Spieler das Pferd am Rande des Feldes über die Hürden. Die Anzahl der jeweils vorzurückenden Kästchen wird mit den Fingern ausgeknobelt.

Null bis drei Finger können gedeutet werden. Ein Spieler zählt bis drei, dann zeigen beide ihre Knobelhand gleichzeitig vor. Die gezeigten Finger werden zusammengezählt. Bei Doppel-Null wird nochmals geknobelt. Für jeden Finger kann man ein Kästchen weit oder hoch springen. Dort, wo der Gegner zu stehen kam, spielt man selber weiter. Landet man direkt auf einer Hürde, so fällt man nach hinten zurück. An einer doppelten Hürde kann sich der Reiter den Kopf stoßen, er setzt dann einmal aus. Jede von ihm übersprungene Hürde markiert der Reiter für sich.

Wer die meisten Hürden übersprungen hat, trägt den Sieg davon. Doppelte Hürden zählen auch doppelt.

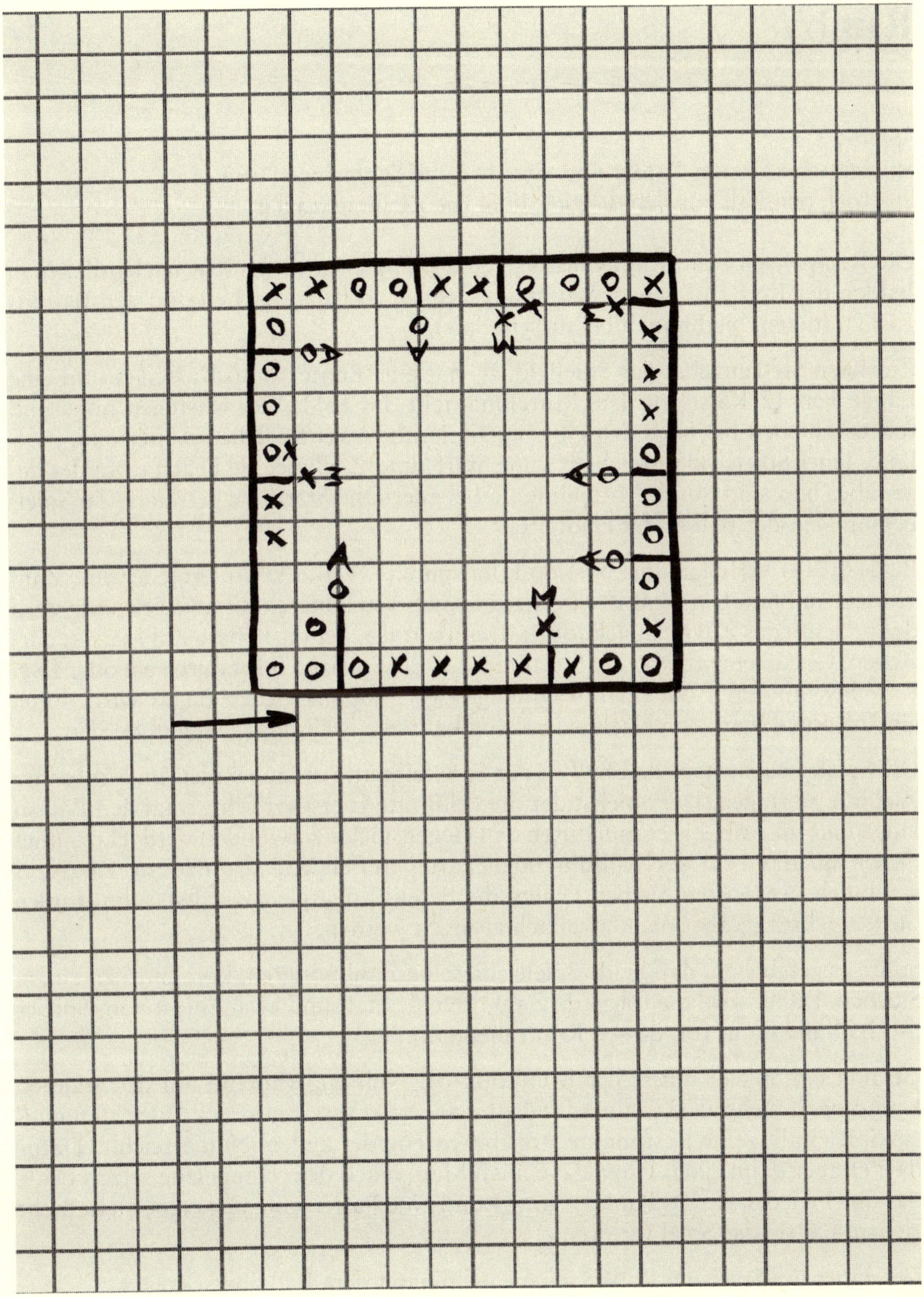

Rugby

Spieler: 2
Spielmittel: kariertes Papier und zwei verschiedenfarbige Stifte
Spielziel: den Ball vor dem Gegner über die Ziellinie tragen

Die Rempeleien beim Rugby lassen sich auf Papier gottlob nicht nachvollziehen. Jedoch der Reiz, auf engem Raum am Gegner vorbeizuwischen und den Ball ins Ziel zu tragen, bleibt auch bei diesem Spiel.

Zeichnen Sie zunächst das Spielfeld. Es hat eine Breite von 6 Kästchen und eine Länge von 12 Kästchen. Die Mittellinie teilt das Feld. Vier Kästchen links und rechts daneben befindet sich eine Startlinie und zwei Kästchen weiter eine Ziellinie. Jeder Spieler kennzeichnet seine Start- und Ziellinie. Sie liegen einander gegenüber und sind durch Mittellinie und gegnerische Startlinie getrennt. Zu Spielbeginn liegt der Ball in der Feldmitte.

Beide Spieler verfügen über 50 Konditionspunkte. Verdeckt notiert jeder eine Zahl auf seinem Blatt. Um diese Zahl verringert sich sein Punktekonto. Gleichzeitig wird dadurch um das Zugrecht geknobelt. Denn nur der, der die höhere Zahl setzte, darf ziehen. Gestartet wird von der Startlinie aus. Ein Spielzug führt durch ein oder zwei Kästchen hindurch oder daran entlang. Der Endpunkt jedes Zuges wird durch einen Knoten markiert. Nach jedem Zug kann die Richtung geändert werden.

Die Spieler versuchen, den Ball in der Spielfeldmitte aufzunehmen und über ihre Ziellinie zu tragen. Der Spieler, der die Feldmitte zuerst erreicht, trägt den Ball so lange unterm Arm, bis er ihm durch den Gegenspieler entwunden wird. Dazu muß dieser auf das Feld der ballführenden Partei treffen und das nächste Zugrecht gewinnen. Ansonsten bleiben Felder, die bereits angespielt wurden, tabu. Linien dürfen gekreuzt, aber nicht zweifach gezogen werden.

Sollte es geschehen, daß beide Spieler dieselbe Zahl notieren, kommt es zu einem Stechen. Dabei wird die folgende Zahl offen gesetzt, und zwar zuerst vom Spieler mit Ball und dann von dessen Kontrahenten.

Gelangt ein Spieler mit seiner Kondition bei Null an, während auf des anderen Konto noch mehr als 25 Punkte stehen, hat er das Spiel verloren. Ansonsten muß ein Spieler alle seine Restpunkte streichen, wenn der andere Null erreichte. Dafür darf er aber dann einen Doppelzug ausführen. Nach dem Doppelzug setzen beide das Spiel wieder mit 50 Punkten fort. Kann eine Partei trotz Zugrecht nicht mehr ziehen, hat sie das Spiel verloren.

Gewinner des Spiels wird, wer seine Ziellinie mit dem Ball überschreitet.

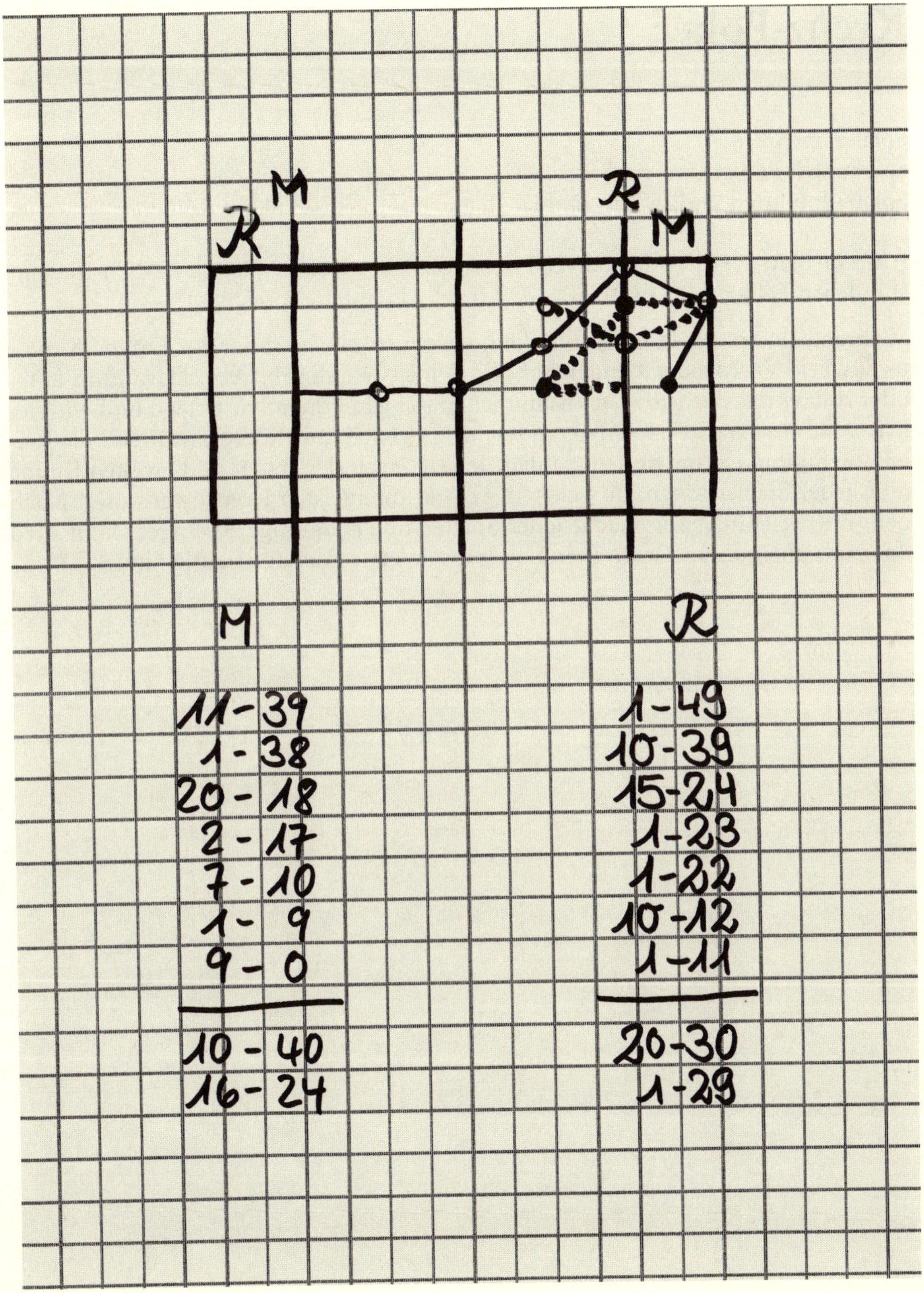
M
R
R
M
M
R
11-39
1-38
20-18
2-17
7-10
1-9
9-0
10-40
16-24
1-49
10-39
15-24
1-23
1-22
10-12
1-11
20-30
1-29

Kreuz-Poker

Spieler: mehrere
Spielmittel: Papier und ein Stift
Spielziel: bluffen und richtig raten

Auf ein Blatt werden quer zwei Linien gezogen. Rechts außen werden die entstandenen Felder mit O (Oben), M (Mitte), U (Unten) bezeichnet.

Während ein Spieler laut bis fünf zählt, zeichnet sein Nachbar zur Linken Kreuze in das Feld O, M oder U oder auf alle Felder, wie ihm beliebt. Daraufhin faltet oder rollt er das Blatt so weit zusammen, daß nicht erkennbar ist, wo und wie viele Kreuze er gemacht hat. Alsdann reicht er es nach links weiter, während die Reihe nun an ihm ist, bis fünf zu zählen. Jeweils nach der ersten und zweiten Runde muß jeder Spieler sagen, in welchem Feld er die meisten Kreuze vermutet. Nach dem dritten Durchgang macht jeder Spieler eine endgültige Aussage. Dann wird das Blatt aufgedeckt. Gewonnen hat, wessen letzte Aussage richtig zutraf.

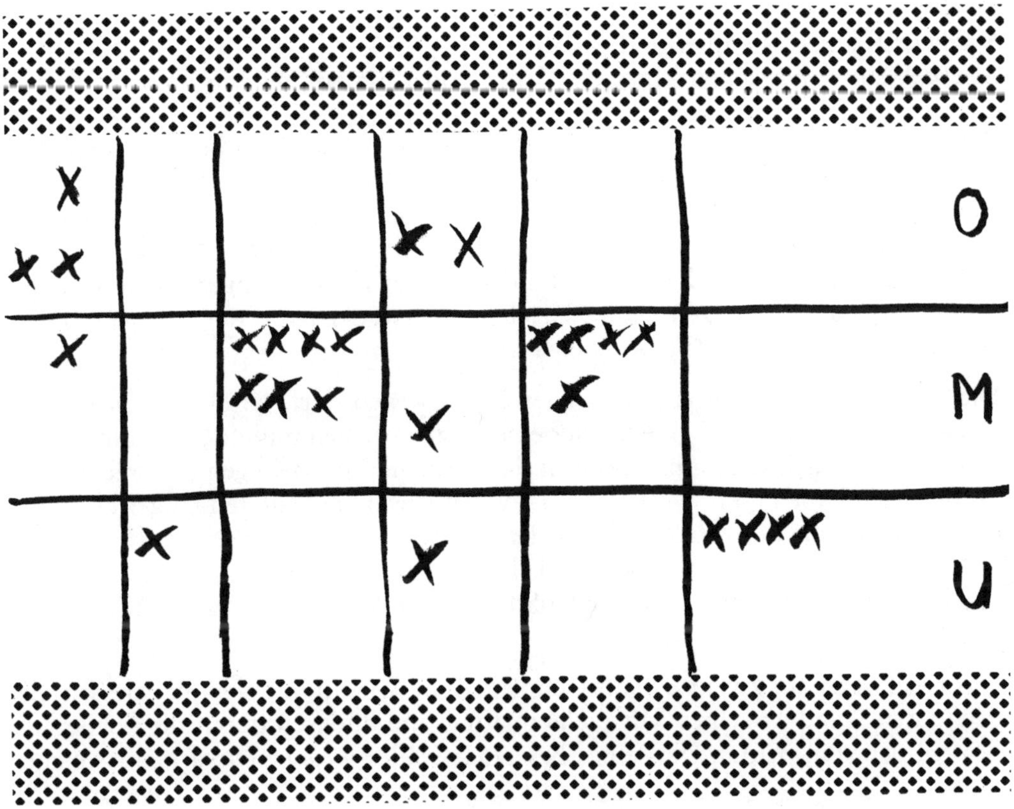
O
M
U

Das Gassenspiel

Spieler: 2
Spielmittel: liniertes Papier und ein Stift
Spielziel: entweder seinen Mitspieler fangen oder ihn zur Seite drücken

In engen Gassen, durch die sich viele Menschen drängen, überkommt so manchen das Bedürfnis, über die Köpfe der Leute hinwegzusteigen oder die begrenzenden Mauern zu sprengen. Beim Gassenspiel dürfen Sie diesen Phantasien nachgeben. Auf einem linierten Papier zeichnen Sie die sich gegenüberliegenden Startlinien 15 Zeilen weit auseinander und verbinden sie mit zwei durchgehenden Strichen. Hinter die Startlinie setzen Sie Ihr Zeichen – entweder Kreis oder Viereck. Dann gehen Sie abwechselnd Zug um Zug aufeinander zu.

Die Zeilenzahl, die sich ein Spieler jeweils bewegen darf, wird mit den Fingern erknobelt. Dazu deuten beide Spieler eine Zahl zwischen null und drei hinter dem Rücken und sagen langsam: » So weit darfst du geh'n!« Bei »geh'n« strecken beide gleichzeitig die Hand vor. Die Zahl der gemeinsam gedeuteten Finger bestimmt die Zugweite, die der betreffende Spieler in eine Richtung vor oder zurück ziehen muß. Landet er auf einem besetzten Feld, rückt er daneben zur Seite. Damit das Spiel übersichtlich bleibt, kreuzt jeder Spieler beim Weiterziehen sein altes Zeichen durch.

Das Spiel kann auf zweierlei Weise enden. Zum einen durch den Sieg dessen, der genau den Standort seines Mitspielers trifft. Zum anderen durch die Niederlage dessen, der zum dritten Mal eines besetzten Feldes wegen seitwärts ausweichen muß.

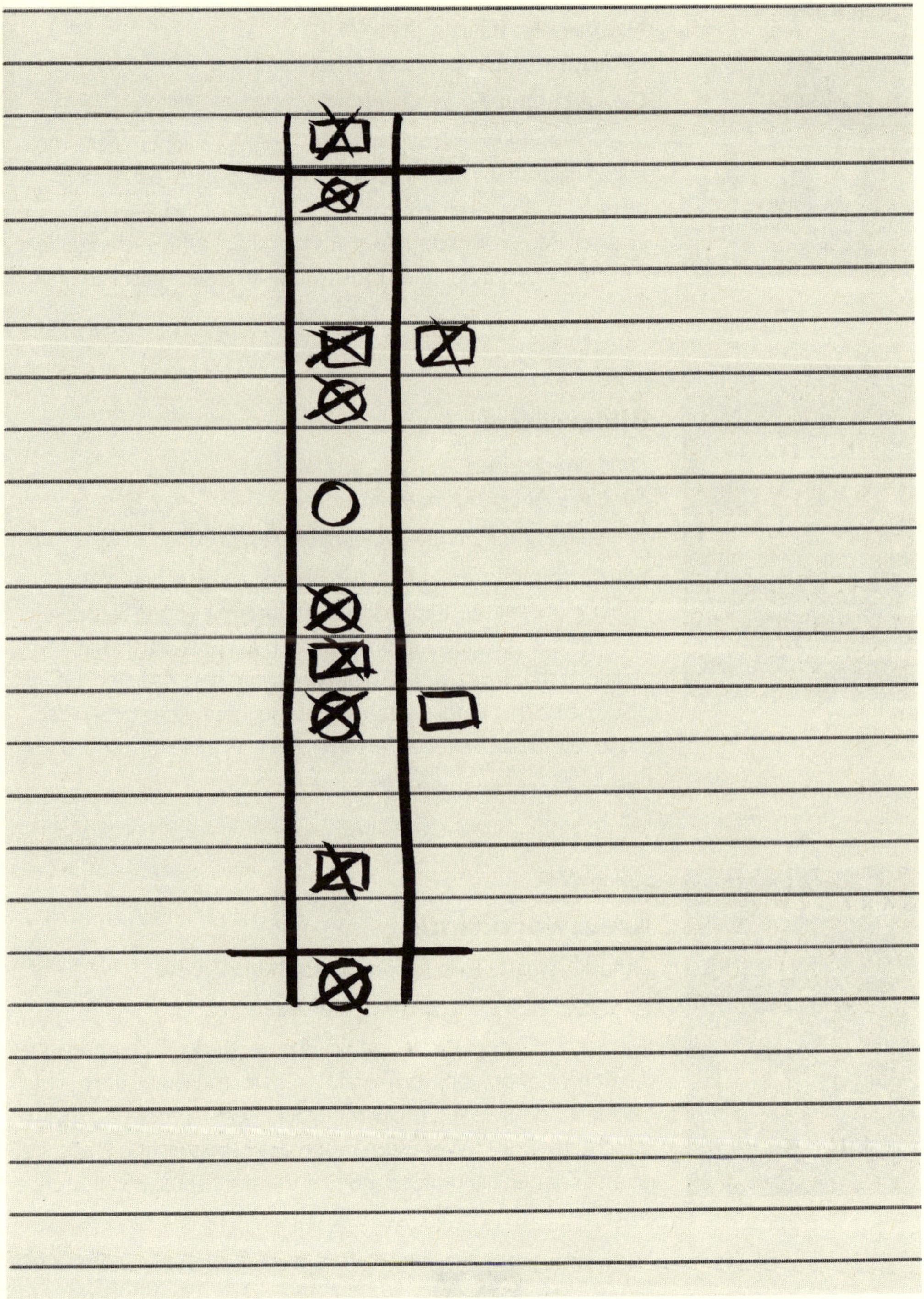